KB036536

수치심
권하는 사회

I THOUGHT IT WAS JUST ME (BUT IT ISN'T)

브레네 브라운 지음
서현정 옮김

수치심

권하는 사회

· 내가 부족하다는 생각은 어디에서 오는가 ·

가나

자존감 탓은 이제 그만, 문제는 수치심에 있다

사람들에게 수치심에 관해 물으면 대개 다음과 같은 두 가지 반응을 보인다. "왜 그런 이야기를 꺼내는지 모르겠지만 별로 이야기하고 싶지 않아요." 또는 "아, 수치심이요. 잘 알죠. 하지만 그런 이야기는 하고 싶지 않아요."

그렇지만 수치심이 무엇이며 그것이 우리의 감정, 생각, 행동에 어떻게 영향을 미치는지 제대로 모르면 우리는 수치심에 휘둘리게 된다. 수치심이 불행한 일을 겪은 극소수의 사람들만 느끼는 감정이라고 생각하고 싶겠지만 사실은 그렇지 않다. 누구나 수치심을 느낀다. 남에게 절대 들키고 싶지 않은 어둡고 심각한 일에 대해서만이 아니라 외모, 가족, 육아, 일과 경제관념, 건강, 중독, 성생활, 노화, 종교 등 삶의 모든 면에서 수치심을 느낀다.

나는 수치심을 이해하고 '수치심 회복탄력성shame resilience'을 기르는 데에 필요한 통찰력과 전략을 소개하기 위해 이 책을 썼다. 수치심을 전혀 느끼지 않고 살 수는 없다. 하지만 수치심을 인식하고, 수치심을 유발하는 경험에서 배움을 얻는다면 수치심을 이겨낼 수치심 회복탄력성을 기를 수 있다. 나는 6년간 수백 명의 여성들과 인터뷰하면서 수치심 회복탄력성이 높은 사람들에게는 네 가지 공통점이 있음을 알게 되었다. '수치심 회복탄력성의 4대 요소'인 이 공통점들이 바로 이 책의 핵심이다. 수치심 회복탄력성에 대해 알아가고 수치심 회복탄력성의 4대 요소를 실천하다 보면 누구나 두려움, 비난, 단절과 같은 수치심의 부작용에서 벗어나 진정으로 행복한 삶을 사는 데에 꼭 필요한 용기, 연민 그리고 유대감을 얻을 수 있다.

수치심이 자기 삶에 어떤 영향을 미치는지 아직 실감하지 못하는 분들을 위해 인터뷰 내용 중 일부를 소개하려고 한다. 아래의 글을 읽고 나면 수치심, 두려움, 주변의 기대가 얼마나 복잡하게 뒤얽혀 우리에게 영향을 미치는지 조금은 감이 올 것이다.

- 거울을 보면 가끔 내가 괜찮게 보일 때도 있어요. 하지만 뚱뚱하고 못생겨 보일 때가 더 많아요. 그런 생각이 들 때는 숨도 못 쉴 정도로 괴로워요. 토할 것 같고 그냥 아무도 못 보는 곳에 숨고만 싶어져요.
- 지금 마흔한 살인데 학위를 받으려고 다시 학교에 들어갔어요. 그런데 수업 중에 하는 이야기를 반도 이해 못 하겠어요. 그냥 앉아서 바보처럼 고개만 끄덕거려요. 그러다 보면 대학에 다닐 만큼 똑똑하지도 못한 주제에 그 자리에 앉아 있다는 생각이 들고 몰래 그 자리를 빠져나오고 싶어져요. 그대로 가방을 들고 뒷문으로 빠져나와서 다시는 학교로 돌아가지 말아야겠다는 생각이 들어요.

- 전 남들 보기에는 꽤 멋지게 살고 있어요. 멋진 남편, 멋진 집, 귀여운 아이들……. 모든 걸 다 가진 것처럼 보이죠. 하지만 속을 들여다보면 전혀 그렇지 않아요. 만약 지금처럼 남들 눈을 의식하지 않는다면 우리 부부는 아마 오래전에 이혼했을 거예요. 우리 부부는 서로 말도 안 해요. 그리고 두 아이는 학교생활에 문제가 많아요. 이런 가정을 지켜나가기가 갈수록 힘들어져요. 이따금 친구들이 제 속사정을 눈치채고 있다는 생각이 들 때가 있어요. 당연히 그렇겠죠. 그런데 남들이 제 현실을 안다고 생각할 때마다 미칠 것만 같아요.
- 항상 엄마 노릇을 제대로 못 한다고 욕먹는 것 같아요. 제대로 하는 것도 없고 늘 부족한 거 같아요. 제일 싫은 건 다른 엄마들이 나를 무시하는 거예요. 다른 엄마가 못마땅한 표정만 지어도 가슴에 송곳이 날아와 꽂히는 거 같아요.
- 나는 내가 무슨 일을 겪었는지 남들에게 절대 말 안 해요. 남들이 나를 불쌍하게 여기거나 나를 자신과 다르다고 생각하는 게 싫어요. 그래서 과거는 그냥 묻어두고 있어요. 과거 때문에 남들이 나를 욕하거나 마음대로 판단할 거라는 상상만 해도 숨이 막힐 것 같아요.

남 일 같지 않다는 생각이 들 거다. 그렇다. 수치심은 누구나 느끼는 감정이다. 정도는 다르지만 완벽해야 하고 남과 다르면 안 된다는 걸 강조하는 사회에 적응하기가 얼마나 힘든지 우리 모두 잘 알고 있다. 내 외모와 내 일, 내가 아이를 기르고 돈을 쓰는 방식, 내 가족이나 내가 어찌할 수 없었던 경험 때문에 비난받거나 무시당하면 얼마나 힘들고 고통스러운지도 잘 안다. 그런데 우리를 괴롭히는 건 남들의 시선만이 아니다. 사실 우리를 가장 힘들게 하는 것은 바로 우리 자신이다.

남에게 인정받고 존중받고 싶은 욕구는 끝이 없다. 그래서 엄청난 시간과 노력을 쏟아 모든 사람의 기대와 요구를 충족하려 애쓰고 남들이 나를 어떻게 생각하는지에 신경 쓰다가 화나고 분노가 솟구치고 두려워질 때가 종종 있다. 그럴 때 그런 안 좋은 감정들을 속으로 감추면서 '내가 잘못해서 이렇게 됐다' 또는 '난 이런 일을 당해도 싸다'라고 생각하는 경우가 있다. 반대로, 아무 잘못 없는 남편이나 연인, 자녀에게 화를 내거나 친구나 동료에게 못된 소리를 하며 분풀이를 하는 경우도 있다. 하지만 어떤 경우든, 결국에는 뭘 어떻게 해야 할지도 모르겠고, 세상에 나 혼자뿐인 것 같은 느낌이 든다.

피상적인 문제에 시간과 에너지를 허비하다 보면 의미 있는 진정한 변화를 이뤄내지 못한다. 겉으로 드러난 현상이 아니라 그렇게 된 이유를 들여다보면 자기 몸을 싫어하고, 거절당하는 것을 두려워하고, 도전을 거부하고, 남들한테 비난받을까 봐 과거와 삶의 경험을 숨기는 이유가 수치심 때문일 때가 많다.

수치심이 어떤 영향을 미치는지 제대로 알지 못하면 문제를 근본적으로 해결할 수 없다. 겉으로 드러난 문제가 잠깐은 해결된 것처럼 보일지 몰라도 어느 날 갑자기 '이렇게 된 건 나 때문이야'라는 생각에 또다시 사로잡히고 만다. 예를 들어, 직장이나 학교에서 자신의 진짜 모습을 들킬까 봐 불안하다면 그건 정말로 실력이 부족해서라기보다는 '네가 정말 잘난 줄 알지?'라고 물으며 스스로를 무시하고 괴롭히는 자기비하 때문일 때가 더 많다. 수치심은 남들의 시선과 생각에 연연하게 만든다. 그래서 남들의 기대치에 맞추려다 자신이 바라는 것을 놓치게 된다.

수치심은 폭력만큼 위험하다

수치심 같은 주제를 오랫동안 연구하다 보면, 사람들이 이 주제를 얼마나 싫어하고 또 두려워하는지를 잊어버리곤 하는데 이를 새삼 깨달은 적이 있다. 몇 년 전 케이스웨스턴리저브 대학교에서 강연하기 위해 클리블랜드행 비행기를 탔었다. 창가 좌석에 앉았는데 한 여성이 내가 앉은 줄의 복도 쪽 좌석에 앉았다. 5분 가까이 다른 사람들의 통행을 방해하면서 가방 여러 개를 자기 앞 좌석 밑에 쑤셔 넣은 그녀는 나를 돌아보더니 자기소개를 했다. 그러고는 날씨에 대해 잠시 이야기를 한 후 내게 물었다. "그런데 클리블랜드에는 왜 가세요?" 비행기가 이륙하던 참이라 나는 목소리를 조금 높여서 대답했다. "전 연구원인데 케이스웨스턴리저브 대학교에서 강연할 예정이에요." 그녀가 말했다. "어머, 근사해라. 무슨 연구를 하시는데요?" 엔진 소리가 시끄러워서 나는 그녀 쪽으로 몸을 기울이며 대답했다. "수치심과 여성에 대해서 연구해요."

순간 그녀는 눈이 휘둥그레지면서 감탄사를 내뱉었다. "어머머!" 그러더니 우리 사이에 있는 빈 좌석에 엎드리다시피 하면서 내 쪽으로 몸을 기울였다. "수갑 찬 여성이라니! 정말 흥미로운 주제네요. 자세히 좀 이야기해줘봐요."(여성과 수치심이라는 의미의 'women and shame'이 수갑 또는 족쇄 찬 여성을 의미하는 'women in chains'과 비슷하게 들린다_옮긴이) 엔진 소리가 잠잠해져서 나는 미소를 지으며 이렇게 말했다. "수갑 찬 여성이 아니라, 수치심과 여성이라고요." "수치심이요?" 그녀가 놀라고 실망한 목소리로 물었다. "네. 저는 수치심과 수치심이 여성의 삶에 미치는 영향에 대해 연구하고 있어요."

그 말을 마지막으로 우리 대화는 끝났다. 그녀는 시선을 돌리더니 잠을 자야겠다고 말했다. 그 뒤로 세 시간 동안 우리는 서로 아무 말도 하지 않았다. 때때로 그녀가 곁눈질로 내 노트북 화면을 훔쳐보는 게 느껴졌다. 처음 한두 번은 그녀를 향해 미소를 지으며 내 노트북 화면을 보는 걸 알아차렸다는 표시를 했다. 그럴 때마다 그녀는 자는 척했고 한 번은 코고는 소리까지 냈다. 하지만 발가락을 계속 꼼지락거리고 있었으므로 진짜 잠든 건 아니었다.

강연을 마치고 휴스턴으로 돌아온 나는 '폭력'에 대해 연구하는 동료와 저녁식사를 했다. 인기 없는 주제를 연구하는 어려움을 토로하던 중 비행기에서 있었던 '수갑 찬 여성' 에피소드를 이야기했다. 수갑을 차는 상황이 수치심을 유발할 수도 있으니 여성과 수치심이라는 주제와 아주 무관하지는 않겠다며 한참 웃고 난 후에 동료는 '폭력'에 대해서는 사람들이 지나칠 정도로 호기심을 보이기 때문에 비행기를 타면 오히려 자신이 자는 척한다고 말했다.

"난 이해가 안 가." 내가 말했다. "이 두 가지 주제 모두 심각한 현상이 잖아. 그런데 사람들이 정말로 폭력보다 수치심을 더 나쁘게 생각하는 걸까?" 내 의문에 동료는 잠시 생각하더니 이렇게 대답했다. "그건 아니야. 둘 다 심각한 사회현상이기는 한데, 수치심은 '침묵의 유행병 silent epidemic'이 야. 사람들은 폭력에 대해서는 잘 알고 또 기꺼이 이야기할 준비도 되어 있어. 하지만 수치심에 대해서는 여전히 두려움을 가지고 있어. 사회 전체가 수치심을 불편하게 여기지. 수치심이 폭력만큼 위험한데도 우리는 그런 게 없는 척하며 사는 거야."

나는 그 동료의 말이 맞다고 생각한다. 수치심은 급속하게 확산되는 유행병처럼 우리 모두에게 영향을 미치는 문제이다. 하지만 수치심을 공개적으로 이야기하고, 이것이 삶과 가족, 공동체, 사회에 미치는 영향에 대해 알아보는 것을 꺼린다. 이렇게 우리가 침묵하는 사이 수치심은 겉으로 드러나지 않은 채 우리의 사적인 삶과 공적인 삶을 서서히 파괴한다. 한때 수치심은 사회과학자들에 의해 대수롭지 않은 문제로 취급받기도 했다. 하지만 최근 수치심을 연구하는 사회과학자들과 정신과 의사들이 증가하고 있다.[1] 이들은 수치심이 우울증, 불안장애, 중독, 섭식장애, 왕따 문제, 자살, 성폭행 그리고 가정폭력을 비롯한 모든 형태의 폭력을 포함한 정신 건강과 공중보건 문제에 미치는 영향을 분석한다.

정말 개인의 자존감이 문제일까?

오늘날 급속히 증가하는 폭력 현상과 마찬가지로, 수치심도 많은 사람에게서 자기방어와 놀이의 형태로 나타나는 기현상이 벌어지고 있다. 정치, 종교, 문화 토론이 욕설과 인신공격으로 변질되는 모습을 종종 볼 수 있다. 아이를 기르고 가르치고 훈육할 때도 수치심을 이용한다. TV에서도 극한의 경쟁, 왕따, 공개적인 망신 등이 등장하는 프로그램이 높은 시청률을 자랑한다. 이렇게 스스로를 보호하거나 재미를 위해 수치심을 이용하면서 우리는 왜 세상이 이렇게 무시무시해졌는지, 왜 정치가 막말이 오가는 싸움판으로 변했는지, 왜 우리 아이들이 과거보다 더 심한 스트레스와 불안에 시달리는지, 왜 대중문화가 갈수록 저급해지는지, 왜 고독하고 외톨이가 되는 사람들이 많아지는지 모르겠다며 그 이유를 찾으려고 안달한다.

유행병에 대처할 때와 마찬가지로 수치심과 관련된 문제도 그 자체를 이해하고 보다 큰 시각으로 바라보려고 노력해야 한다. 하지만 우리는 이를 심각한 사회문제라고 생각하지 못하고 자존심 같은 개인의 문제로 치부해버린다.

여러분이 수치심을 좀 더 제대로 이해할 수 있도록 수전, 카일라, 테레사 그리고 손드라를 소개하려고 한다. 이들은 내가 연구 초기에 인터뷰한 여성들이다.

◇ ◇ ◇

처음 만났을 때 수전은 20대 후반이었다. 결혼 3년 차로 첫돌이 막 지난 딸이 하나 있던 수전은 물리치료사라는 직업을 정말 좋아했지만 육아 때문에 1년 동안 휴직했다. 하지만 생활이 빠듯해지자 시간제 근무를 시작하기로 했다. 인터뷰하면서 수전은 적당한 일자리가 생긴 날에 대해 이야기했다. 그날 수전은 정말 신이 났다. 시간제로 근무할 수 있게 됐을 뿐만 아니라 교회에서 운영하는 돌봄 프로그램에 딸아이의 입학 허가까지 받았기 때문이다. 수전은 이 신나는 소식을 전하려고 언니에게 전화했다. 그런데 언니는 축하 대신 이런 말을 했다. "남한테 애를 맡길 거였으면 애초에 낳기는 왜 낳았니." 그 순간 마치 주먹으로 명치를 세게 맞은 느낌이었다고 수전은 말했다. "숨도 쉴 수가 없었어요. 비참했죠. '내가 나쁜 엄마구나'라는 생각이 제일 먼저 들었어요. 그 일을 해야 하나 말아야 하나 무척 고민했어요."

　나와 인터뷰했을 때 카일라는 광고업계에서 성공한 40대 중반 여성이 었다. 미국 동부 해안 대도시에서 혼자 살던 카일라는 그 무렵 아버지가 알츠하이머 진단을 받아 직장생활과 간병을 병행하느라 쩔쩔매고 있었다. 그녀는 당시 가장 힘든 문제가 자신의 상사 낸시를 상대하는 것이라고 이 야기했다. 카일라는 낸시에 대해 '개인적인 일은 절대 이야기하고 싶지 않 은 사람'이라고 표현했다. 무슨 뜻이냐고 묻자, 카일라는 낸시가 남의 마 음을 아프게 할 말만 골라서 하는 사람이라고 설명했다. 낸시한테 자신의 속사정을 자세히 이야기하면 할수록 상처받을 가능성이 커진다고 했다. 2 년 전 어머니가 돌아가시고 너무 힘들었을 때 그 사실을 낸시한테 털어놓 았는데 낸시는 다른 동료들 앞에서 그 이야기를 들춰내며 카일라를 곤란 하게 만들었다. 카일라는 또다시 그런 일을 당하고 싶지 않았다. 하지만 아버지를 장기간 간병하려면 갑자기 휴가를 써야 할 일이 생길 것 같아서 어쩔 수 없이 낸시에게 아버지의 상태에 관해서 이야기했다. 그 후 있었던 첫 번째 직원회의에서 카일라는 큰 충격을 받았다. 낸시가 당시 진행 중이 던 프로젝트에서 카일라를 제외할 거라고 발표했기 때문이다. 그 자리에 서 낸시는 "카일라 당신은 항상 별것 아닌 일로 호들갑을 떠는 경향이 있 어요"라고 말했다. 카일라는 그 순간 '온몸이 마비'되는 것 같았다. "꼼짝 도 할 수 없었어요. 내가 너무 보잘것없고 속이 다 까발려진 것 같은 느낌 이 들었어요. 낸시 말이 정말 맞는 걸까? 내가 그렇게 형편없는 사람인가? 이런 생각이 들면서 낸시를 믿은 내가 정말 바보였구나 싶었어요."

나와 처음 만났을 때 35세였던 테레사는 세 살부터 열한 살까지 아이 셋을 둔 엄마였다. 그녀는 그녀 자신에게 가장 고통스러웠던 경험에 관해 이야기해주었다. 거울 앞에 서면 그녀는 자신의 몸에 극도의 불안감과 증오심이 생긴다고 했다. "집에 있는 옷이 전부 몸에 안 맞는다고 느껴지는 날이 있어요. 집에 있는 청바지를 다 입어봐도 맞는 게 없었어요." 그날 테레사는 허벅지 안쪽 살을 잡아보고 브래지어 옆으로 삐져나온 살을 꼬집으며 '정말 징그러워, 끔찍해'라고 중얼거렸다고 했다. 게다가 아이들은 다른 방에서 서로 자기가 좋아하는 TV 프로그램을 보겠다고 시끄럽게 싸우고 있었고 전화벨도 요란하게 울려대며 그녀의 스트레스를 부채질했다.

테레사는 아이들에게 소리를 질렀다. "누가 가서 저 빌어먹을 전화 좀 받아! 엄마 귀에만 들리는 거 아니잖아. 젠장!" 결국 테레사는 두 손으로 머리를 부여잡고 흐느껴 울기 시작했다. 얼마 후 얼굴을 들어보니 막내아들이 앞에 와 있었다. 아이는 겁먹은 목소리로 "엄마 잘못했어요"라고 했다. 그런 아이를 보고 있자니 테레사는 수치심이 밀려오면서 모든 게 자기 탓이라는 생각이 들었다. 테레사는 그날을 절대 잊지 못할 거라면서 말을 이었다. "가끔 모든 게 다 끔찍하게 싫을 때가 있어요. 내 몸, 내 아이들, 내 집, 내 인생 전부 다 말이에요. 머릿속에는 내가 상상하는 이상적인 모습이 있는데 현실에서는 무엇 하나 완벽하지 않아요. 내 뜻대로 되는 게 하나도 없어요. 그러다 그 스트레스를 아이들한테 풀어버리는 날이면 나 자신이 너무 수치스러워져요."

50대 중반의 고등학교 교사인 손드라는 화가 나면서도 슬픈 듯한 얼굴로 이렇게 말했다. "나는 시동생과 정치 논쟁을 자주 했어요. 벌써 몇 년째 그런 이야기를 나눴죠. 그런데 어느 일요일에 저녁식사를 마치고 남편과 같이 차를 몰고 집으로 돌아오는 길에 남편이 자기는 내가 자기 동생하고 말싸움하는 게 마음에 안 든다며 이렇게 말했어요. '도널드는 똑똑한 애야. 석사학위까지 받았단 말이야. 그런 애한테 아무 말이나 막 하지 좀 마.' 그러면서 남편은 내가 못 배우고 멍청한 사람처럼 말해서 자기 체면이 깎인다고 했어요. 그 후로 나는 시댁 식구들 앞에서 완전히 기가 죽어 버렸어요."

◇ ◇ ◇

수전, 카일라, 테레사, 손드라가 자존감이 낮아서 힘든 것일까? 아니다. 수치심과 자존감은 완전히 다른 문제다. 수치심은 '느끼는 것'이고, 자존감은 '생각하는 것'이다. 자존감은 자신의 능력과 한계를 어떻게 생각하느냐에 따라 정해진다. 즉, 자기 자신을 어떻게 생각하고 무엇이라고 생각하느냐의 문제다. 반면에 수치심은 감정이다. 어떤 경험을 했을 때 그것을 '어떻게 느끼느냐'에 관한 문제다. 수치심을 느끼면 큰 그림을 보지 못한다. 그리고 자신의 능력과 한계를 정확히 깨닫지 못한다. 도와줄 사람 하나 없이 자기 혼자뿐이고, 자신의 문제점이 그대로 노출되었고, 자신이 크게 잘못되었다는 느낌이 들 뿐이다.

내 친구이자 동료인 매리앤 맨킨Marian Mankin은 수치심과 자존감의 차이를 이렇게 설명했다. "자존감에 대해 생각할 때는 내가 어떤 사람이 되고 싶고, 어디서 왔고, 어떤 일을 겪었고, 무엇을 이뤘는가를 바탕으로 현재의 나를 돌아본다. 하지만 수치심을 느낄 때는 나와 관련된 모든 것을 잊어버리고 한없이 작아진다. 나의 다른 모습들은 보이지 않고 수치심을 일으키는 아주 작은 원인 한 가지만 보인다. 주위에 아무도 없는 것처럼 느껴지고 수치심을 일으키는 원인이 나의 전부인 것처럼 느껴진다."

앞의 사례들이 자존감 문제가 아니라면 단지 그들 옆에 있는 사람들이 문제인 걸까? 수전이 괴로운 게 단지 못된 언니 때문일까? 카일라가 단지 무심한 상사 때문에 희생양이 된 걸까? 테레사는 그저 완벽주의 때문에 힘든 걸까? 손드라도 단지 남편 때문에 괴로운 걸까? 이 모든 질문에 대한 답은 '아니오'다. 모성, 일, 완벽주의, 자기 생각 말하기에 대한 네 가지 사례를 보면 수치심이 각각의 영역에서 중요한 무기로 사용된다는 것을 알 수 있다.

우리는 '아이들을 위한 행동이 아니다'라거나 '이기적이거나 무식한 선택을 했다'라는 식으로 수치심을 불러일으키며 끊임없이 엄마들을 괴롭힌다. 카일라의 사례는 많은 직장에서 작용하는 수치심 문화를 잘 보여준다. 우리는 성공하려면 일과 사생활이 서로 영향을 주지 않도록 구분할 줄 알아야 한다는 압력을 받는다. 카일라의 상사가 한 말도 그런 문화에서 비롯된 것이다. 물론 '내가 하는 일이 나 자신은 아니다'라는 말이 있고 그 말을 믿고 싶지만, 직장 상사, 동료, 미디어는 '당신이 하는 일, 그 일의 성과, 소득이 바로 당신 자신이다'라는 메시지를 우리에게 끊임없이 보낸다.

테레사의 상황을 이해하려면 수치심이 완벽주의에서 비롯된다는 것을 알아야 한다. 외모 문제든, 일이나 육아, 건강 또는 가족 문제든 도저히 이룰 수 없는 완벽이라는 목표에 도달하지 못한 게 수치스럽고 괴로운 것이다. 마지막으로, 손드라의 사례는 수치심이 자기 생각을 말하지 못하고 입

다물게 만드는 사회적 억압으로 작용한다는 것을 잘 보여준다. 수치심은 우리 입을 막는 아주 효과적인 방법이다.

수치심은 상대를 배려하지 않는 무심한 말이나 자존감에 국한된 문제가 아니다. 우리 문화를 점점 더 분열시켜 갈등을 일으키고 파괴하는 모든 인간 행동과 관련이 있다. 누구나 남들보다 못나고, 돈도 없고, 사랑받지 못한다는 느낌 때문에 괴로울 때가 있다. 이렇게 자신이 부족하다는 느낌에서 벗어나는 가장 효과적인 방법은 자신의 경험담을 남들과 나누는 것이다. 물론 지금 우리 문화에서는 그렇게 자기 이야기를 하려면 커다란 용기가 필요하다.

당신은 혼자가 아니다

용기courage는 마음과 관련된 단어다. 용기를 뜻하는 영어단어 courage의 어근 cor은 라틴어로 '심장heart'을 뜻한다. 처음에 용기는 '자기 마음을 솔직하게 이야기한다'라는 뜻으로 사용되었다. 시간이 흐르면서 의미가 바뀌어 현재는 주로 영웅적이고 용감한 행동에 대해 이 말을 사용한다. 그런데 용기에 대한 현대적 의미에는 자신이 누구인지 그리고 좋든 나쁘든 어떤 경험을 했는지를 솔직하게 말할 수 있는 내면의 힘과 의지가 빠져 있다. 마음속 이야기를 하는 것이야말로 '평범한 용기ordinary courage'라고 나는 생각한다.

'평범한 용기'라는 용어가 언제부터 사용되었는지는 모르겠지만 나는 이 용어를 애니 로저스Annie Rogers라는 학자가 여성과 소녀들에 관해 쓴 기사에서 처음 접했다.[2] 그녀는 '평범한 용기'라는 개념이 자기 이야기를 하는 것의 중요성을 잘 보여준다고 강조했다. 요즘같이 두려움, 비난, 단절로 가득한 수치심 문화가 만연한 시대에는 특히 평범한 용기를 발휘하기가 쉽지 않다. 그렇지만 이 책에서 소개하는 전략들을 실천하면 누구나 용기와 힘을 되찾고 나아가 지금 같은 수치심 문화를 바꿀 수 있다.

문화가 수치심에 어떤 영향을 미치는가를 이해하기 위해서는 남이 나를 좋아해주고, 남들과 잘 어울리고, 남들을 기쁘게 하는 것이 얼마나 중요한지를 처음으로 알게 된, 어린 시절을 떠올려볼 필요가 있다. 그 시기에 우리는 수치심을 통해 많은 것을 배웠다. 때로는 공개적으로 때로는 은밀하게 거부당하고, 무시당하고, 조롱당한 기억은 우리에게 수치심을 느끼지 않으려면 자신의 행동, 생각, 감정을 바꿔야 한다고 알려주었다. 그런 과정에서 우리는 자신의 진짜 모습을 감추게 되었다.

요컨대 문화는 우리에게 수치심을 가르치고 있다. 남들과 어울리려면 무엇을 해야 하고 무엇을 하지 말아야 하는지를 정해준다. 태어날 때부터 완벽한 몸매를 갈망한 게 아니다. 태어날 때부터 자기 생각을 솔직하게 말하는 것을 두려워했던 게 아니다. 태어날 때부터 갚을 수도 없을 만큼 흥청망청 카드를 긁어댄 게 아니다. 수치심은 외부에서 온다. 우리 문화가 주입하는 메시지와 기대에서 기인하는 것이다. 우리가 진짜로 원하는 것은 어딘가에 속하고, 다른 사람들과 관계를 맺는 것뿐이다. 이는 아주 인간적인 욕구이다.

인간은 서로 관계를 맺고 살아야 한다. 그것은 우리 DNA에 새겨진 본능이다. 갓난아기 때는 생존을 위해 관계를 맺어야 한다. 나이가 들면서는 다른 사람들과의 관계를 통해 감정적·육체적·지적·정신적으로 성장하게 된다. 사랑받고, 어딘가에 속하고 소중한 존재로 대우받고 싶은 것은 인간의 본능이기 때문에 우리는 인간관계를 무엇보다도 중요시한다.

그런데 수치심은 타인과의 관계를 깨버린다. 나는 수치심을 '단절에 대한 두려움'이라고 표현하곤 한다. 단절에 대한 두려움이란 자신이 문제가 있고 쓸모가 없어서 남들한테 외면당하고 무리에 소속되지 못하는 두려움을 말한다. 수치심은 자신에 대해 솔직하게 말하지 못하게 막을 뿐만 아니라 타인이 솔직하게 하는 이야기에도 귀를 막게 만든다. 단절에 대한 두려움으로 우리는 침묵하고 비밀을 깊이 감춘다. 그리고 타인이 수치심에 대해 말하면 자신이 불편해지는 것이 두려워서 그들을 비난한다. 심지어 타인의 수치스러운 경험을 듣는 것만으로도 자신이 똑같은 경험을 하는 것처럼 괴로울 때도 있다.

용기와 마찬가지로 공감empathy과 연민compassion은 수치심 회복탄력성의 중요한 요소다. 연민을 느끼면 수치심에 대한 이야기에 귀를 기울일 수 있다. 연민의 가장 강력한 수단인 공감은 타인을 진심으로 배려하면서 대하는 감정 기술이다. 그리고 타인의 입장에서 생각할 수 있는 능력, 다시 말해, 남이 처한 상황을 이해하고 그 이해를 바탕으로 남을 대할 줄 아는 능력이기도 하다. 힘든 상황을 남에게 털어놓았을 때 상대가 열린 마음으로 자기 일인 것처럼 이야기를 들어준다면 그것이 바로 공감이다. 공감을 표현하면 할수록 배우자, 동료, 가족, 자녀와의 관계가 깊어진다. 공감의 개념에 대해서는 2장에서 좀 더 자세히 살펴보려고 한다. 공감이 어떻게 작용하는지, 공감하는 법은 어떻게 배우는지 그리고 왜 수치심의 반대가 공감인지 확인할 수 있을 것이다.

공감의 전제조건은 연민이다. 기꺼이 타인의 고통에 귀 기울일 수 있다면 공감할 수 있다. 연민은 성인군자나 할 수 있는 엄청난 일이 아니다. 우리를 인간답게 만드는 두려움, 불완전함, 상실, 수치심 같은 괴로움을 느낄 수 있는 사람이라면 누구나 연민을 느낄 수 있다. 수치심과 나머지 모든 괴로움을 인정하고 받아들이면 타인의 경험에 연민을 느낄 수 있다. 연민은 특별한 사람만 가질 수 있는 고결한 성품이 아니다. 연민은 선택이고 노력이다.

여러분은 수치심을 느끼는 사람 곁에서 그 사람의 이야기에 귀를 기울이고 고통을 함께 나눌 수 있을까? 우리는 누구나 용기, 연민, 유대감을 통해 수치심이 일으킨 고통을 변화시킬 힘을 가지고 있다. 또한 우리는 다른 사람도 그렇게 하도록 도울 수 있다.

누구나 수치심 회복탄력성을 기를 수 있다고 나는 믿는다. 그렇지만 수치심 회복탄력성을 기를 수 있는 '초간단 비법'이나 수치심 극복을 위한 '손쉬운 요령' 같은 건 없다. 복잡한 문제를 간단하게 해결할 방법이 있다고 믿는 것 자체가 수치심의 원인이 될 수도 있다. 그렇게 쉬운 일도 '해내지 못하는' 자신을 비난할 수 있기 때문이다.

'진정한 자유는 타인을 자유롭게 하는 것'이라는 말이 있다. 자유에 대한 이 강렬한 개념을 마음에 새기며 나는 우리 모두가 서로의 차이를 극복하고 수치심을 이겨내서 자신의 이야기를 나누고 '당신은 혼자가 아니에요'라는 말을 듣고 싶어 하는 사람들과 유대감을 나눌 수 있기를 간절히 소망한다.

〈차례〉

1장.

소리 없이
나를 공격하는 감정,
수치심

어떤 이유로 수치심을 연구하게 되었느냐는 질문을 받을 때마다 나는 '수치스럽게 하거나 무시하는 것으로 타인의 행동을 변화시킬 수 없다'라는 답변을 한다.

20대 시절 나는 아동요양시설에서 일했다. 어느 날 직원회의 중에 임상 책임자가 아이들이 더 나은 선택을 하도록 도와주는 방법에 관해 이야기했다. 그는 이렇게 말했다.

"여러분 모두 여기 있는 아이들을 도와주고 싶어 한다는 걸 잘 압니다. 하지만 여러분이 반드시 알아야 할 것이 있습니다. 수치스럽게 하거나 무시하는 방법으로는 아이들의 행동을 변화시킬 수 없습니다."

그는 의도가 아무리 좋아도 상대를 무시하거나, 미워할 거라고 협박하는 것으로는 긍정적인 변화를 이끌어낼 수 없다고 설명했다. 그의 이야기를 듣는 순간 나는 큰 충격을 받았다. 그 뒤로 몇 주 동안 다른 생각은 할 수도 없었다. 그런데 그의 말을 아무리 열심히 생각해봐도 구체적인 개념이 잡히지 않았다. 그저 내가 들은 말 중에 가장 진실한 말이라는 느낌이 어렴풋하게 들 뿐이었다. 하지만 그런 혼란 속에서도 수치심을 이해하는 것이 중요하다는 것만은 확실히 알 수 있었다. 그 일을 계기로 나는 수치심을 연구하게 되었다.

아동요양시설을 그만두고 대학원에 진학한 나는 7년간 사회복지학 석사과정과 박사과정을 마쳤다. '수치스럽게 하거나 무시하는 것으로 타인의 행동을 변화시킬 수 없다'라는 강력한 명제가 이를 가능케 했다. 나는 우리가 어떻게 그리고 왜 수치심을 이용하는지 알고 싶었다. 수치심을 이용해 타인을 변화시키려는 시도가 어떤 결과를 가져오는지도 알고 싶었다. 그렇다고 대놓고 떠들면서 수치심을 연구한 건 아니다. 그저 나를 움직인 강력한 명제에 반대되는 새로운 정보에 귀를 기울이고, 배우고, 시험해보았을 뿐이다. 그런 과정을 통해 나는 다음과 같은 것을 알게 되었다.

- **사람이나 행동을 변화시키기 위해 수치심이나 모욕감을 이용할 수 있을까?** → 그렇기도 하고 아니기도 하다. 물론 이용할 수는 있다. 겉으로 드러난 상대의 약점을 공격하면 즉각적으로 행동이 변하는 것을 볼 수 있다.
- **그 변화가 오래가는가?** → 아니다.
- **그런 행동이 고통스러운가?** → 그렇다. 매우 고통스럽다.
- **더 심한 상처를 입힐 수 있을까?** → 그렇다. 수치심을 이용한 당사자와 수치심을 느낀 상대 모두에게 상처를 입힐 가능성이 있다.
- **수치심이 사람을 바꾸는 수단으로 사용될 때가 많은가?** → 그렇다. 그런

일은 매일 매 순간 일어나고 있다.

개인, 가족 그리고 집단이나 공동체는 사람을 변화시키고 자신을 보호하는 수단으로 수치심을 이용한다. 그런 과정에서 수치심이 개인과 공동체의 정신을 파괴하고 있지만, 우리 사회는 이를 인식하지 못하고 있다.

우리가 개인의 고통과 그보다 범위가 큰 사회문화적 문제 사이의 연관성을 인지하지 못하는 이유는 수치심이 '침묵의 유행병'이기 때문이다. 우리는 수치심에 대해서 이야기하지 않는다. 평생에 한 번 이상은 수치심을 경험하고, 느끼고, 그것을 끌어안고 살아가면서도 절대 입 밖으로 꺼내려 하지 않는다. 당신은 수치심에 관해 진지하게 이야기해본 적 있는가? 아마 해보지 않았을 가능성이 크다. 우리는 두려움이나 분노 같은 감정에 대해서는 비교적 자유롭게 이야기하지만, 수치심은 여전히 터부시하고 있다.

문제는 '보통 사람들'만 수치심을 외면하는 게 아니라는 점이다. 전문가들도 마찬가지다. 연구의 첫 단계를 마친 후 나는 미국 전역을 돌며 전문가들을 대상으로 수치심에 대해 프레젠테이션을 했다. 그런데 수십 년 이상 의료계나 심리치료 분야에 종사해온 사람들조차도 수치심 워크숍 참석은 처음이라고 했다. 그리고 대부분 지금껏 참석한 워크숍 중 개인적으로 가장 힘든 시간이었다는 피드백을 남겼다.

전문적인 연구가 이루어지는 다른 많은 주제와 달리 수치심은 '우리와 그들'의 구분이 없다. 전문가들도 '내담자들을 괴롭히는 수치심에 대해 공부해서 그들을 도와주겠다'라고 여유를 부릴 처지가 아니다. 수치심은 인류의 보편적인 감정이다. 누구도 예외가 없다. 전문가가 먼저 수치심에 대해 말하지 못하고 수치심이 자신의 삶에 미치는 영향을 알지 못하면 타인을 돕는 것은 절대 불가능하다.

정신건강시설을 찾는 내담자들이 분노, 두려움, 슬픔, 불안 같은 감정보다 수치심을 월등히 더 많이 경험한다는 연구결과가 있다. 따라서 전문가들의 이런 침묵 현상을 방관해서는 안 된다. 정신건강 분야와 공중보건 분야에서조차 수치심에 관해 이야기하지 않고 사람들이 안심하고 도움을 받을 공간을 제공하지 않는데 누가 수치심에 관해 이야기할 엄두를 낼 수 있겠는가? 모든 사람이 입에 올리기 싫어하는 느낌이나 경험에 어떻게 맞설 수 있겠는가?

나를 비난하는
이 감정은 무엇인가?

수치심의 힘은 막강하다. 수치심은 누구나 느끼지만, 다른 사람이 이해할 수 있는 적당한 표현을 찾기 어려운 감정이다. 설사 적당한 표현을 찾더라도 들으려는 사람들이 별로 없다. 수치심을 경험한 이야기를 듣기만 해도 수치심을 직접 경험하는 것만큼이나 고통스러울 수 있기 때문이다.

나는 수치심을 이해하는 첫 단계가 서로의 경험담을 공유하는 데에 필요한 공통의 언어를 만드는 것임을 알게 되었다. 그래서 '수치심에 대해 정의하기'를 첫 번째 목표로 정했다. 연구 참여자들에게 수치심에 대해 정의해달라고 부탁하자 그들은 자신이 생각한 의미를 말하거나 자신의 경험담을 예로 들려주었다.

- 수치심은 내면 깊은 곳에 숨어 있는 지옥처럼 어둡고 고통스러운 감정이에요. 그것에 대해서도, 얼마나 고통스러운지도 말할 수 없어요. 말했다가는 다른 사람들이 나의 '끔찍한 비밀'을 알게 될 테니까요.
- 수치심은 거부당하는 느낌이에요.
- 세상이 원하는 모습을 보여주기 위해 죽도록 노력해요. 그런데 가면이 벗겨지고 그렇지 않은 모습이 드러날 때 수치심을 느껴요. 그럴 때는 참을 수 없을 만큼 괴로워요.
- 어디에도 속하지 못하는 아웃사이더가 될 때 수치심을 느껴요.
- 수치심은 자기 자신을 미워하고, 남들이 왜 자기를 싫어하는지 이해하는 거예요.
- 수치심은 자기혐오의 감정이에요.
- 수치심은 감옥 같은 거예요. 자신에게 문제가 있기 때문에 당연히 가야 하는 그런 감옥 말이에요.
- 남들에게 보이고 싶지 않은 문제점을 들키면 수치심을 느껴요. 그럴 때는 아무도 모르는 곳으로 숨어버리거나 죽고 싶어요.

수치심을 설명할라치면 그 당시 느꼈던 괴롭고 힘든 감정이 다시 떠오른다. 수치심이 어떤 느낌이냐고 물었을 때 참가자들은 '처참한 기분이 든다, 기운 빠진다, 너무 고통스럽다, 난도질당한 느낌이다, 한없이 작아진 느낌이다, 더러워진 것 같다, 말할 수 없이 외롭다, 거부당한 것 같다, 살면서 가장 괴로운 느낌이다' 등으로 표현했다. 나는 종종 수치심을 '전면적인full-contact' 감정이라고 부른다. 수치심을 직접 경험하거나, 친구의 수치스러운 경험을 들을 때 우리 몸엔 본능적이고 육체적인 반응이 나타난다. 격

한 감정이 밀려오면서 동시에 몸도 그 감정을 느끼는 것이다

수치심에 대한 다양하면서도 한편으로는 서로 비슷한 정의들을 듣고 나서, 나는 인터뷰를 하며 들은 감정과 의미를 표현할 수 있는 간단한 정의가 필요하다고 생각했다. 그래서 다음과 같은 개념을 만들었다.

'수치심은 나에게 결점이 있어서 사람들에게 거부당하고 소속될 가치가 없다고 믿는 극도로 고통스러운 느낌이나 경험이다.'

이렇게 개념을 정의하면서 출발점은 정해졌다. 하지만 수치심에 대한 이해에 진정으로 생명을 불어넣어준 것은 이 개념을 바탕으로 힘겹게 자신의 경험담을 들려준 여성들이다.

- 엄마가 내 몸에 대해 말할 때 수치심을 느껴요. 남편과 아이들을 데리고 친정에 갈 때마다 엄마한테서 제일 먼저 듣는 말이 "세상에, 너 아직도 뚱뚱하구나!"이고 친정집에서 나올 때 마지막으로 듣는 말은 "제발, 너 살 좀 빼라"예요.
- 중학생 때 이모의 남자친구한테 성추행을 당했어요. 나는 언니한테 그 일을 말했고 언니가 부모님께 말했어요. 부모님은 언니와 나를 거실로 부르더니 그 일에 대해 더 이상 말하지 말라고 했어요. 엄마가 직접 이모와 의논하겠다고요. 그 뒤로 무슨 일이 있었는지는 모르지만 나는 이모의 남자친구를 더 이상 보지 못했어요. 이모도 그 일에 대해서 나에게 아무 말도 하지 않았어요. 언니는 이런 식의 처리 방법에 대해 굉장히 분노했어요. 몇 년 동안 부모님께 화를 냈죠. 그리고 나는 자신을 수치스러워

하고 말 없는 사람이 되었죠.

• 성관계를 싫어하는 건 아니에요. 즐기진 않지만 싫어하지도 않아요. 다만 아이가 셋이라 더 이상 필요하다고 느끼지 못할 뿐이죠. 앞으로 평생 성관계를 갖지 않는대도 상관없어요. 부부가 평균 주 3회 성관계를 갖는다는 식의 기사가 정말 싫어요. 그런 걸 보면 나는 '어머, 난 아닌데'라는 생각이 들면서 나한테 뭔가 큰 문제가 있는 것만 같아요. 남편은 나와 생각이 다르다는 걸 알기 때문에 마음이 편치 않기도 하고요.

• 내가 고등학생일 때 엄마가 자살했어요. 그날 이후 나에겐 '엄마가 자살한 아이'라는 꼬리표가 붙었어요. 그 사건은 내 인생에서 가장 끔찍한 일이에요. 엄마가 자살했기 때문에 사람들은 나를 고운 눈으로 보지 않았어요. 스스로 목을 매달아 자살한 여자의 딸이니까 그 딸인 나도 이상할 것이다. 사람들은 이런 식으로 생각해요. 내 친구 부모님들도 나와 내 아빠를 무서워했어요. 이런 과거가 수치스러워요. 엄마가 암이나 다른 병으로 죽었다면 사람들이 그렇게 잔인하게 굴지 않고 나를 더 이해해줬을지도 모른다는 생각을 하곤 해요.

• 내 몸과 관련된 모든 것이 수치스러워요. TV나 잡지에 나오는 완벽한 사람들과 다른 내 몸이 끔찍하게 싫어요. 나에게는 자신의 몸을 혐오스럽게 보는 게 수치심이에요. 이것이 사람 몸에서 나는 20가지 냄새라고 설명해주거나 사진과 함께 '정상적인 여성들'의 50가지 가슴 모양을 알려주는 책이 있으면 좋겠어요. 그러면 '아, 나는 정상이구나'라는 걸 알 수 있을 것 같아요.

• 우리 부부는 4년 전 직장을 그만두고 주택담보대출을 받아서 온라인 쇼핑몰 사업을 시작했어요. 하지만 2년 뒤 사업을 접었어요. 아주 비참했

죠. 꿈을 이루기 위해 모든 것을 포기하고 도전해서 성공하고 행복을 얻은 사람들이 많잖아요. 그런데 나는 빚투성이에 형편없는 새 직장에 다니고 있죠. 인생의 실패자가 된 것 같아 너무 수치스러워요.

• 불임이라는 사실이 나를 수치스럽게 만들어요. 나 혼자만 이렇다는 생각이 들기 때문이에요. 아무도 내 고통을 이해 못 할 것 같아요. 특히 아이가 있는 사람들은 절대 이해 못 할 거예요. 내가 엄마가 될 자격이 없어서 이런 일이 생긴 게 아닌가, 하는 생각이 들 때도 있어요.

이들이 얼마나 아프고 힘들지 충분히 짐작이 간다. 우리 사회에는 수치심, 비난, 편견, 따돌림이 만연하지만, 그와 동시에 포용과 소속감을 매우 중요하게 여긴다. 다른 말로 하자면, '남들과 잘 어울리기'란 너무나도 힘들지만, 반드시 남들과 잘 어울려야만 한다.

수치심의 힘이
강력한 이유

수치심에 대한 이야기는 듣기만 해도 고통스럽다. 친구나 가족이 자신의 수치스러운 이야기를 털어놓을 때 또는 타인의 수치스러운 경험담을 책으로 접할 때 우리는 대개 둘 중 하나의 반응을 보인다.

자신도 경험한 문제여서 공감한다면, 그 이야기를 듣는 것이 고통스러우면서도 이상하게 위안이 된다. '고통'은 자신이 감추려던 문제를 어쩔 수 없이 떠올리는 과정에서 비롯된 것이고, '위안'은 그런 고통을 겪는 사람이 나 하나만은 아니라는 사실을 깨닫는 데에서 비롯된 것이다. 수치심의 힘이 강력한 이유는 자신이 '외톨이'처럼 느껴지기 때문이다. '나 하나뿐'이라거나 '다른 사람들과 내가 다르다'고 느낀다는 뜻이다. 그런데 자신과 똑같은 경험을 한 사람의 이야기를 들으면 '나만 이런 게 아니구나'라는 생각이 든다. 물론, 남의 이야기가 자신의 경험담과 너무 똑같으면 수치심이 더 커질 수도 있다. 그러면 자신의 수치심에 짓눌려 남의 이야기를 집중해서 들을 수가 없다.

반면에 자신의 경험과 무관한 수치심에 대한 이야기라면, 거리를 두는 반응을 보인다. "우리 엄마라면 그렇게 말 안 했을 거예요." "성관계를 즐기지 않는 여자들을 이해 못 하겠어요." 이런 식으로 말이다. 타인의 수치심과 자신 사이에 거리를 두면, '나는 그런 사람과 다르다'며 편을 가르거나 비난하게 된다. 바로 이런 반응이 수치심을 더욱 확산시킨다.

어머니가 자살한 앨리슨과 인터뷰하면서 그녀의 친구, 이웃 그리고 교사들이 보였던 반응에 엄청난 충격을 받았다. 어머니가 죽고 몇 달 동안 앨리슨은 어딜 가든 뒤에서 사람들이 수군거리는 소리를 들었다. 사람들은 일부러 그녀를 피하거나, 필요 이상으로 그 일에 대해 꼬치꼬치 캐물었다. 앨리슨은 처음엔 사람들한테 이런 대접을 받는 게 부당하다고 생각했다. 어머니가 정신질환에 시달리다 자살한 게 그녀 책임은 아니니까 말이다. 그런데 사람들이 수군거리는 소리를 계속 듣다 보니 어느새 앨리슨도 어머니의 자살이 '자신의 결함'처럼 생각됐다. 그때부터 수치심이 들기 시작했고 주위 사람들로부터 배척당하고 외톨이가 된 기분이 들었다고 한다.

앨리슨과의 인터뷰를 2주일 정도 곱씹어보면서 나는 그녀에게 깊은 연민과 공감의 감정을 느꼈다. 아무 생각 없이 앨리슨을 함부로 대한 사람들에게 화가 났다. 그들에게 분노를 느끼는 것이 정당하다고 생각돼서 계속해서 그들의 잘잘못을 따지고 비난했다. 그리고 이런 나의 반응을 며칠간 생각해본 끝에 나는 다음과 같은 불편한 진실을 마주했다.

첫째, 수치심을 이해하기 위해서는 앨리슨의 경험뿐만 아니라 그녀 주변 사람들의 반응도 이해해야 한다. 그저 그녀의 '무심한 이웃들'을 비난한다고 해서 문제가 해결되지는 않는다. 그들을 수치스럽게 만드는 것 역시 무심한 그들이 한 것과 똑같은 부정적이고 유해한 짓일 뿐이다. 둘째, 만약 내가 그 앨리슨의 친구나 이웃이라면 어떻게 반응했을까를 솔직히 생각해봐야 한다.

퇴근길에 옆집 앞에 구급차와 경찰차가 줄지어 서 있는 걸 봤다면 아마 나는 이웃에게 전화를 걸어 무슨 일인지 물었을 것이다. 이웃에게 수준 낮은 사람으로 보이고 싶지 않기 때문에 옆집을 기웃거리는 행동은 하지 않을 것 같다. 그 대신 그 집 주위를 기웃거린 다른 이웃에게 전화할 텐데, 사실 그게 더 나쁜 반응일 수 있다. 어찌 됐든 옆집에 일어난 일에 대해 다른 이웃들과 똑같이 함부로 말하고, 왜 그런 일이 일어났는지 멋대로 추측하고, 부풀려 말할 가능성이 매우 높기 때문이다. "그 집에 무슨 일이 있는 것 같긴 했어." "있잖아, 전에 내가 그 여자 본 적 있는데……." 이런 대화만으로도 앨리슨이나 그녀의 아버지가 정신적으로 문제를 겪게 되리라는 추측으로 이어질 수 있다. 앨리슨 집에 내 딸이 놀러 가는 게 꺼림칙하게 느껴질 수도 있다. 부정하고 싶지만 결국 평소에 내가 싫어하고 혐오하던 사람과 똑같은 사람이 될 수 있다.

왜 이렇게 되는 걸까? 내가 앨리슨의 이웃, 친구들처럼 원래 못된 사람이라서? 아니다. 나 역시 인간이고, 이런 상황이 우리 자신의 두려움, 걱정, 슬픔 그리고 수치심을 떠오르게 하기 때문이다. 그러면 그런 고통스러운 감정에서 벗어나기 위해 자신이 다른 사람들과 다르지 않다는 것을 확인하려고 애쓰게 되는데, 때로는 그런 노력이 남을 험담하고 다른 사람을 따돌리는 부정적이고 파괴적인 방법으로 표현되는 것이다.

수치심의 본질을 이해하고 싶다면 수치심을 느낄 때 어떤 기분이 드는지 알아야 한다. 언제, 왜 다른 사람을 수치스럽게 만드는지, 수치심 회복탄력성을 어떻게 길러야 하는지, 타인이 수치심을 느끼게 만들지 않으려면 어떤 의식적인 노력이 필요한지를 알아야 한다.

이 책에 소개되는 모든 사연이 여러분의 경험과 똑같지는 않겠지만, 상당수는 불편할 정도로 자신의 이야기처럼 느껴질 것이다. 수치심 회복탄력성은 수치심과 관련된 자신의 행동과 감정을 인식하는 능력으로만 결정되지 않는다. 타인과 관계를 맺고 유대감을 키우는 능력도 필요하다. 그리고 타인에게 공감하려면 수치심과 관련해서 서로 어떤 공통점을 가졌는지 알아야 한다.

수치심은 다른 감정과
어떻게 다른가?

수치심 회복탄력성을 기르기 위해서 무엇을 알아야 할까? 나의 진짜 자아와 연결되고 다른 사람들과 의미 있는 관계를 형성하려면 어떻게 해야 할까? 수치심이라는 감정이 우리의 모든 경험과 어떻게 연관되어 있는지 이해하는 것만으로도 어째서 큰 힘과 자유를 얻게 되는 걸까?

이런 복잡한 질문에 대답하기 전에 수치심의 기초적인 사항부터 알아보도록 하자. 수치심이 당혹감embarrassment, 죄책감guilt, 굴욕감humiliation과 어떻게 다른지, 수치심이 우리 삶에 어떻게 작용하는지 등 수치심에 대한 이해부터 시작해보자. 그러면 수치심이 우리 삶에 어떻게 끼어드는지 눈에 보일 것이다.

수치심에 관해 설명하기 힘든 이유로 어휘 문제를 들 수 있다. 우리는 당혹감, 죄책감, 굴욕감과 수치심을 자주 혼동해서 쓴다. 화장실 휴지가 신발에 달라붙었을 때 별생각 없이 '너무 굴욕적이야!'라고 말하기도 하고, 아이가 실수로 색칠하기 책 대신 탁자에 색연필을 칠했을 때 '부끄러운 줄 알아!' 하고 야단치기도 한다.

학계에는 당혹감, 죄책감, 굴욕감 그리고 수치심의 관계에 대한 재미있는 논쟁이 있다. 이 네 가지 감정 모두가 서로 연관되어 있고, 강도에 따라 하나의 핵심 감정에 각각 다른 이름을 붙인 것이라고 주장하는 사람도 있다. 하지만 나를 포함한 대다수 학자는 이 네 가지 감정이 개별적이고 뚜렷이 구분되는 경험이라고 본다.

'당혹감'은 이 네 가지 감정 중에 가장 약한 감정이다. 사람들은 죄책감이나 수치심보다 '창피하고 당황스러운 상황'에 대해 말하는 걸 덜 부담스러워한다. 당혹감은 순간적이고, 넘어지는 것이나 말실수처럼 웃기지만 정상적일 때가 많다. 그 상황이 얼마나 창피한지에 관계없이, 우리는 남들도 똑같은 상황을 경험하며 그 상황이 금방 지나가리라는 걸 안다. 신발에 화장실 휴지를 길게 매단 채 화장실을 나서는 경험이 즐겁지는 않지만 그런 행동을 한 게 내가 처음도 아니고 나만 그런 것도 아니라는 걸 잘 안다.

'죄책감'은 수치심과 가장 자주 혼동되는 단어다. 그리고 안타깝게도 이런 혼동의 영향은 단순히 '용어 혼동'을 뛰어넘는다. 수치심을 통해 자신이나 타인의 행동을 바꾸려는 많은 시도는 수치심과 죄책감의 차이를 이해하지 못하기 때문이다. 죄책감은 변화를 이끌어낼 수 있는 긍정적인 동기인 반면 수치심은 더 나쁜 행동을 부추기거나 아예 아무것도 못 하게 만들 수도 있다. 왜 그럴까?

죄책감과 수치심은 둘 다 자기평가self-evaluation에 대한 감정이다. 그렇지만 공통점은 여기서 끝이다. 대부분의 학자는 수치심과 죄책감의 차이가 '나는 나쁘다'(수치심)와 '나는 나쁜 짓을 했다'(죄책감)라는 데에 동의한다.[1] 수치심은 '존재'의 문제지만 죄책감은 '행동'의 문제다. 시험을 볼 때 커닝한 것에 대해 죄책감을 느낀다면 머릿속으로 '그런 짓을 하지 말았어야 했어. 그건 정말 바보 같은 짓이었어. 난 커닝이 나쁜 짓인 걸 알고 있었어. 처음부터 내가 하고 싶던 짓도 아니야'라고 생각한다. 그런데 시험 볼 때 커닝한 것에 대해 수치심을 느낀다면 '나는 거짓말쟁이야. 남들을 속였어. 나는 바보야. 나는 나쁜 사람이야'라고 생각한다.

죄책감은 자신의 윤리관, 가치, 믿음에 반하는 행동이나 태도를 취할 때 생긴다. 나의 행동이 내가 되고자 하는 모습과 일치하지 않을 때 이 감정이 생겨난다. 반면에 수치심은 내가 무엇을 했는지보다는 내가 어떤 사람인지에 초점을 맞춘다. 자신을 나쁜 사람, 거짓말쟁이, 쓸모없는 존재라고 말하면 정말로 그렇게 믿고 결국 그렇게 될 수 있으므로 매우 위험하다. 자신을 '쓸모없는' 존재라고 생각하는 사람은 그저 죄책감을 느끼는 사람보다 커닝을 더 많이 할 가능성이 높다.

다른 학자들과 마찬가지로 나 역시 수치심이 부정적인 행동을 해결하기보다 오히려 부추길 가능성이 더 크다는 결론에 도달했다. 인간은 본능적으로 남에게 인정받고 사랑받기를 바란다. 그런데 수치심을 느끼면 단절된 기분이 들기 때문에 인정과 소속감에 대한 욕구가 더욱 간절해진다. 수치심 혹은 수치심에 대한 두려움을 느끼면 우리는 더욱 자기파괴적인 행동을 한다. 남을 비난하거나 모욕함으로써 수치심을 전가하려고 하거나, 도움이 필요한 사람을 보고도 외면할 가능성이 커진다.

반면에 자신이 한 일을 사과하거나 잘못된 행동을 바로잡을 때, 죄책감은 가장 강력한 동기가 될 수 있다. '내가 잘못했다'는 사실을 인식하는 것과 '나는 나쁜 사람이다'라고 믿는 것은 전혀 다르다. 상대에게 수치심을 불러일으켜서 '미안하다'는 말을 하도록 만들 수는 있지만, 이럴 때 이 말은 진심이 아닐 때가 많다.

동일한 경험이 어떤 사람에게는 수치심을 불러일으키지만 다른 사람에게는 죄책감이나 당혹감을 불러일으킬 수 있다. 그렇기 때문에 무엇이 수치심을 불러일으키는지 함부로 추측하지 말아야 한다. 예를 들어, 나는 지금껏 몇 번인가 다른 사람의 생일을 잊어버렸다. 특히 가족이나 절친의 생일을 깜박했을 땐 정말 당혹스러웠다. '내가 그걸 잊어버리다니 말도 안 돼.' 하지만 이런 일은 전화 한 통으로 해결할 수 있었다. "네 생일을 잊어버리다니, 정말 미안해. 생일 잘 보냈지?" 그런데 누군가의 생일을 잊어버려서 죄책감을 느낄 때도 있었다. 단순한 실수가 아니라 계획이나 우선순위를 제대로 정하지 못해서 생긴 일이었을 때 그랬다. 첫 아이를 낳고 업무에 복귀한 후, 생일카드 보내기나 모임에 참석할지 응답하기 같은 사소한 일을 깜박하곤 했다. 이런 실수가 굉장히 수치스럽게 느껴져 때론 거짓

말을 꾸며대기도 했다. 그 무렵에 나는 내가 모든 면에서 남들보다 부족하다고 생각했다. 교수로서도, 엄마로서도, 아내로서도, 친구로서도, 딸과 자매로서도 부족한 것 같았다. 그래서 생일을 잊어버리는 것 같은 작은 일에도 '어머, 내가 그걸 잊어버리다니, 말도 안 돼'라고 생각하는 게 아니라 '이런 세상에, 나 정말 멍청해. 제대로 하는 게 하나도 없어'라고 생각하며 수치심을 느꼈다.

이제 첫째는 일곱 살이 되었고, 나는 둘째를 낳고 7개월간 출산휴가를 보낸 후 최근 복직했다. 여전히 남의 생일을 잊지 않으려 애쓰고 있고, 가끔은 모든 게 너무 힘겹게 느껴지거나 내가 부족하다는 생각이 들곤 한다. 하지만 이제는 그럴 때 수치심이 아니라 죄책감이 든다. 가까운 사람들의 생일을 기억하는 것이 내게 중요하기는 하다. 그렇지만 이제는 일과 육아를 병행하려면 융통성이 있어야 하고 미리미리 계획을 세우는 게 필요하다는 걸 안다. 그래서 요즘은 두 가지 생일카드(일반적인 축하말이 적힌 것과 축하가 늦어서 미안하다는 말이 적힌 것)를 준비해둔다. 이처럼 우리는 같은 일에 대해서 어떤 때는 당혹감을 느끼지만, 또 다른 때에는 죄책감이나 수치심을 느낀다. 그건 자신이 어떤 상황에 처해 있느냐에 따라 달라진다.

'굴욕감'은 수치심과 자주 혼동해서 사용하는 용어다. 정신의학자인 도널드 클라인Donald Klein은 수치심과 굴욕감의 차이에 대해 이렇게 설명한다.[2] "사람들은 자신이 수치심을 느끼는 게 당연하다고 생각할 때가 있다. 반면 자신이 굴욕감을 느끼는 게 당연하다는 생각은 하지 않는다."

연구 참가자들이 말했던 수치심의 정의 중에 '당연하다'는 뉘앙스의 표현이 있었다. 한 여성은 이렇게 말했다. "수치심은 자기 자신을 미워하고, 남들이 왜 자기를 싫어하는지 이해하는 거예요." 또 다른 여성은 실제로 '당연하다'는 말을 사용해서 이렇게 이야기했다. "수치심은 감옥 같은 거예요. 자신에게 문제가 있기 때문에 당연히 가야 하는 그런 감옥 말이에요."

얼마 전 '수치심이 육아와 교육에 어떻게 이용되는가'를 조사했는데, 여기서 수치심과 굴욕감의 차이를 발견할 수 있다. 선생님이 성적이 떨어진 아이의 성적을 남들 앞에서 발표하고 그 아이를 '바보'라고 말하면 아이는 수치심이나 굴욕감을 느낄 것이다. 만약 그 아이가 선생님의 행동(성적 발표와 바보라는 호칭)을 부당하다고 생각한다면, 그 아이는 수치심이 아닌 굴욕감을 느낄 것이다. 반대로, 아이가 이를 당연하게 받아들인다면 수치심을 느낄 것이다.

수치심이 훈육에 미치는 영향에 대한 내 연구를 바탕으로, 나는 수치심이 다음의 두 가지 이유로 굴욕감보다 더 유해하다고 생각한다. 첫째, 학교에서 아이에게 '바보'라고 낙인찍는 자체가 나쁜 일이지만, 아이가 자신을 바보라고 믿게 된다면 그것은 더욱더 해롭다. 만약 선생님의 의도대로 아이가 자신이 바보라는 생각에 수치심을 느끼게 된다면, 그 아이는 평생 그 기억 때문에 괴로워하게 될 것이다.

둘째, 같은 상황에서 굴욕감을 느낀 아이는 집에 돌아와 부모나 보호자에게 학교에서 있었던 일을 말할 가능성이 크다. 아이가 굴욕감을 느낀 경험을 말하면 우리는 아이가 그런 느낌에서 벗어나도록 이끌어주고 선생님과 학교 관계자에게 이 상황에 대해 의견을 제시할 기회를 얻을 수 있다. 하지만 같은 상황에서 수치심을 느낀 아이는 자신의 경험을 숨기고 아예 말을 안 하거나 반항하기 쉽다.

굴욕감을 느끼는 상황이 반복된다면 수치심으로 바뀔 수 있다. 선생님이나 부모처럼 아이가 존경하는 사람이 아이에게 바보라고 계속 말하면, 아이는 결국 그 말을 믿게 될 가능성이 높다. 상사, 의사, 종교단체장처럼 자신보다 힘이 있다고 생각되는 사람이나 가까운 사람이 자신을 계속 무시하면 굴욕감이 수치심으로 바뀌기 쉽다.

당혹감, 죄책감, 굴욕감, 수치심을 정확하게 구별할 수 있다면, 우리가 왜 수치심을 느끼는지 그리고 수치심이 우리에게 어떤 영향을 미치는지 보이기 시작한다. 수치심에 제대로 맞서기 위해서는 왜 수치심을 느끼는지 그리고 수치심이 매일의 행동, 생각, 느낌을 포함한 우리 삶 전체에 어떻게 영향을 미치는지 이해해야 한다.

사회의 온갖 기대가 만들어낸 수치심 거미줄

수치심 연구에 몰두하던 시절, 가장 대답하기 힘든 질문 중 하나는 "여성들의 다양한 수치심 경험에는 어떤 연관이 있는가?"였다. 연구에 참여한 여성들은 인종, 민족, 나이, 성적 지향, 종교, 육체 및 정신건강 상태, 가족 내에서의 역할 등 모든 면에서 다양했다. 참가 여성 중 약 42%는 백인, 26%는 아프리카계 미국인, 24%는 라틴계, 8%는 아시아계 미국인이었다. 연령도 18세부터 82세까지 다양했는데 평균 연령은 약 40세였다.

인터뷰 답변을 읽고, 참가자들의 사연과 경험을 분석하면서 나는 연관성을 찾으려고 애썼다. 다른 사람에게는 아무런 영향을 미치지 않은 무언가가 누군가에겐 수치심을 자극하는 원인이 되었고, 삶이 무너질 만큼 끔찍한 경험이 되기도 했다. 수백 명의 사연과 답변을 읽으며 나는 그들의 수치심 경험에 흐르는 공통점을 찾아냈다.

여성들은 모순되고 이해가 상충하는 사회공동체적 기대social-community expectation로 인해 수치심을 느끼곤 한다. 거미줄처럼 복잡하게 얽히고설킨 이 요구와 기대는 우리에게 이렇게 말한다.

- 이런 사람이 되어야 한다(who we should be)
- 이런 것을 해야 한다(what we should do)
- 이렇게 해야 한다(how we should do)

이런 기대의 거미줄에 걸리면 여성들은 두려움fear, 비난blame, 단절감disconnection을 경험한다. 이는 각각 하나만으로도 감당하기 힘든 감정이다. 따라서 이것들이 복잡하게 뒤엉켰을 때 발생하는 수치심이라는 감정이 그토록 강력하고 복잡하며 극복하기 어려운 것은 당연하다.

거미줄을 형성하고 있는 기대는 인종, 계급, 성적 지향, 나이, 종교 등의 특성을 바탕으로 한다. 엄마, 직원, 배우자, 자매, 또는 자신이 속한 특정 집단의 일원 등 각자의 역할에 따라서도 달라질 수 있다. 그런데 그 밑바탕을 보면, 수치심을 부추기는 기대는 특히 우리가 여성이기 때문에 요구되는 기대와 매우 밀접한 관련이 있다.

수치심은 젠더gender(사회적 의미로서의 성 또는 사회문화적으로 길들여진 남녀의 정체성_옮긴이)에 따라 체계화된다. 여성들에게 수치심을 부추기는 요구는 우리 문화가 여성에게 무엇을 허락하고 무엇을 허락하지 않느냐에

〈수치심 거미줄〉

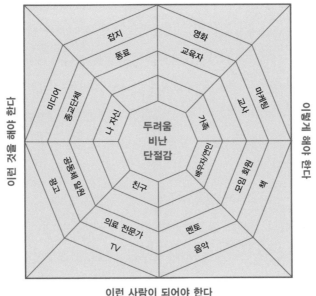

이런 것을 해야 한다

이렇게 해야 한다

이런 사람이 되어야 한다

미디어 / 종교단체 / 나 자신 / 두려움 비난 단절감 / 가족 / 배우자(연인) / 마케팅 / 교사 / 교육자 / 영화 / 잡지 / 동료 / 공동체 일원 / 친구 / 의료 전문가 / TV / 음악 / 멘토 / 몸 회원 / 책

대한 생각을 바탕으로 한다. 반면에, 남성에게 수치심을 부추기는 요구와 기대는 우리 문화가 원하는 남성성, 즉 남자는 어떻게 행동해야 하고 어떻게 생겨야 하는가 등을 바탕으로 한다.

이렇게 젠더를 기준으로 하는 기대는 범위가 큰 사회에서 만들어지지만, 다양한 방법으로 작은 공동체나 집단에 스며든다. 그래서 이런 기대를 '사회공동체적 기대'라고 부른다. 예를 들어, 여성의 외모에 대해 사회적 기대가 크다. 즉, 여성은 어리고, 예쁘고, 섹시해야 한다는 부담감을 받는다. 어떤 공동체에서는 머리카락 색이나 피부색에 대해서는 아무 관심이 없는데, 다른 공동체에서는 이를 아주 중요하게 여기기도 한다.

또 다른 예로 정신건강 문제를 들 수 있겠다. 비정상crazy 상태에 대해서도 일반적으로 용인되는 수준이 있다. 그런데 정신건강 문제라면 뭐든 가족 이외의 사람들에게 알려지는 것을 수치스럽게 여기는 사회가 있는가 하면, 심리치료와 상담을 자연스럽게 여기는 곳도 있다.

이 책에서 말하는 사회나 공동체가 단순히 지리적인 공간만을 의미하지는 않는다. 우리는 인종, 민족, 사회계급, 특정한 단체, 이념, 종교, 정치 등 여러 가지 조건을 중심으로 만들어지는 사회나 공동체에 속해 있다.

수치심은 두려움에서 시작된다. 인간은 유전적, 감정적, 사회적, 인지적으로 타인과의 관계를 갈망하는데 수치심은 '단절에 대한 두려움'에서 비롯된다. 수치심을 느끼면 우리는 놀림당하거나, 무시당하거나 문제 있는 사람으로 보일지 모른다는 두려움에 빠지게 된다. 타인과의 관계와 자신이 인정받아온 가치를 위태롭게 만들지도 모른다는 두려움에 빠지는 것이다.

이런 두려움은 자신이 수치심의 덫에 빠졌다는 생각이 들 때 더 심해진다. 수치심의 덫에 빠졌다는 두려움은 수치심 거미줄이 제시하는 기대와 선택권의 비율이 지나치게 비정상적이라는 점과 관련 있다. 우리는 너무 많은 기대를 떠안고 사는데, 그중 상당수가 비현실적이거나 실현 불가능하다. 게다가 우리의 선택권은 극히 제한되어 있다. 수치심 거미줄이 어떻게 작용하는지 알아보기 위해 가장 널리 퍼진 예를 하나 들어보겠다. 바로 '외모'다. 미디어의 조작이나 섭식장애 문제가 널리 알려졌지만, 외모에 대한 인식은 나아지지 않고 있다. 인터뷰한 여성 중 거의 90%가 외모와 몸무게에 대해 수치심을 느낀다고 답했다.

수치심 거미줄 그림에서 볼 수 있듯, 배우자, 가족, 친구 그리고 '나 자신'이 감정의 중심에 가장 가까이 있다. 우리는 가장 가까운 사람들과의 단절을 가장 두려워한다. 따라서 수치심은 스스로가 거는 기대 또는 가장 가까운 사람들이 자신에게 거는 기대와 관련되었을 때 가장 큰 힘을 발휘한다.

완벽한 외모에 큰 가치를 두는 가정에서 자란 사람은 가족의 기대와 요구를 충족시켜야 한다는 생각에 얽매이기 쉽다. 설령 배우자나 연인이 지금 그대로의 모습을 사랑해주고, 자신감을 가지라고 아무리 말해도 소용없다. 다른 예를 들어보자. 배우자나 연인은 외모를 가꾸라고 요구한다. 그런데 친구들은 다이어트를 응원할 수도 있고 반대로 외모에 너무 집착한다며 곱지 않은 시선을 보낼 수도 있다. 이렇게 상반되는 요구를 받을 때도 우리는 모두에게 사랑받고 인정받고 싶어 한다. 그래서 두 그룹을 모두 만족시킬 방법을 찾으려고 필사적으로 애쓰다가 모순되는 기대를 충족시키지 못하면 결국 수치심에 사로잡히게 된다.

거미줄의 중심에서 좀 더 바깥쪽에 있는 전문가(의사, 심리치료사 등), 공동체 일원, 모임 회원, 교육자, 동료, 종교단체도 우리가 수치심을 느끼게 만든다. 그리고 이런 그룹 외에도 더 크고 은밀한 '구조적인 문제'가 우리를 기다리고 있다. 일례로 비만 여성은 그렇지 않은 또래 여성보다 소득이 더 적고(연 6,700달러), 빈곤율도 높다(10% 이상).[3]

수치심 거미줄의 가장자리엔 미디어가 있다. 수치심의 문화는 TV, 광고, 마케팅에 의해 강화된다. 영화에서 보고, 음악에서 듣고, 신문과 잡지에서 보는 것들 말이다. 몸매를 예로 들어 생각해보자. 많은 사람이 마른 몸매를 선호하는 데 대해 아무도 이의를 제기하지 않는다. 여전히 창백한 얼굴, 말랐지만 가슴과 엉덩이만 큰 몸매를 선호한다. 이런 몸은 자연적으로 형성되기 어렵다. 갈비뼈가 앙상하게 드러날 정도로 비쩍 말랐는데 가슴과 엉덩이는 터질 듯 풍만한 몸은 '깎아 만든 주문 제작품'이지, 자연스러운 인간의 몸이 아니다.

우리가 이 사회 안에서 살아가는 한, 아무리 애를 써도 미디어의 영향력에서 벗어날 수 없다. 내가 좋아하는 학자이자 작가인 진 킬본_{Jean Kilbourne}은 미디어 속에 숨은 메시지를 파악하고 분석하는 전문가다. 그녀의 저서 『부드럽게 여성을 죽이는 법』에 따르면 미국인은 하루에 3,000건 이상의 광고를 접하고 평생 3년이라는 시간을 TV 광고를 보는 데에 소비한다.[4] 현대사회에서 미디어의 영향력을 벗어나려는 시도는 대기오염을 피하고자 숨을 쉬지 않는 것만큼이나 실현 불가능한 일이다.

또한 진 킬본은 여성 잡지의 표지 속에 숨은 메시지도 지적한다. 잡지 표지엔 '10일 안에 7kg 빼기', '여름까지 건강하게 살 빼기'처럼 눈길을 사로잡는 문구가 가득하지만, 잡지 속엔 80kg의 여자가 땀을 뻘뻘 흘리며 러닝머신을 뛰는 모습이 아니라 초콜릿을 두껍게 바른 케이크 사진을 소개한다. 여름을 위해 다이어트를 하면서도 '이달의 디저트'를 찾아서 한 입 먹어야 한다. 게다가 잡지 뒤표지는 마치 담배를 피우면 날씬해진다고 암시하는 듯한 담배 광고가 실려 있다.

이제 수많은 기대가 어떻게 겹겹이 쌓이고, 서로 경쟁하고 모순되는지 알 수 있을 것이다. 이런 수많은 기대가 쌓이면서 수치심 거미줄이 만들어진다. 하지만 우리에게 쏟아지는 기대를 모두 충족시킬 가능성은 매우 희박하다. 그런데도 이를 충족시키려다 보면 이러지도 저러지도 못하는 딜레마에 빠지고 만다. 작가 마릴린 프라이_{Marilyn Frye}는 이런 딜레마에 대해

"선택권은 지극히 제한적이고 그 선택권마저도 우리를 불이익, 비난, 박탈감으로 몰고 가는 상황"이라고 설명했다.[5] 각각의 선택이 다른 기대를 침해하고 방해하기 때문이다. 그래서 우리는 나쁜 것과 더 나쁜 것 중에 하나를 선택해야 하는 처지에 놓일 때가 많다.

- 날씬해야 한다. 하지만 몸무게에 집착해서는 안 된다.
- 완벽해야 한다. 하지만 외모 때문에 유난을 떨어서도 안 되고, 가족, 일에 소홀해서도 안 된다. 멋지게 보이면서도 남들 입방아에 오르지 않으려면 아무도 모르게 조용히 노력해야 한다.
- 자신감을 가져라. 자신감 있는 사람이야말로 가장 섹시한 사람이다. 단, 당신이 어리고 날씬하고 아름답다면.

살을 빼야 하지만 케이크는 직접 만들어 먹고, 담배를 피우면서도 멋있게 보이고, 건강을 챙기면서도 완벽한 몸매를 만들고, 유행하는 물건은 다 사면서도 있는 그대로의 자신을 사랑하는……, 이 모든 기대를 다 충족시키지 못하면 철컹! 우리는 꼼짝 없이 수치심 거미줄에 갇히고 만다. 그리고 비난과 단절감에 대한 두려움이 시작된다.

곪아 터지거나
밖으로 폭발하거나

수치심과 두려움을 느꼈다면, 비난도 머지않았다. 우리는 때에 따라 자신을 비난하기도 하고 남 탓을 하기도 한다. 자신을 비난할 때는 자기혐오와 수치심의 악순환에 빠진다. 그러다 보면 겉으로는 드러나지 않아도 속으로 곪아 터지게 된다. 반대로 수치심과 두려움의 고통에서 빠져나가기 위해 남 탓을 하면 밖으로 폭발하게 된다. 자녀나 직장 동료, 배우자나 연인 아니면 앞에 서 있는 서비스센터 직원한테 화풀이한다. 속으로 곪아 터지든 밖으로 폭발하든, 자신이 무슨 짓을 하는지 왜 그렇게 하는지 거의 의식하지 못한다. 그저 무력한 기분에서 벗어나기 위해 비난을 할 뿐이다.

'힘power'은 여성들이 그리 달가워하지 않는 주제다. 나와 인터뷰한 여성 대부분은 '힘 있는 여성'이라는 개념을 '남들이 싫어하는 여자' 또는 '못된 여자'와 연결지어 생각하며 불편해했다. 그러면서도 무력한 느낌이 드는 건 두렵고 절망적이라고 대답했다. 힘에 대한 이런 모순된 생각은 자신이 가진 모든 능력을 발휘하는 데에 심각한 위협이 된다.

이런 모순된 생각을 하게 되는 이유 중 하나는 힘이 '남을 지배하는 힘'과 '진정한 힘'이라는 두 가지 형태로 존재하기 때문이다. 대부분 '힘'이라고 하면 자동으로 전자를 떠올린다. 남을 통제하고, 마음대로 조정하고, 제멋대로 구는 힘 말이다. 그리고 그런 힘은 유한하기 때문에 내가 힘을 가지려면 남에게서 빼앗아 와야 한다고 생각한다.

그러나 남을 지배하는 힘은 위험하다. 심리학자인 로빈 스미스 박사Dr. Robin Smith는 남을 지배하는 힘의 가장 은밀한 형태에 대해 "다른 사람이 어떤 사람인지 내 마음대로 정의하고 그 사람 스스로 그것을 믿게 만드는 힘"이라고 정의했다. 수치심의 힘도 이와 동일한 방식으로 우리에게 영향을 미친다. 그것은 우리에게 성역할이라는 굴레를 씌우고 우리 스스로 원해서 고정된 성역할을 받아들인다고 믿게 만든다.

지난 수년간 나는 직장에서 '남을 지배하는 힘'이 작용하는 사례를 무수히 목격했다. 나는 여러 그룹을 상대로 수치심과 신체이미지에 대해 교육한다. 몇 해 전, 세계적인 화장품업체 도브Dove의 '리얼 뷰티 캠페인 Campaign for Real Beauty'이 시작되었을 때 나는 모델이 아닌 평범한 여성들이 팬티와 브래지어만 입고 있는 모습을 보는 게 어떤지 여성들에게 물었다. 절반은 마음에 들지 않는다고 했다. 많은 여성이 이렇게 답했다. "대단한 일이라는 건 아는데 그 광고를 보고 기분이 별로 좋진 않았어요." 어떤 여성은 "그 광고에 나온 여자들을 보니까 내가 창피했어요"라고 말했고 "그 광고를 보고 내가 더 예뻐 보이고 싶다거나 살을 빼야겠다는 생각은 들지 않았어요"라고 답한 이들도 있었다.

나는 요즘도 그때와 비슷한 답변을 듣는다. "여성들에게 힘을 북돋워주는 멋진 일이라는 건 알지만 솔직히 말하자면, '당신들 너무 뚱뚱해요. 조금도 멋있지 않아요. 얼른 옷 입어요'라는 생각이 들었어요." 여기서 중요한 건 마음에 안 든다고 대답한 여성 대부분이 그 캠페인에 등장한 여성들처럼 생겼다는 사실이다. 이것이 '남을 지배하는 힘'이다. 아름다움에 대한 고정관념이 은밀하게 스며들어 우리도 모르는 사이에 마치 그것이 자신의 진짜 생각인 양 믿어버리게 된 것이다. 그리고 그 결과는 참담하다. 자신과 비슷한 여성은 완벽하지도, 날씬하지도, 아름답지도 않기 때문에 광고모델에 어울리지 않는다고 생각하게 된다. 역설적이게도, 남을 지배하는 힘에서 벗어나려면 자신의 진짜 힘, 다시 말해 '자신의 판단에 따라 생각하고 살아갈 힘'을 되찾아야 한다.

메리엄-웹스터 사전에 힘은 '행동하거나 영향력을 만들어낼 수 있는 능력'이라고 정의돼 있다. 진정한 힘은 기본적으로 내가 바꾸고자 할 때 그렇게 할 수 있는 능력이다. 변화를 가능하게 하는 능력이다. 진정한 힘은 무한하다. 서로 빼앗으려고 싸우지 않아도 된다. 진짜 좋은 점은 우리 스스로 그 힘을 만들어낼 수 있다는 것이다. 남에게서 빼앗지 않아도 남들과 함께 쌓아갈 수 있다.

수치심을 느꼈을 때 악순환에 빠져들지 않으려면 진정한 힘의 세 가지 요소, 즉 자각consciousness, 선택choice, 변화change에 대해 생각해야 한다. 효과적으로 변화를 일으키고 우리 삶의 문제를 다루고자 한다면 우선 문제를 자각해야 한다. 둘째, 문제를 해결하기 위해 할 수 있는 선택을 확인해야 한다. 마지막으로, 변화를 일으켜야 한다. 실행에 옮겨야 한다는 뜻이다.

그럼 여기서 질리언을 소개하겠다. 질리언과는 2002년과 2005년에 인터뷰를 했다. 우선 우리의 첫 만남에 관해 이야기하겠다. 수치심 회복탄력성을 기르면서부터 그녀의 인생이 어떻게 변했는지는 책의 후반부에서 다시 언급할 것이다. 첫 번째 인터뷰에서 질리언은 '내가 미쳤구나' 하는 생각까지 들었던 수치심 경험에 관해 들려주었다.

어느 토요일, 질리언은 남편 스콧과 두 아이와 함께 느긋하게 쉬고 있었다. 부부는 현관 앞에 앉아 있고 두 아이는 뒷마당에서 놀고 있었다. 그녀는 주중에 온 우편물을 살펴보던 중 둘째 앞으로 온 생일 초대장을 발견했다. 생일 초대장을 읽다가 질리언은 감정이 폭발하고 말았다. 그녀의 표현을 빌리자면 '두려움, 분노, 걱정이 뒤섞인 끔찍한 기분'이었다. "벌떡 일어나 아이들한테 조용히 하라고 고함을 지르고 남편한테 늘 차고를 어지럽힌다고 화를 냈어요. 그러고는 집으로 달려가 침실에 들어가서는 문을 쾅 닫아버렸죠." 남편이 뒤따라와 잠긴 문을 열려고 하며 "대체 뭐 하는 짓이야. 질리언, 뭐가 잘못됐는데? 당신 미쳤어?"라고 말했다고 했다.

무엇 때문에 그렇게 감정이 폭발했느냐는 질문에 질리언은 대답했다. "내가 왜 그랬는지 며칠 동안이나 이해할 수가 없었어요. '내가 미쳤구나'라는 생각만 계속 들었어요. 그런 행동을 한 게 처음이 아니었거든요. 한참 지나서야 생일 초대장에 부모님과 함께 수영장 파티를 할 거라고 쓰여 있었던 게 문제란 걸 깨달았어요." 질리언은 다른 엄마들 앞에서 수영복을 입고 있는 자기 모습을 상상하자 너무 수치스러웠다고 설명했다. "나는 이따금 수치스럽거나 두려우면 돌아버려요. 미친 것 같다는 생각도 들어요. 왜 그런 일이 일어나는지 나도 모르겠어요."

질리언은 늘 자신의 몸매에 불만이 많았는데, 출산 후로 살이 더 쪄서 굉장히 신경이 쓰였다고 털어놓았다. 엄마가 되는 것과 외모에 대한 생각을 좀 더 이야기해달라는 내 부탁에 질리언은 고개를 설레설레 내저으며 이런 이야기를 털어놓았다.

언젠가 그녀는 미용실에서 패션잡지를 뒤적이다가 슈퍼모델들이 자녀와 함께 해변에 있는 사진과 기사를 보았다. 모델 중 한 명이 "엄마라고 해서 자신을 관리하지 않아도 되는 건 아니에요. 아이들도 엄마가 뚱뚱하고 못생긴 건 싫어하죠. 우리 아이들은 내가 이런 모습인 걸 자랑스러워해요"라고 말한 것을 본 질리언은 큰 충격을 받았다.

보통은 잡지기사 하나가 수치심을 그렇게 자극하지는 않는다. 아마 당시에 질리언은 수치심에 충분히 취약한 상태였을 것이다. 거기에 그런 사진과 발언, 자신의 외모 문제가 더해지자 그 잡지는 어마어마한 힘을 발휘했다. 수치심을 느낀 질리언은 두려움과 무력감에 빠졌을 것이다.

수치심을 느낄 때 우리는 자신이 가진 힘을 발휘하기가 매우 어렵다.

우선, 자신이 어떤 감정을 느끼고 왜 그런 감정을 느끼는지 인식하지 못한다. 수치심은 혼란, 두려움, 분노, 비난과 같은 고통스러운 감정을 부추기고, 그 상황에서 벗어나거나 숨고 싶은 욕구를 불러일으킨다. 이런 감정이 한꺼번에 들이닥치면 수치심이라는 핵심문제에 집중하기 어렵다. 인터뷰했던 많은 여성이 수치심을 느낄 때 무력감이 든다고 말했다.

- 수치심이 들면 뜨거운 김이 확 밀려오는 느낌이에요. 그 순간 '어머 어떡해, 쥐구멍에라도 숨고 싶어. 그냥 사라지면 좋겠어'라는 생각이 들어요.
- 내가 보호받고 사랑받을 가치가 없는 사람이라는 생각이 들 때 수치심을 느껴요. 남 탓을 할 수도 없죠. 그냥 그 자리에서 사라지고 싶어져요.
- 수치심이 들면 꼼짝도 할 수가 없어요. 그래서 아무런 반응도 못 해요.
- 갑자기 눈앞이 깜깜해지고 아무것도 할 수가 없어요. 지금 무슨 일이 벌어지는지도 모르겠고 뭘 어떻게 해야 하는지도 모르겠어요.
- 나는 남들한테 싫은 소리를 못 해요. 그래서 그냥 그 자리를 빠져나와요. 만약 누군가가 나를 나쁜 사람이라고 생각한다면 남들이 나를 보지 못하게 그 자리에서 사라질 거예요.

수치심을 느낄 때 우리는 위기 모드로 돌입한다. 대개 수치심으로 인한 부작용(두려움, 비난, 단절감)은 대응하기가 거의 불가능하다. 뇌과학에 따르면, 수치심을 감지하면 두뇌의 신피질(두뇌에서 가장 최근에 진화한 부분으로 사고, 분석, 반응을 관장한다)에서 수치심을 처리하는 대신, 우리 뇌는 '투쟁-도피 혹은 경직 반응 fight-flight or freeze reaction'을 명령한다. 신피질이 작동하지 않기 때문에 고차원적이고, 이성적이고, 차분한 사고처리와 감정

처리가 이루어지지 않는다. 대신 뇌의 원시적인 부분이 나서기 때문에 공격적으로 변하거나, 도망쳐 숨고 싶어지거나, 아무것도 할 수 없다는 느낌이 든다. 뭘 어떻게 해야 할지도 모른다. 하지만 수치심 회복탄력성을 연습하면 이런 원시적인 반응에서 벗어날 수 있다. 이에 대해선 3장에서 좀 더 자세히 살펴보자.

고립감이 가져오는 극단적 선택

사람들과 연결된 느낌이 소속되고 가치를 인정받고 귀중한 존재로 대접받는 느낌이라면, 단절감$_{disconnection}$은 거부당하고, 무가치한 존재가 되고, 무시당하는 느낌이다. 친구들 앞에서 수영복을 입는 게 왜 싫으냐는 내 물음에 질리언은 제일 먼저 이렇게 대답했다. "무시당하거나 비난받고 싶지 않아서 그래요. 그 사람들이 내 몸매에 대해 말한다는 상상만 해도 창피해요. 그래서 참을 수가 없었어요." 친구들이 당신의 외모에 관심이 많다고 생각하느냐는 내 질문에 질리언은 잠깐 생각하더니 이렇게 대답했다. "아마 안 그럴 거예요. 그렇지만 혹시 모르잖아요."

수치심과 단절감을 느끼고, 이를 극복하는 건 정상적인 현상이다. 하지만, 단절감이 깊어져 고립감$_{isolation}$으로 바뀌면 문제가 심각해진다. 고립감은 단순히 쓸쓸하거나 외로운 감정을 말하는 게 아니다. 웰즐리 대학교 스톤센터에서 관계문화$_{Relational-Cultural}$를 연구하는 진 베이커 밀러$_{Jean\ Baker\ Miller}$와 아이린 스티버$_{Irene\ Stiver}$는 고립감이라는 감정에 대해 다음과 같이 설명했다. "정신적 고립감이야말로 인간이 경험할 수 있는 가장 괴롭고 힘거운 감정이다. 고립감은 단순히 혼자라는 느낌이 아니다. 타인과 연결될 가능성이 전혀 없고 자신에게 그 상황을 바꿀 힘도 없다는 느낌이 고립감이다. 극단적인 경우, 정신적 고립감은 절망감을 불러오고 그 상황에서 벗어나려고 필사적으로 발악하게 만든다. 사람들은 이런 끔찍한 고립감과 무력감에서 벗어날 수 있다면 무슨 짓이든 할 것이다."[6]

나는 이 설명 중 "고립감과 무력감에서 벗어나기 위해 무슨 짓이든 할 수 있다"는 대목에서 큰 충격을 받았다. 수치심은 우리를 필사적으로 매달리게 만든다. 고립감과 두려움에서 벗어나려고 필사적으로 몸부림치다가 우울증, 자해, 섭식장애, 중독, 폭력, 자살 등 모든 문제행동에 빠져들게 된다.

내 경우에는 수치심을 느낄 때 내가 되고자 하는 모습과 상반되는 행동을 하곤 한다. 우리는 수치심을 느끼면 '투쟁-도피 혹은 경직 반응'을 보이게 된다. 인터뷰 참가자들 대다수가 이와 똑같은 심징을 표현했다.

- 수치심을 느끼는 순간 미친 사람처럼 변해요. 그래서 평소에는 절대 하지 않을 행동이나 말을 막 해요.
- 다른 사람들도 나처럼 기분이 나빠졌으면 좋겠다는 생각이 들어요. 그래서 아무한테나 막 소리 지르고 화풀이를 해요.
- 다 포기하고 될 대로 되라는 생각이 들어요. 갈 곳도 없고 말할 사람도 하나 없는 그런 상태가 된 것 같아요.
- 정신적으로 그리고 감정적으로 정상궤도를 벗어나는 것 같아요. 가족들과 함께 있을 때도 예외는 아니에요.

• 세상에서 동떨어진 느낌이 들어요.

지금까지 수치심 거미줄, 두려움, 비난, 단절감의 개념을 활용해서 수치심의 정체를 다음과 밝혀보았다. 정리해보자면 수치심은 다음과 같이 정의할 수 있다.

'수치심은 자신에게 문제가 있기 때문에 사람들에게 거부당하고 어디에도 속하지 못하는 게 당연하다고 생각하는 몹시 고통스러운 경험 또는 그 느낌이다. 여성들은 모순되고 경쟁적인 사회공동체의 기대 속에서 수치심을 느낄 때가 많다. 수치심은 두려움, 비난 그리고 단절감을 유발한다.'

2장.

수치심 회복탄력성을
키우기 위해
알아야 할 것들

　'수치심을 어떻게 극복할 수 있을까? 수치심 거미줄에 걸리지 않으려면 어떻게 해야 할까?' 안타깝게도 수치심에서 완전히 벗어날 방법은 없다. 관계가 중요한 이상, 단절에 대한 두려움에서 비롯되는 수치심은 영원히 우리 삶의 한 부분을 차지할 것이다.

　그렇지만 다행히도 누구나 수치심 회복탄력성을 기를 수 있다. 수치심 회복탄력성이란 우리가 수치심을 느낄 때 그 감정을 인식하고, 수치심을 일으킨 경험을 통해 배우고 성장할 수 있는 능력을 뜻한다. 이렇게 의식적으로 수치심을 극복하는 과정을 통해 우리는 살아가면서 만나는 사람들과 더욱 의미 있고 단단한 관계를 만들 수 있다.

　수치심 회복탄력성은 '모 아니면 도'처럼 똑 부러지게 둘로 나뉘지는 않는다. 회복력에는 여러 단계가 있다. 이를 설명하기 위해 나는 '수치심 회복탄력성 연속체shame resilience continuum'라는 개념을 만들었다.

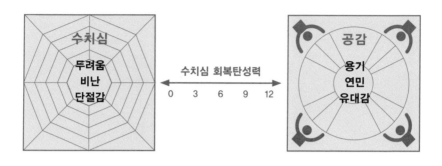

수치심 회복탄력성 연속체의 왼쪽에는 수치심이 있다. 그리고 그 밑에는 수치심의 부산물인 두려움, 비난, 단절감이 있다. 용기와 연민을 실천하고 유대감을 맺으려면 수치심에서 벗어나 회복탄력성을 발휘할 방법을 찾아야 한다. 인터뷰한 여성 중 많은 수가 수치심 극복에 대한 생각과 방법을 공유했다. 나는 다음과 같은 질문으로 그 정보를 수집하고 분석했다.

- 수치심에 대한 회복력을 높여준 것은 무엇인가?
- 두렵고, 비난하고 싶고, 남들과 단절된 느낌이 드는 상태에서 어떻게 벗어났는가?
- 무엇이 수치심에서 벗어날 수 있도록 했나?

그들은 수치심의 가장 강력한 치유방법이 '공감'이라고 거듭 말했다. 단지 공감받고 싶은 욕구만을 말하는 것이 아니다. 수치심 회복탄력성이 있으면 타인에게 공감하는 것도 가능해진다. 수치심 회복탄력성이 높은 여성은 공감을 주고받을 줄 안다.

학교 과학수업 시간에 사용했던 세균배양 접시를 기억하는가? 납작하고 동그랗고 투명한 접시 말이다. 수치심을 이 접시에 집어넣고 비난, 침묵, 비밀이라는 뚜껑을 덮으면 수치심은 모든 것을 뒤덮을 만큼 걷잡을 수 없이 증식한다. 수치심이 잘 자랄 수 있는 환경을 제공했기 때문이다. 반대로, 이 접시에 수치심을 집어넣고 공감이라는 뚜껑을 덮으면 수치심은 힘을 잃고 사라지기 시작한다. 공감은 수치심에 적대적인 환경이다. 공감 속에서는 수치심이 살아남을 수 없다.

어떻게 수치심을 극복했느냐는 내 질문에 여성들은 공감해주는 사람에게 자신의 수치스러운 경험에 관해 이야기한 상황을 설명했다. 그들은 상대의 이런 말에 위로를 얻었다고 했다.

- 이해해. 나도 그런 적 있어.
- 나한테도 그런 일 있었어.
- 괜찮아. 네가 정상이야.
- 그게 어떤 기분인지 나도 알아.

수치심과 마찬가지로, 수치심 회복탄력성에 대한 경험담에도 공통점이 있다. 바로 공감이다.

공감의 말이 가진
강력한 힘

진정한 공감은 말만으로 이루어지지 않는다. 행동이 필요하다. 상대가 수치심을 느낀 경험에 관해 이야기할 때 관심을 갖고 진심으로 귀 기울여 들어주어야만 우리가 하는 말들이 효과를 발휘한다.

나는 공감을 '상대의 경험을 이해하기 위해 자신의 경험을 활용할 수 있는 기술이나 능력'이라고 정의한다. 안 아이비Arn Ivey, 폴 페더슨Paul Pederson, 메리 아이비Mary Ivey가 공동 집필한 책에 나오는 정의도 좋아한다.[1] 이 책은 공감을 '타인의 관점에서 상황을 인식하는 능력. 타인의 고유한 세계를 보고, 듣고 느끼는 것'이라고 정의한다. 공감은 일종의 기술이다. 공감을 표현하는 능력은 선천적으로 타고나는 것이 아니며 직관적으로 그냥 공감을 표현할 수도 없다. 선천적으로 남의 마음을 잘 헤아릴 수는 있지만 공감은 단순한 섬세함을 넘어선다. 다음은 내 친구가 보여준 공감 덕분에 내가 힘들고 수치스러운 순간을 벗어날 수 있었던 경험담이다.

이따금 나는 나의 모든 역할이 서로 충돌하며 세상이 무너지는 것 같은 경험을 한다. 2년 전 5월의 어느 주말에도 이런 상황이 벌어졌다. 딸 엘런의 첫 발레 발표회와 대학교 졸업식이 같은 날 잡혀서 두 시간 정도 겹치게 된 것이다. 졸업식에서 맡은 역할도 있었기에 나는 걱정이 이만저만이 아니었다. 그뿐이 아니다. 그 주 일요일이 어머니의 날이어서 친정 식구들과 시댁 식구들이 우리 집에 오기로 되어 있었다. 게다가 그 주 금요일은 봄 학기 마지막 강의 날이라 학생들 성적을 제출해야 했고, 딸의 학기 마지막 날이라 사은회도 있었다.

　남편과 나는 사은회에 쿠키를 가져가기로 했다. 그런데 학생들 성적 정리, 졸업식 연습 참석, 발레 발표회 예행연습, 손님 맞을 준비를 하느라 학교에 가져갈 쿠키를 까맣게 잊어버렸다. 금요일 아침에 남편이 딸을 학교에 데려다주었고, 그날 오후에 딸을 데리러 간 나는 학교 문 앞에 붙은 사은회 준비물 담당자 명단을 보았다. 간식 담당자란에 적힌 내 이름을 본 순간, 숨이 탁 막혔다. '사은회용 간식 준비를 까맣게 잊어버리다니, 대체 내가 무슨 짓을 한 거야?'

　나는 얼른 주위를 살핀 다음 안으로 들어가 아무도 몰래 딸을 데리고 나오기로 마음먹었다. 그런데 복도를 지나던 중 담임선생님과 딱 마주치고 말았다. 놀라고 긴장한 나는 일부러 높은 목소리로 말했다. "안녕하셨어요? 사은회 행사는 어땠어요?" 그러자 담임선생님이 대답했다. "아주 훌륭했어요, 감사합니다. 정말 재미있었어요. 음식도 훌륭했고요."

　'어머, 선생님이 왜 음식 이야기를 꺼냈을까? 선생님은 내가 과자를 안 가져간 걸 알고 있는 게 분명해.' 나는 얼른 목소리를 낮춰 말했다. "아침에 엘런 아빠가 쿠키 잘 가져왔죠?" 그러자 선생님이 어리둥절한 얼굴로 이렇게 말했다. "잘 모르겠어요. 엘런 아버님이 오셨을 때 제가 그 자리에 없었거든요." 나는 선생님의 어깨 너머를 보는 것처럼 발끝으로 서서 음식이 차려진 탁자를 살피는 듯 손가락을 움직이다가 교실 뒤쪽을 가리키면서 말했다. "아, 저기 있네요. 바로 저기요. 음, 맛있어 보이네. 남편이 제시간에 쿠키를 가져와서 다행이네요."

　선생님은 다정하지만 뭔가 안다는 듯한 얼굴로 나를 보며 말했다. "2주 후에 뵐게요. 방학 잘 보내세요." 엘런을 데리고 차로 돌아와 운전석에 앉는 순간 눈물이 뺨 위로 주르르 흘러내렸다. 쿠키를 깜박한 게 더 나쁜지, 거짓말한 게 더 나쁜지, 아니면 담임선생님이 '어머머, 엘런의 엄마는 최악의 워킹맘이야'라고 생각할까 봐 수치심이 드는 게 더 나쁜지 알 수가 없었다.

엘런이 걱정스러운 얼굴을 하기에 나는 아이한테 말했다. "괜찮아, 엄마가 좀 울고 싶어서 그래. 별일 아니야." 집으로 가는 내내 운 나는 집에 도착하자마자 친구 돈에게 전화를 걸었다. 돈이 무슨 일이냐고 묻자마자 나는 모든 걸 털어놨다. "엘런 학교에서 다른 부모가 만든 쿠키를 훔쳤어. 그리고 선생님한테 거짓말까지 했어." 돈이 웃으며 물었다. "얼마나 대단한 쿠키인데?" 나는 이렇게 대답했다. "농담 아니야. 내가 한 짓 좀 들어 봐." 돈은 농담을 멈추고 내 이야기를 들어주었다.

내가 이야기를 마치자 돈이 말했다. "있잖아, 힘든 주말을 앞두고 넌 최선을 다하고 있어. 그 많은 일을 다 해내려고 애쓰고 있잖아. 넌 그저 엘런의 담임선생님한테 오해받고 싶지 않았던 거야. 그 선생님을 좋아하니까. 네가 그렇게 행동한 거 난 이해돼. 별일 아냐. 그렇게 크게 걱정할 필요 없어."

나는 계속 되물었다. "정말 그렇게 생각해? 정말?" 결국 돈은 이렇게 말했다. "애, 네가 앞으로 3일 동안 그 많은 일을 다 해내지 못할까 봐 걱정하는 거 알아. 하지만 넌 분명히 해낼 거야. 완벽하진 않더라도 어쨌든 해낼 거야. 힘든 거 알아. 하지만 우리 다 겪어봤잖아. 진짜 다 괜찮아."

그 순간, 나의 수치심은 다른 것으로 변했다. 뭔가 내가 감당할 수 있는, 내가 벗어던질 수 있는 다른 것으로. 그리고 '나는 정말 바보야. 나쁜 엄마야'라는 생각에서 '바보짓이었어. 너무 바빠서 그랬어'라는 생각으로 바뀌었다. 돈은 내 수치심 배양접시에 충분한 공감을 집어넣어서 수치심이 사라지도록 해주었다. 그녀는 내 행동에 대해 잘잘못을 따지지 않았다. 그런 건 말하지 않아야 한다고 느끼게 하지도 않았다. 그녀는 내 이야기에 진심으로 귀를 기울이고 나를 걱정해주었다. 내가 두려움을 느끼는 게 당연하다고 말해주었고, 내가 엘런의 선생님을 정말 좋아한다는 걸 인정해주었다. 그리고 무엇보다도 내 입장에서 바라봐주었고 그런 사실을 내게 표현해주었다.

물론 돈은 내가 담임선생님한테 거짓말한 게 '잘한 일'이라고 말하지는 않았다. 하지만 내가 혼자가 아니며 그녀가 곁에 있음을 느끼게 해줬다. 수치심을 느끼면 좋은 아내도, 좋은 선생님도, 좋은 엄마도, 좋은 친구도 될 수 없다. 만약 내가 나쁜 엄마에 남의 쿠키를 훔친 거짓말쟁이인 채로 그 주말을 보냈다면 아마 주말의 모든 계획이 엉망이 되었을 것이다.

돈은 웃으며 '별일도 아닌데 요란 떨지 마. 걱정할 거 없어'라고 시큰둥하게 말해버릴 수도 있었다. 하지만 그건 공감이 아니다. 만약 그랬다면 나는 그녀가 내 마음을 제대로 이해하지 못한다고 생각했을 것이다. 내 말을 진지하게 듣지 않는다는 느낌, 내가 대수롭지 않은 일로 요란을 떠는 존재라는 생각에 오히려 수치심이 더 커졌을 것이다.

그때 나는 '저기, 내가 정말 끔찍한 짓을 했어. 많은 일을 다 해내려고 애썼어. 내가 완벽하지 못하다는 건 나도 알아'라고 차분히 말할 수 있는 상황이 아니었다. 그저 두렵고, 옴짝달싹도 못 할 것 같고, 무력감만 느껴졌다. 만약 그녀가 그렇게 공감해주지 않았다면 그 주말 내내 기댈 곳 하나 없이 단절된 느낌에 빠져 있었을 것이다. 모든 게 남편 탓이라 생각하고 '지금 내가 얼마나 힘든데 이 정도도 못 해줘!'라며 버럭 화를 냈을지도 모른다. 그랬다가는 가족들이 모이는 주말을 결코 즐겁게 시작하지 못했을 것이다.

진정한 공감을 위해 알아야 할 모든 것

성공하는 리더 중에는 공감능력이 높은 사람이 많다고 한다.[2] 또한 공감은 학업과 직업적 성공과도 관련이 있고, 공격성과 편견을 줄이고 이타심을 증가시킬 수 있다고 한다. 행복한 결혼과 효율적인 조직운영에도 공감이 중요한 요소로 작용한다고 하니 공감은 '의미 있는 신뢰관계'를 위한 필수요소다. 공감이 수치심을 이겨내는 힘을 가졌고 인간관계의 필수요소라는 걸 고려할 때, 우리 모두 공감에 대해 배우고 실천에 옮겨야 하지 않을까 싶다. 다행히도 공감은 배울 수 있다. 영국의 간호학자 테레사 와이즈먼Teresa Wiseman은 공감의 속성을 네 가지로 정의했다.[3]

1. 타인의 관점으로 세상을 본다.
2. 비판하지 않는 태도를 갖는다.
3. 타인의 감정을 이해한다.
4. 타인의 감정을 이해한다는 사실을 표현한다.

이 공감의 속성을 이해하기 위해 하나씩 살펴보도록 하자.

첫째, 타인의 관점으로 세상을 보는 것. 다른 말로 이는 '조망수용

^{perspective taking}'이라고 불리기도 한다. 렌즈에 비유하면 이해하기가 한결 쉽다. 우리는 누구나 여러 개의 렌즈를 통해 세상을 본다. 이 렌즈는 우리가 누구이며 어떤 관점에서 세상을 보는가를 의미한다. 이런 렌즈 중에는 계속 변하는 것도 있고 우리가 태어난 순간부터 고정된 것도 있다. 렌즈에 대한 비유를 생각해보면 갈등을 한결 수월하게 해소할 수 있다. 20명의 사람이 똑같은 사건을 목격하고, 똑같은 소식을 듣고, 똑같은 상황을 분석해도, 저마다의 렌즈가 다르기 때문에 분석결과는 모두 다를 수밖에 없다.

타인과 공감하기 위해서는 각자 세상을 보는 눈이 다르고, 다른 관점으로 상황을 인식한다는 것을 인정해야 한다. 연구원인 나는 인터뷰 참가자들이 세상을 어떻게 바라보는지 알아야 한다. 그들의 이야기를 나의 렌즈로 보지 않고 그들의 관점에서 그들이 보고, 느끼고 경험하는 것을 봐야 한다.

어린아이들은 이 조망수용을 아주 쉽게 익힌다. 선천적으로 세상에 호기심을 느끼고 남들이 어떻게 세상을 살아가는지에 관심이 많기 때문이다. 게다가 아이들은 자신의 관점이 '옳다'는 생각이 강하지 않다. 어려서부터 조망수용을 배운 사람들은 부모님께 깊이 감사드려야 한다. 어른이 되어서 배우려면 어릴 때보다 훨씬 더 많은 노력이 필요하기 때문이다.

그런데 아무리 노력해도 우리는 인간이기에 자신의 렌즈로 타인의 삶과 경험을 보려고 할 때가 있기 마련이다. 안타깝게도 수치심을 겪는 사람에게 공감하려고 할 때, 만약 우리가 똑같은 상황에서 수치심을 느낀 적이 있다면 자신의 관점에서 그 상황을 보려고 할 가능성이 아주 크다. 만약 문제의 쿠키 사건이 일어나기 얼마 전에 내 친구가 자신이 '부족한 엄마'라는 수치심을 느꼈다면 자신의 관점으로 내 상황을 보았을지도 모른다.

타인의 상황에 지나치게 깊이 몰입하는 것도 타인의 입장을 전혀 이해하지 못하는 것만큼이나 조망수용에 방해가 된다.

조망수용이 쉽지는 않지만 불가능한 일은 절대 아니다. 노력, 헌신, 실수할 수 있는 용기 그리고 그런 실수에 맞서려는 의지만 있으면 누구나 할 수 있다. 모든 사람이 나와 똑같은 시선으로 세상을 바라보는 게 아니라는 사실을 받아들이기만 하면 된다.

둘째, 비판하지 않는 태도를 가질 것. 공감능력을 기르는 과정에서 가장 힘든 일 중 하나가 남을 함부로 비판하는 습관을 버리는 것이다. 우리는 남의 잘잘못을 따지고 비판하려 들지만 이를 인식하지 못한다. 비판이 우리 사고패턴의 한 부분을 차지하고 있기 때문이다. 따라서 의식적으로 생각하고 주의를 기울여야만 비판하는 습관을 겨우 인식할 수 있다.

타인을 비판하고자 하는 욕구는 자신의 능력, 믿음, 가치관을 평가하려는 욕구에서 비롯될 때가 많다. 시드니 슈로거Sidney Shrauger와 매리언 패터슨Marion Patterson의 연구에 따르면, 우리는 타인을 비판함으로써 타인의 능력, 믿음, 가치관을 자신의 것과 비교 평가한다고 한다.[4] 그래서 자신에게 중요한 문제와 관련해서 남을 비판할 때가 많은 것이다.

예를 들어, 인터뷰에서 여성들은 외모와 육아에 대해서 다른 여성들에게 비판받은 적 있다고 말한 반면, 남성들은 경제적 성공, 지적 능력, 육체적 힘을 기준으로 비교당한다고 말했다. 이상적 성역할에 대한 우리 문화의 강압적인 요구에서 벗어나기 위해 남을 비판할 때도 있다. "저 여자 좀 봐, 저 여자에 비하면 나는 괜찮은 편이야."

수치심, 두려움, 불안은 타인을 비판하게 만드는 주요한 원인이다. 어떤 문제에 대해 수치심을 느끼거나 불안하거나, 걱정하거나, 두려울 때 우리는 그 문제에 관해서 남을 비판하기 쉽다. 비판 경험에 대해 여성들과 인터뷰할 때 가장 많이 언급된 세 가지 주제가 있다. 그들을 괴롭히는 세 가지 주제는 낙태, 정치, 종교처럼 거창한 문제가 아니라 중독, 육아, 불륜 같은 지극히 개인적인 문제였다. 다른 문제에 있어서는 타인을 함부로 비판한 것을 후회하는 경우가 많지만 중독, 육아, 불륜 문제에 있어서만큼은 자신이 분노하고 비판하는 것을 당연하다고 느꼈다.

예를 들어, 한 여성은 친정 부모가 자신의 육아방식에 대해 비난하면 몹시 수치스럽다고 말했다. 그녀는 이렇게 말했다. "아이를 기르는 방법에 대해서는 모든 사람이 비평가처럼 굴어요. 잘했다고 말해주는 사람은 거의 없죠. 다들 내가 잘못한 것만 찾아내려고 혈안이 되어 있어요." 그녀는 육아서를 읽고 전문가에게 교육도 받으며 정말 노력하고 있으니 누군가 알아줬으면 좋겠다고 했다. "좋은 엄마가 되기 위해 굉장히 애써요. 화안 내고 소리 안 지르려고 안간힘을 쓰죠. 인내심을 잃지 않으려고도 노력하고요. 그런데 한번 인내심을 잃고 화가 나면 정말 아무도 못 말릴 정도로 폭발해요. 그래도 전 절대 애를 때리지 않고 나쁜 말도 안 해요. 자기 아이를 때리거나, 욕하고 거친 말을 하는 사람하고는 상종하고 싶지도 않아요."

자신이 비판받는 것은 싫어하면서도 남을 쉽게 비난하는 이 여성의 태도를 '위선적'이라고 할 수도 있지만, 적어도 이 경우에는 맞지 않는 듯하다. 이 여성에게서는 분노보다 두려움과 수치심이 더 많이 느껴지기 때문이다.

비판은 악순환한다. 남에게 비판받아서 상처받고 수치스러울 때 그 고통에서 벗어나기 위해 다시 남을 비판한다. 남을 비판하는 태도에서 벗어나려면 생각하고, 느끼고, 말할 때 굉장히 신중해야 한다. 남의 잘잘못을 따지지 않고 일방적으로 비판하지 않는 태도는 거짓으로 꾸밀 수 없다. 우리 눈에, 목소리에, 몸짓에 비판하려는 마음이 고스란히 드러나기 때문이다. 진정한 공감을 하려면 비판하려는 욕구에서 벗어나야 하는데, 스스로 의식하고 인식하지 않으면 이는 매우 힘든 일이다. 그래서 타인을 알고 이해하기 전에 먼저 자신을 알고 이해해야 하는 것이다.

셋째, 타인의 감정을 이해하는 것. 타인의 감정을 이해하려면 먼저 자신의 느낌과 감정을 알아차려야 하고 이런 과정을 편안하게 받아들일 수 있어야 한다. 그런데 많은 사람에게 자기 느낌과 감정은 마치 낯선 언어와 낯선 생각으로 가득한 외국과 같다. 예를 들어, 자신이 느낀 실망과 분노 사이의 미묘하고도 중요한 차이를 알아차리지 못하면 타인의 실망과 분노를 절대 알 수 없다. 자신이 느끼는 두려움을 알아차리지 못하고 그 느낌이 두려움이라는 것도 모르는데 과연 두려움에 빠진 타인에게 공감할 수 있을까?

감정은 알아차리기 어렵고 그것이 정확히 어떤 감정인지 구분하기는 더 어렵다. 특히 자라면서 감정을 잘 처리하기 위해 필요한 기술과 어휘를 접하지 않았다면 더 어렵다. 안타깝게도 우리 대부분이 그렇다.

쿠키 사건에서 돈은 "넌 그 많은 일을 다 해내려고 애쓰고 있어", "네가 앞으로 3일 동안 그 많은 일을 다 해내지 못할까 봐 걱정하는 거 알아"라는 말로 내가 어떤 감정인지 안다는 것을 분명히 밝혔다. 그 순간에 그녀가 해줄 수 있었던 일은 그 상황을 바라보는 내 관점과 그 상황에 대한 내 감정을 공감한다는 걸 표현하는 것뿐이었고, 그녀는 그 역할을 아주 잘 해주었다.

넷째, 타인의 감정을 이해한다는 사실을 표현할 것. 나는 이 마지막 단계가 가끔 위험하게 느껴진다. 대학원생에게 공감기술에 대해 가르치다 보면 이 단계에서 실수하는 경우가 많다. 쿠키 사건에서 돈이 내 감정이나 관점을 잘못 이해하고 "그래, 정말 속상할 거야. 네 남편이 쿠키 가져가는 걸 기억했으면 이런 일 없었잖아. 그런 걸 왜 여자만 기억해야 하는 거니?" 같은 말을 했다고 상상해보자. 이 말이 공감할 기회를 완전히 망쳐버렸을까? 절대 아니다. 공감은 말 몇 마디로 결정되지 않는다. 공감은 상대에게 완전히 집중하고 이해하려고 노력하는 것이다. 만약 돈이 공감하려 노력하고 있음을 알아차렸다면 나는 이렇게 말했을 것이다. "아니야, 난 남편에게 화난 게 아니야. 난 이번 주말이 아직 시작되지도 않았는데 망쳐버렸다는 것 때문에 기겁한 거야."

만약 돈이 내 상황에 집중하지도 않고 내 말도 제대로 안 들었다면 나는 위로받으려 애쓰지 않았을 것이다. 그저 "그러게 말이야. 왜 엄마들만 모든 책임을 다 져야 하는 지 모르겠어"라고 말하고 대화를 끝냈을 것이다. 하지만 그녀는 내 말에 귀를 기울이고 진심으로 내 상황을 이해하고 싶어 했고, 나는 그걸 알 수 있었다.

용기는 목소리를 주고 연민은 귀를 준다

이야기가 존재하려면 말하는 목소리와 들어주는 귀가 있어야 한다. 말하는 이와 듣는 이가 있을 때 이야기를 통해 관계가 발전한다. 수치심에 대한 연구를 하며 나는 말하지 못하는 이들에게 목소리를 주고 듣지 못하는 이들에게 귀를 주고 싶었다. 그래서 나의 첫 번째 목표는 여성들이 수치심 때문에 감추고 있는 복잡하고 중요한 이야기를 나누는 것이다. 그들의 이야기가 바로 우리의 이야기이기 때문에 나는 그들에게 목소리를 주고 이야기하게 만들고 싶다. 그들은 말할 자격이 있다. 나의 두 번째 목표는 그들의 이야기를 우리가 들을 수 있도록 귀를 열어주는 것이다. 여기저기서 노래하고, 소리 지르고, 애원하는 목소리는 많이 들린다. 하지만 우리는 두려움과 비난에 가려서 귀를 막고 그 소리를 듣지 못하고 있다.

용기는 목소리를 주고 연민은 귀를 준다. 용기와 연민이 없으면 공감과 유대가 만들어질 수 없다. 여기서 용기란 사람의 목숨을 구하거나 영화 속 히어로처럼 거창한 일을 하는 것이 아니다. 진심이 담긴 이야기를 하는 용기를 말한다. 친구에게 전화해서 쿠키 사건에 대해 이야기하기 위해 나는 용기가 필요했다. 그에 대한 응답으로 친구는 연민을 발휘했다. 그녀는 자신의 세상 안에 나의 고통스러운 경험을 기꺼이 받아들여주었다. 지금부터는 용기와 연민에 대해 각각 알아볼 텐데, 그보다 먼저 이 둘이 함께 작용하는 것이 얼마나 중요한가를 설명하고 싶다.

프롤로그에서 용기의 어원에 대해 살펴보면서 마음속의 이야기를 하는 '평범한 용기'가 중요하다는 말을 했었다. 앞에서 소개했던 수전, 카일라, 테레사, 손드라, 질리언 그리고 인터뷰에 응한 다른 많은 여성의 이야기를 들으면서 나는 그들의 솔직함에 놀랐다. 그들의 목소리를 들으며 나는 그들이 보여준 건 용기였음을 깨달았다. 그들 모두 우리에게 배움을 주기 위해 기꺼이 자신의 두려움을 껴안았다. 우리가 겪은 일을 이야기해야 세상을 바꿀 수 있다. 과장된 것처럼 들리긴 하지만 분명한 사실이다. 우리의 이야기는 우리 아이들의 삶, 친구들의 삶, 부모님의 삶, 배우자의 삶 혹은 우연히 이야기를 전해 듣거나 책을 읽은 독자들의 삶을 분명히 바꿔 놓을 것이며 얼마나 바꿀 수 있을지는 아무도 모른다.

하지만 용기는, 특히 자신의 이야기를 할 수 있는 평범한 용기는 쉽게, 간단히 얻을 수 있는 것이 아니다. 사람들은 이런 말을 자주 한다. "그냥 다 털어놔!" "마음속에 있는 걸 말해봐!" 하지만 말처럼 쉬운 일이 아니다. 마음속에 있는 생각이나 자신이 겪은 일을 솔직히 털어놓으면 현실적인 위험과 원치 않는 결과가 뒤따를 때도 있다. 자신의 이야기를 털어놓기까지는 엄청난 노력이 필요하다. 용기가 없으면 우리의 이야기를 할 수 없다. 그리고 우리의 이야기를 하지 못하면 공감받고 수치심 회복탄력성으로 다가갈 기회를 놓치게 된다.

타인이 이야기하는 경험을 이해하기 위해 자신의 경험을 떠올리고 활용하는 기술이나 능력을 공감이라고 한다면, 연민은 이런 과정에 마음을 열고자 하는 의지라고 할 수 있다. 상대의 이야기에 귀를 기울여주는 것도 연민이지만 때로는 아직 이야기를 나눌 준비가 되지 않아 두려움에 빠진 상대 옆에 함께 있어주는 것도 연민이다. 이 책을 집필하기 위해 준비하면서 나는 연민에 대해 찾을 수 있는 책이란 책은 죄다 읽었다. 그러다 내가 인터뷰를 하며 들은 이야기와 승려 페마 초드론Pema Chödrön의 저서가 서로 통한다는 것을 발견했다. 페마 초드론은 저서 『지금 여기에서 달아나지 않는 연습』에서 다음과 같이 썼다. "연민을 실천하려 할 때 우리는 자신의 고통 때문에 두려움을 경험할 수 있다. 연민 실천은 쉬운 일이 아니다. 여유를 갖고 자신을 두렵게 만드는 것을 향해 천천히 다가가야 한다. 감정적

스트레스를 무조건 배척하지 말고 그대로 느끼면서 두려움에 저항하는 대신 두려움을 유연하게 받아들일 수 있어야 한다."

타인이 자신의 수치심에 대해 이야기할 때 여러분은 그 사람의 고통이 주는 불편함을 참고 견딜 수 있을까? 만약 어머니가 자살한 앨리슨이 여러분 앞에서 자기 어머니의 죽음과 그 죽음이 자신에게 어떤 영향을 미쳤는지에 대해 이야기한다면 여러분은 그녀 옆에 앉아 그녀의 고통을 함께할 수 있을까? 약물중독으로 괴로워하는 아들 이야기를 하는 여성을 보면 여러분은 그녀의 수치심을 함께 느낄 수 있을까? 아니면 그들의 고통을 바로잡을 방법을 찾거나 대화의 방향을 돌리고 싶은 마음이 들까? 마음을 열고 함께할 의지가 있다면 연민을 실천할 의지가 있다는 뜻이다.

나는 연민이 지속적인 실천을 필요로 하는 헌신이라고 생각한다. 초드론은 우리가 솔직해야 하며 자신이 마음을 닫을 때 그런 자신을 용서할 줄도 알아야 한다고 설파한다. "자신을 정당화하거나 비난하지 말고 용기를 내어 고통에 마음을 열자. 자신의 슬픔이나 타인의 슬픔에 마음을 닫아도 고통스러울 수 있고 마음을 열어도 고통스러울 수 있다. 이렇게 하는 것이 성공할 때도, 실패할 때도 우리는 많은 깨달음을 얻게 된다. 연민을 기를 때 우리는 고통, 공감능력뿐만 아니라 우리의 잔인함과 공포까지, 자신의 모든 경험에서 그 힘을 끌어낸다. 그렇게 해야만 한다. 연민은 치유하는 사람과 상처받은 사람 사이에서만 오가지 않는다. 연민은 동등한 존재 사이의 관계다. 자신의 어두운 면을 잘 알아야만 타인의 어두운 면에 마음을 열수 있다. 연민은 인간의 보편성을 이해할 때 비로소 진실해진다."

공감을 표현하기에
늦은 때란 없다

나는 공감을 표현하는 것이 너무 늦었다고 생각한 적 있느냐는 질문을 자주 받는다. 흥미롭게도, 나와 인터뷰한 여성은 한결같이 "안 하는 것보다는 늦더라도 하는 게 낫다"고 대답했다. '늦은 공감'도 관계를 단단하게 만들어준다. 내 경험을 예로 들려주겠다.

얼마 전 친구와 저녁식사를 함께했다. 둘 다 출산한 지 얼마 되지 않았을 때였다. 친구는 두 아이를 가진 전업주부였고, 나는 복직 준비를 하고 있었다. 친구는 더 이상 아이를 낳지 않을 것 같다면서 무척 슬프다고 말했다. 셋이나 넷 정도 낳고 싶었는데 너무 힘들어서 포기해야 할 거 같다고 했다.

나는 귀로는 친구의 이야기를 듣고 있었다. 하지만 내 머릿속으로는 '세상에, 얘 지금 무슨 말 하는 거야? 둘이면 딱 좋잖아. 난 지금 너무 행복한데. 난 지금이 정말 완벽해'라고 생각하느라 친구의 말이 들어올 자리가 없었다.

그래서 나는 "둘이 딱 좋아. 애들이 초등학교 입학하면 엄마가 할 일이 엄청나게 늘어난대. 게다가 너도 복직하든 대학원을 가든 해야 할 거 아냐"라고 말했다. 친구는 내 말에 충격을 받은 얼굴로 말했다. "난 지금은 애들하고 집에 있는 게 좋아. 그리고 만약에 셋째가 생긴다고 해도 복직이나 공부는 얼마든지 할 수 있어. 내가 마음만 먹으면 말이야. 애 셋이나 넷 키우면서 복직하거나 다시 공부하는 거 난 전혀 두렵지 않아."

나는 콧방귀를 뀌었다. "두려워하는 게 좋을걸."

친구는 얼른 대화 주제를 바꿨고 그 뒤로 10분 정도 어색한 대화를 나누다가 우리는 각자 차를 타고 집으로 돌아갔다. 나는 마음이 너무 불편했다. 주차장에서 차를 몰고 나온 지 2분 만에 나는 친구의 휴대전화로 전화를 걸었다. "너 지금 어디야?" 친구가 놀란 목소리로 물었다. "막 모퉁이 돌았어. 왜 그래? 무슨 일 있어?"

나는 할 말이 있으니 길 건너 주유소로 올 수 있겠느냐고 물었다. 잠시 후 친구 차 뒤에 차를 세우고 친구에게로 걸어갔다. 차에서 내린 친구가 물었다. "무슨 일이야?" 나는 이렇게 말했다. "내가 한 말 때문에 너한테 사과하려고. 그리고 하지 않은 말에 대해서도 사과하고 싶어. 네가 더 이상 아이를 낳지 않을 것 같아서 슬프다는 말을 했을 때 내가 진심으로 들어주지 못했어. 정말 미안해. 난 네 마음을 이해해주고 네 곁에 있어주고 싶어. 너 정말 슬퍼한다는 거 나도 알아. 나한테 다시 한 번 기회를 줄 수 있겠니?"

내 친구는 용기가 있었다. 친구는 울음을 터뜨리며 이렇게 말했다. "그래, 네 말 듣고 나 기분 나빴어. 나 정말 많이 슬퍼. 나 지금 진짜 힘들거든." 나도 울기 시작했다. 우리는 한참 동안 이야기를 나누다 서로 부둥켜안았다. 친구는 내게 뒤쫓아와줘서 고맙다고 했고, 나는 내 사과를 받아주고 내게 또 한 번의 기회를 줘서 고맙다고 했다.

자신의 아픔을 남에게 이야기하기 위해서는 엄청난 용기가 필요하다. 그런데 그 일을 한 번 더 하려면 훨씬 더 큰 용기가 필요하다. 특히 처음에 상대가 마음을 닫아버렸을 때는 더 그렇다. 그때 일을 다시 떠올려보며,

더 이상 아이를 낳지 않을 거라고 말하는 친구의 슬픈 목소리에 내가 두려움을 느꼈다는 것을 깨달았다. 그래서 곧바로 연민을 접어버렸던 것이다. 나는 분노나 두려움, 아니면 심지어 수치심까지도 감당할 수 있다. 하지만 슬픔은 감당할 수 없었다. 그 무렵 나는 원고 마감 때문에 스트레스와 불안감이 굉장히 심했다. 게다가 복직하면 아이와 떨어져 있어야 한다는 생각 때문에 슬프고 울적하던 참이었다. 그래서 친구의 상황에 내 감정을 대입해버렸다. 다른 말로 하자면, 친구에게 연민을 느껴야 하는데 내 문제가 끼어든 것이다.

공감해야 할 때를 놓치는 일은 자주 일어난다. 전문가들은 이런 일을 '공감 실패'라고 부른다. 주위 사람들이 우리가 필요로 하는 공감을 해줄 수 없을 때도 있다. 그럴 때 공감 실패를 만회하려고 애쓰면 그 상대와의 인간관계는 계속 유지될 수 있다. 그렇지만 되풀이되는 공감 실패를 이겨낼 수 있는 인간관계는 없다. 특히, 자신이 왜 상대에게 공감하지 못하는지 또는 왜 상대가 내게 공감해주지 않는지에 대해 끊임없이 합리화하고 정당화한다면 더욱더 관계를 유지하기가 힘들어진다.

앞에서 소개한 나와 친구의 사례에서 나는 그냥 이렇게 생각해버릴 수도 있었다. "그래, 걔도 현실을 알아야 해. 셋째 생각을 하다니, 제정신이 아니야. 상처받더라도 누군가는 그런 말을 해줘야만 해." 내 친구도 기회를 한 번 더 달라는 내 말을 이렇게 거절할 수도 있었다. "됐어, 별일도 아닌데 뭘, 난 괜찮아."

공감능력을 기르기란 쉬운 일이 아니다. 우리 자신을 알고, 진실하게 행동하고, 우리의 생각과 마음을 상대에게 열어야 한다. 그렇게 공감해야 두려움과 단절감에 맞서는 수치심 회복탄력성을 얻을 수 있다.

가장 중요한 건
'나 자신과의 관계'

여성들에게 유대감은 서로 지지하고, 경험을 나누고, 받아들이고, 소속되는 것을 의미한다. 다음 그림에서 보듯이, 한 영역에서 수치심을 유발하는 기대를 강요하는 개인과 집단이 다른 영역에서는 유대감을 나누는 귀중한 인적 자원이 되기도 한다.

관계를 맺는 것은 실을 얻는 것과 같다. 우리 선택에 따라 이 실로 상대를 묶는 올가미를 만들 수도 있고 감싸주는 담요를 만들 수도 있다. 예를들어, 동료는 직업 환경에서 비롯된 수치심을 해소하는 데 도움이 되는 존재지만 육아나 성적 지향 등 다른 영역에서는 수치심을 유발하는 말이나 고정관념을 강화하는 역할을 할 수도 있다.

학자 겸 사회운동가인 로레인 구티에레즈Lorraine Gutiérrez와 이디스 앤 루이스Edith Anne Lewis는 유대감이 '수치심 거미술을 형성하는 암시와 기대, 고정관념에 맞서는 힘'이라고 정의한다.[5] 그들은 다음과 같은 글을 썼다. "유대는 사회적 지지망의 형성과 상호작용을 통한 힘의 생성이라는 두 가지 목적을 수행한다. 비슷한 상황에 있는 타인들과 유대하면 서로 도움을 주고받으면서 롤모델을 통해 새로운 기술을 배우고, 집단적인 앙갚음에 대처할 전략과 앞으로의 행동을 준비할 잠재력을 얻을 수 있다."

공감, 용기, 연민을 실천하면 우리는 단절에서 벗어나 유대할 수 있다. 그러면 남들의 기대에서 벗어나 자신이 소중히 여기는 것을 즐길 수 있는 자유가 찾아온다. 공감의 실천은 먼저 가장 중요한 관계, 즉 '자신'과의 관계에서 시작해야 한다. 자신에게 공감하지 않으면 타인에게 공감할 수 없다.

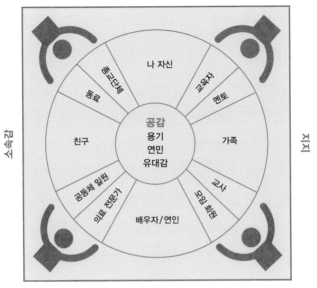

〈유대 네트워크〉

나 자신

종교단체

동료

교육자

멘토

친구

공감
용기
연민
유대감

가족

소속감

지지

공동체 일원

의료 전문가

교사

모임 일원

배우자/연인

받아들임

　자신에게 가혹하고 자신의 감정을 인정하지 못하거나 그럴 의지가 없
는 사람은 타인과의 관계에서도 힘들다. 실수했을 때 '난 정말 바보야, 제
대로 하는 게 하나도 없어'라며 스스로를 나무라는 사람은 자녀나 배우자
가 실수했을 때도 똑같은 감정을 전한다. 진정으로 공감하고 유대하기 위
해서는 자기 자신부터 먼저 알고 받아들여야 한다.

무엇이 우리의 공감을
방해하는가?

(1) 동정하는 태도

공감을 말할 때 우리는 종종 동정sympathy과 공감을 혼동하곤 한다. 그런데 나와 인터뷰한 여성들은 동정과 공감의 차이를 분명히 알고 있었다. 그들은 수치심을 극복한 힘에 대해 이야기할 때 공감이 도움이 되었다고 분명히 말했다. 반면에, 동정에 대해서는 '싫다, 경멸한다, 견딜 수 없다' 같은 표현을 사용했다. 공감을 바라는 이유는 자신이 혼자가 아님을 확인하고 싶어서다. 우리는 남들도 나와 비슷한 감정을 느끼고, 나의 경험 때문에 남들에게 배척당하지는 않으리라는 걸 확인하고 싶어 한다. 공감은 수치심에서 벗어날 수 있게 해주는 반면에 동정은 오히려 수치심을 악화시킨다.

동정과 공감의 차이를 좀 더 분명히 설명하기 위해 쿠키 사건으로 다시 돌아가보겠다. 돈과 대화를 나누고 일주일 정도 지나서 우리 부부는 맞벌이하는 친구 부부와 함께 저녁을 먹었다. 친구 부부는 일곱 살짜리 아들의 학급 파티에 '마트에서 산' 설탕 범벅 과자를 비닐봉지에 담아 가져온 부모에 대해 이야기했다. 물론 나는 그런 부모보다 한 단계 더 아래에 있는 부모다. 남이 가져온 쿠키를 내가 가져왔다고 거짓말했으니까. 그래서 이렇게 대꾸했다. "나도 아이 학교에 마트에서 산 과자 가져간 적 많아. 사실 내가 직접 집에서 만들어 간 적은 거의 없어." 그러자 친구 부부는 실망스럽다는 표정에 억지 미소를 지어 보였다.

그런 모습을 보자 오기라도 생겼는지 나는 쿠키 사건까지 털어놓았다.

아마 그때 나는 우리 부부가 이들과 같은 부류가 될 수 있는지 아닌지를 확인하고 싶었던 것 같다. 쿠키 사건에 대해 돈은 공감을 표시했지만 당시에 돈은 아이 엄마가 아니었다. 어쩌면 나는 이들 부부를 통해 구원받고 싶었던 건지도 모른다. 이들이 내 사정을 이해해준다면 나는 문제없는 엄마가 되는 것이라고 생각했던 거다.

이야기 중간에 헉하며 놀라는 반응을 한 친구 부부는 내가 이야기를 끝내자 고개를 설레설레 내저으며 나를 불쌍하다는 듯 바라보았다. 그러더니 친구가 이렇게 말했다. "어쩜 좋아, 진짜 말도 안 돼. 난 그런 짓은 상상도 못 하겠어. 정말 안됐다, 얘."

동정하는 듯한 친구 부부의 태도에 나는 마치 뺨을 맞은 기분이었다. 동정심을 보인다는 건 이렇게 생각한다는 뜻이다. "나는 여기 있고 너는 거기 있다. 나는 그런 일을 당한 너를 불쌍하게 여기며 슬프게 생각한다. 너한테 그런 일이 일어난 것이 마음 아프기는 하지만 이것 하나만은 분명히 하겠다. 나는 너와 다르다." 이런 생각은 연민이 아니다.

대부분의 경우, 동정심을 느낄 때는 타인의 관점에서 세상을 볼 생각을 하지 않는다. 자신이 속한 세상에서 타인을 바라보며 슬프거나 안타깝다고 느낄 뿐이다. 동정심은 '나는 당신이 속한 세상에 대해 모른다. 하지만 내가 속한 세상에서 보니 당신이 처한 상황이 아주 안 좋다'라는 생각을 밑바탕에 깔고 있다. 친구 부부와 만난 날을 되돌아볼 때 친구가 했던 최악의 말은 '난 그런 짓은 상상도 못 하겠어'였다.

그 말을 함으로써 친구는 내가 보는 관점으로 세상을 보지 않는다는 점을 분명히 했다. 그것은 공감이 아니다. 게다가 나는 비판을 받는다고 느꼈다. 친구는 내 마음을 이해한다는 말을 전혀 하지 않았고, 그 어떤 식으로도 내 경험을 이해한다고 표현하지 않았다. 상대가 공감해주기를 바랐는데 상대로부터 동정을 받으면 수치심이 더 심해진다. 이런 일을 겪는 게 세상에 나 혼자뿐인 것 같고 세상과 동떨어진 느낌이 더 깊어진다. 공감은 유대감을 불러오지만, 동정은 단절감을 불러온다.

(2) 동정을 바라는 마음

공감을 바라는 사람에게 동정을 표현하는 것도 문제지만, 동정을 바라는 사람에게 공감을 표현해도 상황이 복잡해진다. 동정을 바라는 마음의 밑바닥에는 '나를 불쌍하게 여겨 줘. 왜냐하면 이런 일을 겪는 사람은 이 세상에 나 하나뿐이니까'라거나 '내 처지가 이 세상에서 제일 나빠'라는 정서가 깔려 있다. 이런 생각은 자연스럽게 단절감을 유발한다. 동정을 바라는 사람은 남들도 자신과 같은 경험을 한다는 증거를 바라지 않는다. 자신만 그런 일을 겪었다는 확인을 받고 싶을 뿐이다.

나는 동정을 바라는 사람한테 조종당하고 이용당하는 기분이 든다고 말하는 사람들을 많이 봤다. 심지어는 심리치료사들도 동정을 바라는 내담자 때문에 답답하다고 말하곤 한다. 동정을 바라는 사람에게 짜증이 나는 건 비정상적인 반응이 아니다. 그들은 승산 없는 게임을 하고 있기 때문이다. 자기가 제일 힘들고 아무도 자기를 이해할 수 없을 거라고 말하면서도, 자기를 이해하고 인정해주기를 바란다.

어느 여성은 이렇게 말했다. "우리 가족 중에서 힘들다고 말할 수 있는 사람은 남편뿐이에요. 내가 똑같은 일을 겪거나 더 힘든 일을 겪어도 모든 관심이 남편에게만 가야 해요. 하지만 남편은 도와달라는 말도 안 해요. 그저 자기 인생이 힘들고 불공평하다는 말만 듣고 싶어 해요. 그 사람은 자기가 남들보다 더 많이 일하고, 더 적게 자고, 뭐든 더 많이 한다고 생각해요. 하지만 그건 절대 사실이 아니에요."

동정을 바라는 사람한테 '그래, 너 정말 힘들겠구나'라거나 '저런 어떡하면 좋으니'라고 위로하는 척할 때가 있다. 하지만 그럴 때 마음속으로는 '제발 그만 좀 해. 그건 별거 아니야'라거나 '불쌍한 척 좀 그만해'라고 생각하곤 한다. 때로는 너무 짜증 나서 입에 발린 위로의 말조차 하고 싶지 않을 때도 있다. 이처럼 동정을 바라는 사람은 어떤 식으로 행동하든 진실한 유대감과 이해를 이끌어내기 어렵다.

나는 박사과정을 시작한 첫해에 자주 동정을 바라곤 했다. 하지만 그럴수록 나는 점점 더 외로워졌다. 수업을 따라가기 너무 벅차서 실패하면 어쩌나 하는 두려움과 수치심이 쌓이자 나는 이런 말을 하고 다녔다. "다 끝났어. 나한테 너무 벅찬 일이야. 학교를 그만두든 낙제를 하든 내 인생은 이제 끝장났어." 나는 아는 사람 모두에게 이 말을 했지만 정작 나는 내 진짜 감정을 제대로 알지도 못하고 정확히 말하지도 못했다.

나는 "부담감이 얼마나 심한지 넌 절대 모를 거야. 대학이나 회사 다니는 것과는 비교도 안 돼"라고 말했다. 하지만 그 말을 듣는 사람들은 이렇게 받아들였을 것이다. '내가 하는 일은 네가 하는 그 어떤 일보다 더 중요해. 그러니까 나를 불쌍하게 여겨줘.' 내가 하소연할 때 친구들과 가족들이 건성으로 반응하면 나는 이렇게 생각했다. '이럴 줄 알았어! 박사과정을 공부해본 적 없으니 내 기분을 알 리 없지.'

자신이 동정을 구걸한다는 걸 알아챘다면 그 상황에서 한 걸음 물러나 자신이 정말로 어떻게 느끼는지, 자신이 정말로 원하는 것은 무엇인지 생각해봐야 한다. 반대로, 상대가 동정을 구걸할 때는 동정하고 그 상황을 끝낼지 아니면 유대하고 공감하려고 노력할지를 선택해야 한다.

만약 유대하고 공감하기를 원한다면, '들어보니 굉장히 힘든 것 같은데, 좀 더 이야기해봐'라거나 '네 말이 맞아, 난 그 일이 어떤 건지 잘 몰라. 내가 이해할 수 있게 좀 더 자세히 이야기해줄 수 있어?'라고 말해보자.

(3) 더 강력한 패 내밀기

공감 형성을 방해하는 또 다른 장애물은 내가 '더 강력한 패 내밀기'라고 부르는 반응이다. 이 반응은 동정을 바라는 행동과 관련이 있다. 나와 인터뷰한 여성들은 겨우 용기를 내서 누군가에게 자기 이야기를 털어놨는데 상대가 '그건 아무것도 아니야'라는 식으로 반응할 때 크게 좌절했다고 한다.

- 넌 '알코올중독자 엄마'가 걱정이지만, 나한테는 '마약중독자 언니'가 있어.
- 너는 '30대에 싱글'이라서 걱정이지만, 나는 '싱글맘'이야.

누가 더 불행한지, 누가 더 스트레스를 받는지, 누가 더 큰 차별을 경험했는지 다투다 보면 우리 대부분이 같은 어려움을 겪는다는 사실, 즉 무력감과 단절감 때문에 힘들어한다는 사실을 간과하게 된다.

상대를 넘어서려 하고, 자신이 '제일 불쌍한 사람'이 되려 하고, 수치심에서 벗어나려고 상대를 짓밟는 데 자신이 가진 힘을 모두 써버리면 수치심은 절대 사라지지 않는다. '그건 아무것도 아니야'라는 말은 자신을 '아무것도 아닌 존재'처럼 생각하게 만들기 때문이다.

20대 초반의 로레인은 기숙사 룸메이트에게 자신의 10대 남동생이 조현병 환자이며 약물치료 전엔 폭력사고도 있었다는 사실을 털어놓았을 때 큰 수치심을 경험했다고 말했다. "룸메이트가 제 남동생에 대해 몇 번이나 물었어요. 결국 용기 내서 룸메이트에게 남동생 이야기를 다 하고서 저는 울음을 터뜨렸어요. 남동생이 창피하지는 않지만, 남동생을 요양원에 보낸 부모님의 결정은 창피하다고 말했죠. 그런데 룸메이트가 아무 말도 안 하는 거예요."

그다음에 어떤 일이 있었느냐는 내 질문에 로레인은 이렇게 말했다. "룸메이트는 가만히 서서 이렇게 말했어요. '별일 아니네. 옆방 켄들은 여동생이 교통사고로 죽었대. 그게 더 힘든 일이지.' 그러더니 화장실로 가버렸어요. 제 자신이 너무 보잘것없게 느껴졌어요. 차라리 말하지 말걸, 하는 후회도 들었어요."

로레인의 룸메이트가 왜 그런 반응을 보였는지는 모르겠다. 어쩌면 로레인의 감정상태 때문에 겁이 났는지도 모르고, 더 이상 자세히 알고 싶지 않아서 그랬는지도 모른다. 이유는 많다. 공감을 건너뛰는 일이 얼마나 흔히 일어나는지 몇 가지 반응 사례를 통해 알아보자.

"결혼생활이 내 눈앞에서 완전히 깨진 것 같은 느낌이야."

반응 A "세상에, 아니야, 너하고 팀은 정말 잘 어울리는 한 쌍이야. 분명히 다 괜찮아질 거야."
반응 B "적어도 넌 결혼이라도 했지. 나하고 존은 몇 년째 결혼도 안 하고 있잖아."

반응 C "정말 힘들었겠구나. 의지할 데 하나 없다는 생각이 들었을 거야. 내가 도와줄 수 있는 일은 없어?"

A와 같은 반응은 '나는 네 말을 진심으로 듣지 않았다. 나는 너의 관점으로 상황을 볼 생각이 없다'라는 뜻이다.

B와 같은 반응을 나는 '내가 더 힘들어' 반응이라고 부른다. 여기에는 걱정도 공감도 전혀 없다. 공감에 관해서 절대 변하지 않는 규칙이 하나 있다. '적어도'라는 말은 공감으로 가는 출발점이 아니라는 것. '적어도'로 시작하는 반응은 자신의 어려움에 초점이 맞춰져 있으며 그만 불평하라는 말이나 마찬가지다.

C와 같은 반응이 바로 공감을 표현하는 반응이다. 이 사람은 상대가 어떤 기분인지 이해하려고 시도하고 있다. 설령 상대가 의지할 데 하나 없다는 생각을 하지 않았다 해도 자신을 이해하려고 한다는 것은 알아차렸을 것이다.

(4) 완벽한 공감에 대한 부담감

'잘못된 것을 바로잡아야 한다'거나 '완벽한 해결책을 말해줘야 한다'는 부담감은 공감과 연민을 가로막는 가장 큰 장애물이다. 상황에 딱 맞는 말을 해야 한다는 부담을 가지면 공감하고 연민을 느낄 기회를 놓치게 된다. 로레인의 룸메이트는 분위기를 확 바꿀 마법 같은 말을 할 필요가 없었다. 그냥 '저런, 가족 모두 힘들었겠구나'라거나 '너도 많이 힘들겠구나. 네 동생은 요양원에서 잘 지내?'라고만 말하면 되는 거였다.

실제로 경험하지 못한 일을 이해하기란 불가능하다는 생각 때문에 공감하고 유대감 맺기를 피하는 경우도 있다. 로레인의 룸메이트는 이렇게 생각했을지도 모른다. '나는 남동생이 정신병에 걸린 게 어떤 기분인지 정확히 몰라. 그런 내가 무슨 말을 해줄 수 있겠어?'

결론은 이렇다. 수치심에서 벗어나 공감할 수 있도록 도와주는 유대감 네트워크를 형성하고 싶다면, 자신과 똑같은 경험을 한 소수의 사람에게만 공감해서는 안 된다. 남들이 이야기하는 상황과 사건 자체에만 관심을 가질 게 아니라 그들이 경험한 느낌과 감정까지 관심을 갖고 이해해야 한다. 예를 들어, 나와 인터뷰한 여성 중 한 사람은 아프리카계 미국인이면서 여성이고 의대생이라는 신분 때문에 어려움을 겪는다고 말했다.

"학교에 가면 흑인 취급을 받는데 가족이나 친구에게는 백인 취급을 받는 것이 수치심의 원인이에요. 학교에서는 다들 나를 이방인처럼 봐요. 모두 내가 소수집단 우대정책으로 특혜입학을 했다고 생각하는 것 같아요. 게다가 나는 집이 꽤 가난한 편이라 대학교도 장학금을 받고 다녔어요. 동네 친구들은 대부분 고등학교도 제대로 졸업 못 했고요. 그러니까 학교에 가면 나는 대부분의 학생과 상황이 완전히 달라요. 그런데 집에 와도 힘들기는 마찬가지예요. 예전이나 지금이나 나는 하나도 달라지지 않았는데 식구들은 내가 잘난 척한다고 생각해요. 난 그렇지 않거든요. 어디든 내가 어울릴 수 있는 곳에 있고 싶어요."

만약 우리가 이 여성의 이야기를 듣고 '와, 꽤 힘든 것 같네. 하지만 나와 너무 다른 상황이라 도저히 이해를 못 하겠네'라고 그냥 외면해버린다면 공감할 기회는 사라진다. 이런 식으로 공감할 기회를 놓치면 안 된다.

왜냐하면 수치심 회복탄력성의 수준은 공감을 받아들이는 능력과 공감하는 능력 모두와 관련이 있기 때문이다.

자신의 경험을 깊이 들여다보면 우리 대부분은 한 발은 이쪽 세상에 나머지 발은 다른 세상에 디디며 버틴다는 걸 알게 될 것이다. 의대생 생활과 가족 사이에서 균형을 이루려고 애쓰는 이야기에 귀를 열고 마음을 열었더니, 한쪽 발은 엄마의 세계에 그리고 다른 한쪽 발은 남자들이 지배하는 학자들의 세계에 딛고 있는 나의 상황이 떠올랐다.

직장이라는 세계는 내게 '당신이 엄마라는 건 멋진 일이다. 그렇지만 우리는 직장에서 당신이 엄마라는 흔적을 보고 싶지 않다. 아이가 아파도 당신은 여기 있어야 한다. 어린이집이 쉬어도 당신은 아이를 이곳에 데려오면 안 된다'라고 말한다. 그러니까 이 세계는 내게 엄마 역할을 하는 건 좋지만 가정보다는 일을 우선시하라고 요구한다. 반면에 나머지 한쪽 발이 딛고 있는 엄마의 세계에서는 내가 중요하다고 생각하는 꿈을 추구하는 건 좋지만 가정에 방해가 되어서는 절대 안 된다고 말한다.

이 두 세계 사이에서 균형을 잘 잡는 날도 있다. 하지만 어떤 날은 두 세계 모두에서 발이 떨어질 것 같아 두렵다. 그리고 이 두 세계 사이에서 오도 가도 못하고 몸이 양쪽으로 갈라질 것처럼 힘든 사람이 나 하나뿐이라는 생각이 들 때 제일 괴롭다.

나는 의과 대학교에 다니는 아프리카계 미국인 여성이 아니다. 그렇지만 완전히 달라 보이는 두 세계 사이에서 균형을 이루려고 애쓰는 건 나도 경험해본 일이다. 균형을 잡지 못할 때 나는 외롭고, 뭔가 잘못되고 쓸모없는 사람이 된 것처럼 느껴진다. 그래서 수치심에 대한 그녀의 이야기를 들었을 때 내 경험을 그녀에게 투영하고 싶은 마음은 없었지만, 그녀가 하는 이야기를 진심으로 이해하기 위해서 그녀가 느꼈을 감정과 비슷한 감정을 내 안에서 찾고 싶었다.

공감을 표현하기 위해 그녀에게 내가 겪은 일을 이야기할 필요는 없다. '하고 싶은 말이 뭔지 잘 알아요'라고 말하지도 않을 것이다. 왜냐하면 그건 사실이 아니니까. 서로 다른 두 개의 역할 사이에서 균형을 잡는 것이 어떤 기분인지는 알지만, 인종차별을 받는 기분이 어떤지는 내가 알 수 없다. 남들과 어울리기 위해 서로 다른 두 개의 문화 사이를 쉴 새 없이 오가는 것이 얼마나 힘든지 나는 모른다. 인종차별, 성차별, 동성애 혐오증, 연령차별, 그 밖에 여러 형태의 차별을 직접 경험해보지 않고 100% 이해하기란 불가능하다고 생각한다. 그렇지만 우리 모두가 차별에 대해 알아야 하고 차별이 존재하는 데 있어 자신이 어떤 역할을 하는지 알아야 할 책임이 있다고 나는 생각한다. 그러기 위한 출발점이 공감이다.

상대가 정확히 어떻게 느끼는지를 알 필요는 없다. 나는 그저 상대가 이야기한 경험에 내 마음을 열기 위해 내 삶의 어떤 부분을 살짝 떠올리기만 하면 된다. 그래서 필요한 삶의 한 부분을 살짝 떠올렸다면 비판하지 않으면서 공감할 수 있다. 여기서부터 개인적 치유와 사회적 치유가 시작될 수 있다.

우리가 자신과 똑같은 경험을 한 사람들에게만 공감할 수 있다면 어떻게 될지 상상해보자. 아마 다들 무척 외로워질 것이다. 인생 경험은 지문과 같아서 똑같은 건 존재하지 않는다. 뿐만 아니라, 자기가 생각하기에 똑같은 경험을 한 사람이 있다고 하더라도 그가 어떤 느낌인지까지는 정확히 알 수 없다. 렌즈 비유로 되돌아가보자. 사람마다 다른 렌즈 조합을 가지고 있기 때문에 무엇이든 다른 사람과 똑같이 경험하기란 불가능하다.

여성들과의 인터뷰에서 나온 수치심 경험을 몇 가지 더 소개하겠다. 각자의 경험에 내가 발견한 감정의 이름을 붙였고, 그 경험을 이해하고 공감하는 데 도움이 될 만한 공감 질문도 첨가했다.

| 경험 | 수치심 하면 어릴 때 성적으로 학대받았던 경험이 떠올라요. 그 일이 어떻게 내 인생의 모든 것을 바꿔버렸는지 생각하곤 해요. 단지 학대 그 자체가 문제가 아니에요. 남은 평생 내가 감당해야 하는 모든 것이 문제로 다가와요. 마치 내가 남들과 전혀 다른 존재가 된 것 같은 느낌이 들어요. 나는 모든 게 비정상인 것 같아요. 모든 게 그 일과 관련된 것처럼 느껴져요. 정상적인 삶을 살 수가 없어요. 모든 게 더럽혀졌어요. 그게 내 수치심이에요.

| 감정 | 낙인찍히고, 오해받고, 무시당하고, 작아진 느낌, 슬픔, 상실감, 좌절감, 분노.

| 깊게 들어가기 | 당신이 겪은 일로 인해 당신이 규정된다고 느낀 적 있는가? 소문이나 '어떤 사건'의 그늘에서 벗어날 수 없다고 느낀 적 있는가? 부당하게 낙인찍히고 오해받은 적 있는가? 당신에게 책임이 없는 일인데 그 일 때문에 사람들이 당신의 행동을 비난한 적 있는가? 당신은 극복하려고 애쓰는데 남들은 그것을 절대 잊지 않을 것처럼 보인 적 있는가?

| 경험 | 내 삶을 싫어한다는 것이 수치스러워요. 무엇을 얼마나 가지고 있든 상관없이 나는 내 삶이 항상 불만스러워요. 늘 이런 생각이 들어요. '이것만 있으면 저것만 있으면 나는 행복할 텐데.' 하지만 이것을

가져도 저것을 가져도 나는 여전히 행복하지 않아요. 이런 내가 끔찍하게 싫지만 어떻게 고쳐야 할지 모르겠어요. 내가 모든 것에 불만스러워하며 투덜대는 걸 다들 지겨워해서 아무한테도 이런 고민을 말할 수 없어요. 그런 점이 나를 정말 수치스럽게 만들어요. 아무리 해도 나는 행복해질 수 없을 것 같아요.

| 감정 | 꼼짝할 수 없음, 화, 위축, 실망, 혼란, 길을 잃은 느낌, 혼자인 느낌.

| 깊게 들어가기 | 행복이 바로 코앞에 있다고 느낀 적 있는가? 몸무게가 10kg만 빠지면, 집을 사면, 아기가 생기면, 승진하면 행복할 수 있다는 식으로 항상 행복의 조건을 만드는가? 갖지 못한 것을 갖는 게 성공이라고 생각하는가? 원하던 것을 일단 갖고 나면 실은 그렇게 대단한 것이 아니었다는 생각이 들어서 관심이 사라진 적은 없는가? 당신이 불평하고 하소연하는 걸 남들이 더 이상 듣기 싫어한다고 느낀 적 있는가?

| 경험 | 남편이 나를 버리고 다른 여자한테 갔는데 아들은 그 이유가 내가 '뚱뚱하기' 때문이래요. 그게 수치스러워요. 아들은 이제 겨우 열네 살이니 진심은 아닐 거예요. 적어도 진심이 아니기를 바라요. 아마 아들은 제 아빠한테서 그런 말을 들었을 거예요. 아들은 화가 났고 아빠가 떠난 게 내 탓이라고 생각하고 있어요. 어쩌면 정말로 내 탓인지도 모르죠.

| 감정 | 상처, 상실감, 화, 두려움, 슬픔, 자기비난, 혼란, 고립감, 덫에 갇힌 느낌.

| 깊게 들어가기 | 자기 탓을 안 하려고 애쓴 적 있는가? 누군가가 자신

의 분노와 슬픔에 대해 당신 탓을 한 적 있는가? 자신을 챙기기도 힘든데 남까지 챙기고 돌봐야 했던 적 있는가? 배우자가 당신을 모욕한 말을 아이가 그대로 따라 한 적 있는가?

| **경험** | 로펌에서 파트너로 승진했을 때 나는 심각한 우울증에 걸렸어요. 내가 하는 모든 일이 가치 없게 느껴졌거든요. 매일 출근할 때마다 '미치겠네, 내가 잘 모른다는 걸 사람들이 언제쯤 눈치챌까? 난 승진할 자격이 없는 사람이야. 내가 실력이 없다는 걸 다들 알게 될 거야'라는 생각이 들었어요. 결국 부담감이 너무 심해서 파트너 자리를 포기했어요. 이제 더 이상 사람들이 나를 존경하지 않는 것 같아요. 하지만 어쩔 수 없었어요. 내가 파트너가 될 만큼 능력이 있었던 건지 아니면 능력도 없으면서 거짓으로 능력이 있는 척했던 건지 나도 모르겠어요. 모든 게 너무 혼란스러워요.
| **감정** | 두려움, 자기비난, 혼란, 위축, 고립감, 불안감, 상실감, 실망감.
| **깊게 들어가기** | 자신이 가짜라고 생각한 적 있는가? 남들이 당신을 과대평가한다고 생각하는가? 잘못한 것도 없는데 '들키면 어쩌지' 하고 두려웠던 적 있는가? 남들을 또는 자기 자신을 실망시킬까 봐 부담감을 느낀 적 있는가?

공감하기 위해서는 자신의 경험을 더 깊이 파고들기보다 자신의 경험과 거리를 두는 것이 더 안전하다고 생각하기 쉽다. 하지만 사회복지사 마키 맥밀런Marki McMillan은 이런 글을 썼다. "공감은 몇 번을 하든 상관없이 우리가 진실로 돌아가게 해주는 선물과 같다. 공감은 타인을 치유하면서 동

시에 우리 자신을 치유해준다."

세상에 긍정적인
수치심은 없다

공감을 방해하는 또 다른 장애물은 수치심에 대한 우리의 믿음 한가운데에 자리하고 있다. 학계에는 수치심에 긍정적인 기능이 있다고 생각하는 이들이 소규모지만 존재한다.[6] 그들은 수치심이 우리로 하여금 선을 지킬 수 있게 해준다고 믿는다. 수치심이 사람을 변화시킬 수 없다는 명제를 7년 동안 연구한 나는 수치심의 긍정적인 기능에 대해 의심을 품었다. 연구결과가 사실을 증명해줄 것이라 생각했다. 예상대로 나는 수치심이 그 어떤 긍정적인 역할도 하지 않는다는 결론에 도달했다. 그 어떤 형태로든, 어떤 상황에서든, 그리고 어떻게 전달되든, 수치심은 부정적인 역할만 할 뿐이다. '건강한' 수치심과 '유해한' 수치심이 따로 존재한다는 주장을 증명할 만한 내용은 발견되지 않았다.

인터뷰한 여성들은 한결같이 수치심은 너무도 강압적이고 고통스러워서 처음 의도가 무엇이든 상관없이 성장하거나, 변하거나, 진심으로 반응하는 것을 가로막는다고 답했다. 반면에 죄책감은 변화를 불러오는 강한 동기가 될 때가 많다. 이런 주장에 반대하는 학자들은 아직도 건강한 수치심이라는 개념을 믿고 있지만, 그 생각이 틀렸음을 보여주는 증거가 점점 더 많이 등장하고 있다.

수치심 연구를 가장 포괄적으로 다룬 책으로 준 프라이스 탱니June Price

Tangney와 론다 L. 디어링Ronda L. Dearing의 『수치심과 죄책감Shame and Guilt』을 꼽을 수 있다. 저자들은 수치심에 대한 과거의 개념적 해석과 현대인이 자신을 평가하고 타인에게 공감하는 방식에는 차이가 있다고 설명한다. 책에서 그들은 이렇게 썼다. "점점 더 복잡해지는 조망수용과 귀속 능력으로 인해서 현대인은 사람과 그 사람의 행동을 분리하고, 타인의 관점으로 상황을 보고, 타인의 스트레스에 공감할 수 있는 능력을 갖게 되었다. 과거의 도덕성이 치명적일 수 있는 공격성을 줄이고, 사회계급의 구분을 따르고, 사회규범에 순응하는 것에 초점을 맞췄다면 현대의 도덕성은 자신의 잘못을 인지하고, 책임감을 받아들이고, 잘못을 바로잡을 줄 아는 능력에 초점을 맞춘다. 이런 의미에서 새 천년에는 죄책감이 도덕적 감정이라고 할 수 있겠다."

두 사람이 책에 소개한 연구는 긍정적인 행동의 유도라는 관점에서 수치심과 죄책감의 차이를 분명히 보여준다. 탱니와 디어링은 8년에 걸쳐 약 400명의 어린이를 대상으로 추적조사를 하며 도덕적 감정에 관해 연구했다. 그들은 수치심이나 죄책감을 불러일으킬 수 있는 상황을 기록하면서 다음과 같은 사실을 발견했다. 5학년 아동의 수치심 경향성은 앞으로 일어날지 모르는 정학, 약물남용 그리고 자살 시도 등의 중요한 예측변수이다. 반면에 죄책감 경향성이 높은 5학년 아동은 대학 진학과 봉사활동 참여율이 훨씬 더 높았고, 자살 시도, 약물남용, 음주 혹은 약물복용 후 운전 등은 적게 나타났다. 성경험도 수치심 경향성이 높은 아동보다 더 늦은 연령에 시작했다.

저자들이 진행한 약물남용에 관한 또 다른 연구에서도 수치심 경향성은 약물남용 문제를 부추기는 역할을, 죄책감 경향성은 과도한 음주와 약물남용을 막는 역할을 한다는 결론이 나왔다.

죄책감은 긍정적인 기능을 하지만 중요한 건 특정한 결과, 사건 또는 행동에 정말로 책임 있는 사람이 죄책감을 느끼는 경우에만 그 죄책감이 변화를 이끌어낼 수 있다는 점이다. 우리 사회에서는 여성이 책임지지 않아도 되는 일에 대해 비난받고 책임을 지는 경우가 너무 많다. 클라우디아 블랙Claudia Black 박사는 저서 『경로 바꾸기Changing Course』에서 이런 종류의 죄책감을 '거짓 죄책감false guilt'이라고 언급했다. 그녀는 이렇게 썼다. "타인의 태도와 행동에 대해 죄책감을 느끼는 것은 거짓 죄책감이다. 자신이 통제할 수 없는 것에 대해 죄책감을 느끼는 것은 거짓 죄책감이다. 인생에는 우리가 책임져야 하고 그로 말미암아 '진짜 죄책감'을 느낄 수 있는 일이 많다."

그렇다고 죄책감을 쉽게 느끼도록 아이를 키우자는 말을 하려는 건 결코 아니다. 다만 이런 연구결과를 통해 수치심이 좋은 행동을 유도할 힘을 가졌다는 주장에 의문을 제기하자고 제안하는 것뿐이다. 수치심은 어떤 상황에서든 나쁘고 파괴적이다. 아이를 키울 때, 배우자와 싸울 때, 공동체와 사회 집단 속에서 누군가를 벌줄 때 수치심을 이용하는 것에 대해 다시 생각해봐야 한다.

이해를 돕기 위해 연인이나 배우자를 폭행한 남자들에 대한 두 가지 접근법을 비교해보려고 한다. 해리엇 러너Harriet Lerner는 저서 『유대의 춤The Dance of Connection』에 자기 아내의 얼굴과 배를 주먹으로 때려 법정에서 심리치료 명령을 받은 론이라는 남자의 이야기를 소개했다. 러너 박사는 론이 학대자 집단에 들어가는 것은 거부했지만 분노조절에 문제가 있는 남자들 집단에 들어가는 것은 거부하지 않았고 심지어 관심까지 보였다고 설명했다. 러너 박사는 다음과 같이 썼다.

"여러분은 론이 아내를 학대했으며 그 사실을 순화하거나 모호하게 만드는 용어가 그로 하여금 행동에 대한 책임감을 덜 느끼게 만든다고 생각할 수도 있다. 그런데 론은 '아내를 학대한 사람'보다 나은 존재로 대우받을 때 자신의 행동에 대한 책임을 받아들이고 후회할 가능성이 더 크다. 자신의 잘못된 행동을 똑바로 보고 진심으로 책임감을 느끼려면 자아존중감self-worth이 있어야 한다. 자아존중감이 있어야 자신이 저지른 잘못을 바라볼 수 있는 여유가 생기고, 사과할 마음도 생긴다."

또한 러너 박사는 이렇게 덧붙였다. "자신이 저지른 것 중에 가장 잘못된 행동으로 자신의 정체성이 규정되는 것을 거부하는 태도는 저항의 건강한 표현이다. 자신이 폭력을 휘두른 인간이라고 규정되면 책임을 받아들이지도 않고 진심으로 슬퍼하고 후회하지도 않을 것이다. 그렇게 하는 순간 자신이 무가치한 존재라고 느껴질 것이기 때문이다." 러너 박사는 이렇게 결론 지었다. "우리는 자신의 가장 잘못된 행동으로 정체성이 규정되거나 제한되는 것을 견디지 못한다. 인간은 누구나 자신을 복잡하고 다중적인 존재로 인식할 수 있어야 한다. 그것이 불가능해지면 인간은 생존을 위해 수많은 부정의 장벽으로 스스로를 감싸게 된다. 자신이 한 짓에 대해서는 용서를 빌 수 있지만 자신의 존재 자체에 대해서 용서를 빌기란 불가능하다."

이번에는 테드 포Ted Poe 판사의 견해를 살펴보자. 범죄자들에게 '수치심과 모욕감 처벌'을 내려 미국 내에서 큰 관심을 받았던 그는 두 건의 재판에서 아내를 폭행한 남자에게 휴스턴 시내에 위치한 가정법원 앞에서 공개적으로 사과하라고 명령했다. 사과는 점심시간에 인근 직장인 수백 명

앞에서 이루어졌다. 테드 포 판사는 「휴스턴 크로니클_Houston Chronicle_」지 논설에 이런 기고문을 게재했다. "아내를 때리고, 이웃의 물건을 훔치고, 아동을 학대하는 사람은 지역사회가 아량을 베풀지 않는다는 것을 분명히 알고, 남들이 자신에 대해 뭐라고 하는지 듣고, 대중이 보는 앞에서 대가를 치러야 한다. 그런 사람은 수치심을 느끼게 만들어야 한다. 안 그러면 우리가 수치심을 느끼게 될 것이다."[7]

나는 여러분에게 이렇게 묻고 싶다. 만약 여러분의 남편이 위의 판결대로 수백 명 앞에서 공개적으로 망신을 당한 후에 집으로 돌아온다면, 여러분은 집에서 그를 기다릴 수 있을까? 수치심과 그것이 우리에게 미치는 영향에 대해 지금까지 살펴본 것을 생각해볼 때, 수치심에 빠진 남편과 함께 있는 것이 더 안전할까 아니면 수치심을 해소한 그와 함께 있는 게 더 안전할까? 우리는 수치심이 정말로 사람을 변화시킬 수 있다고 생각해서 수치심을 처벌 방법으로 이용하는 걸까? 아니면 내가 두렵고, 화나고, 심판받는다고 느낄 때 다른 사람이 고통받는 걸 보면 기분이 좋아지기 때문에 남을 수치스럽게 만드는 걸까?

수치심 회복탄력성이 높은 사람들의 공통점

수치스러운 상황에서 공감으로 나아갈 수 있는 능력이 수치심 회복탄력성이다. 하지만 이를 기르기란 쉬운 일이 아니다. 만약 그게 쉬웠다면 수치심이 이렇게까지 우리 삶을 뒤흔들고 파괴적인 힘을 발휘하지 않았을 것이다.

수치심 회복탄력성을 기르기 힘든 가장 큰 이유 중 하나로 수치심에 빠지면 마음을 열지 못해서 공감을 주고받지 못한다는 점을 들 수 있다. 수치심은 스스로를 보호하기 위해 우리가 수치심을 없앨 해독제에 접근하지 못하게 막는다. 수치심에 빠져 있을 때는 공감을 얻기 위해 남에게 손 내미는 게 아주 위험하게 느껴진다. 또한 누군가가 도와주려고 내미는 도움의 손길에도 두려움, 분노, 비난만 느낄 뿐이다.

인터뷰를 통해 나는 높은 수준의 수치심 회복탄력성을 보여준 여성들에게 다음의 네 가지 공통점이 있다는 걸 발견했다.

1. 수치심을 느끼게 만드는 자신만의 '수치심 촉발제shame trigger'를 파악하고 이해할 수 있는 능력
2. 자신을 둘러싼 수치심 거미줄에 대한 높은 수준의 비판적 인식
3. 타인에게 손을 내밀려는 의지
4. 수치심에 대해 말할 수 있는 힘

편의상 번호를 붙였지만 순서에 의미는 없다. 수치심에 대해 말할 수 있는 힘을 먼저 강조한 여성도 있고, 두 번째나 혹은 세 번째 공통점부터 시작한 여성도 있다. 중요도나 순서는 사람마다 다르다. 자신의 삶과 경험을 바탕으로 자신이 가장 편안한 상황에서 수치심 회복탄력성을 기르고 공감을 연습하는 데에 이용하기 바란다. 그렇게 해서 일단 성공하면 자신감이 생겨서 더 힘든 상황에서도 도전해볼 수 있다.

뒤에 이어질 3장부터 6장에서 이 네 가지 공통점으로 수치심 회복탄

력성을 기르는 훈련법을 소개할 것이다. 나는 수천 명의 여성을 대상으로 이 훈련법을 활용했다. 그들 대부분에게 이 훈련법은 상당한 도움이 되었다. 여러분도 이 훈련법을 실천해보기 바란다.

3장.

내 안의 수치심을
자극하는 것은
무엇인가?

_첫 번째 훈련 수치심 촉발제 파악하기

수치심 회복탄력성을 기르려면 수치심을 알아차려야 한다. 수치심은 두려움과 비난 같은 강력한 감정과 함께 홍수처럼 들이닥친다. 그래서 자신의 진짜 모습과 거리가 먼 반응을 하거나 때로는 수치심을 더욱 부추기는 방식으로 반응하고서도 그 사실을 인지하지 못할 때가 많다.

예를 들어, 어떤 엄마가 한도초과로 신용카드 결제를 거부당했다. 그러자 그녀는 너무 수치스러워서 울고 있는 아이에게 화를 냈다. 이런 일은 눈 깜짝할 사이에 발생한다. 우리 목표는 수치심을 느낄 때 주위에 있는 다른 사람들에게 분풀이하기 전에 재빨리 자신이 수치심을 느낀다는 사실을 알아차리는 것이다. 만약 위의 엄마처럼 이미 자녀에게 화를 냈다면, 흥분을 가라앉힌 다음 심호흡을 하고 상황을 바로잡아야 한다.

모순적으로 들리겠지만, 우리 몸은 수치심을 의식하기도 전에 먼저 반응할 때가 많다. 몸이 언제 그리고 어떻게 수치심을 느끼느냐고 내가 물어보면 사람들은 늘 이상하게 생각한다. 하지만 대부분의 사람에게 수치심은 감정뿐만 아니라 육체적인 감각으로 찾아온다. 그래서 나는 수치심을 '전면적 감정'이라고 부르곤 한다.

여성들은 수치심을 느낄 때 복통, 구역질, 몸 떨림, 찌릿한 통증, 얼굴과 가슴에 열이 오르는 등의 다양한 신체반응이 나타난다고 말한다. 이런 신체반응을 알아차릴 수 있다면 수치심에 짓눌려 아무것도 할 수 없을 것 같은 무력감을 줄일 수 있다.

수치심 연구를 시작할 때 나는 수치심에 대한 나 자신의 신체반응을 알아차리지 못했다. 그러다 50명의 여성과 인터뷰를 한 후에야 수치심에 대한 신체반응을 조사하기 시작했다. 그때부터 나는 수치심 회복탄력성이 높은 여성은 수치심에 대한 신체반응을 인지하고 설명할 수도 있다는 것을 알게 되었다. 한 여성은 내게 이렇게 말했다. "입이 바짝 마르고 침도 못 삼킬 것 같은 느낌이 들어요. 그러면 이 증상에 주의를 기울이고 이 증상의 이름을 말해요." 어떤 식으로 하느냐는 내 질문에 그녀는 이렇게 중얼거린다고 말했다. "아프다, 아프다, 아프다, 아프다, 아프다." 그녀는 일단 자신의 신체에 무슨 일이 일어나는지 인지하면 더 나은 대처방법을 선택할 수 있다고 설명했다.

물론 이 방법이 모든 사람에게 적용될 수 있는 건 아니다. 하지만 수치심에 대한 신체반응을 알아차리는 것이 수치심에 대응할 기회를 잡는 좋은 방법 중 하나라고 생각한다.

다음은 수치심에 대한 신체반응을 인지하는 데 도움이 되는 질문들이다. 잘 생각해보고 대답을 적어보자. 여러분에게 해당되지 않는 질문은 넘어가도 좋다.

- 수치심을 느낄 때 몸이 ＿＿＿＿＿＿＿＿＿＿＿＿＿＿＿ .
- 수치심은 마치 ＿＿＿＿＿＿＿＿＿＿＿ 와 같은 느낌이다.
- ＿＿＿＿＿＿＿＿＿＿＿ 라는 느낌이 들 때 내가 수치심을 느끼고 있다는 걸 알아차릴 수 있다.
- 수치심에 맛이 있다면 ＿＿＿＿＿＿＿＿＿＿＿ 같은 맛이 날 것 같다.
- 수치심에 냄새가 있다면 ＿＿＿＿＿＿＿＿＿＿＿ 같은 냄새일 것 같다.
- 수치심을 만질 수 있다면 ＿＿＿＿＿＿＿＿＿＿＿ 느낌일 것 같다.

수치심 알아차리기는 우리의 힘을 되찾는 데 아주 중요한 도구이다. 예를 들어, 나는 수치심을 느끼면 적어도 15~20분 정도 혼자만의 시간이 필요하다. 수치심에 대한 신체반응을 잘 알고 있기 때문에 나는 이런 반응을 비상구로 달려가야 한다는 신호로 이용한다. 혼자 있을 때 나는 내 감정을 솔직히 느낄 수 있다. 마음껏 울 수도 있고 크게 한숨도 쉴 수 있다. 인터뷰한 여성 대부분이 잠깐이라도 혼자 있는 게 중요하다고 말했다. 그러면 '정신을 가다듬을 수 있다'라거나 '흥분을 가라앉힐 수 있다'고 했다. 달리기를 하거나 산책을 하거나 일단 밖으로 나간다는 여성도 있었다.

수치심이 들 때 어떤 느낌인지 안다는 건 중요한 수치심 회복탄력성 도구를 가졌다는 뜻이다. 머리로 알아차리기 전에 이미 수치심을 느낄 때가 많다. 수치심을 알아차리면 이를 겉으로 표출하거나 마음을 닫아버리기 전에, 그 상황에 대해 제대로 판단하는 데 필요한 여유를 찾을 수 있다. 그다음 단계는 수치심을 불러일으키는 수치심 촉발제를 이해하는 것이다.

수치심을 느끼는
진짜 이유는 따로 있다

수치심 연구를 시작할 때 내 목표 중 하나는 나는 수치심 촉발제 목록을 만드는 것이었다. 무엇이 수치심을 자극하는지 알면 경계할 수 있고, 피하지는 못더라도 최소한 좀 더 쉽게 알아차릴 수 있으리라고 생각했다. 물론, 모두에게 보편적으로 적용할 수 있는 수치심 촉발제는 없다는 걸 오래지 않아 알게 되었다. 수치심을 자극하는 문제와 경험은 지극히 개인적이며 그들의 관계, 문화에 따라 다 달랐다. 또한 아무리 수치심 촉발제를 인지한다고 해도 수치심을 피하는 것은 불가능하고, 매일 수치심을 경험할 수밖에 없다는 걸 알게 되었다.

그렇지만 여성들과 인터뷰를 하면서 나는 아주 분명한 패턴을 발견했다. 그것은 '수치심 회복탄력성이 높은 여성은 수치심을 알아차리고 수치심 촉발제가 무엇인지 안다'는 것이다. 그들은 수치심을 느낀 경험에 대해 이야기할 때 무엇이 수치심을 불러일으키는지 그리고 특정한 문제가 다른 문제보다 더 심하게 수치심을 자극하는 이유를 분명히 이해하고 있었다. 하지만 이는 본능적으로 할 수 있는 일이 아니다. 노력이 필요한 일이다. 실비아의 사례를 살펴보자.

30대의 이벤트 플래너 실비아는 이런 말로 인터뷰를 시작했다. "6개월 전에 인터뷰했으면 좋았을 걸 그랬어요. 그때 전 수치심에 푹 빠져 살았거든요." 그게 무슨 말이냐는 내 질문에 실비아는 친구한테 내 연구에 대해 듣고 수치심 때문에 자기 인생이 바뀐 것 같은 느낌이 들어서 인터뷰에 자원했다고 했다. 그녀는 최근 인생의 큰 전환점을 맞이했다. 직장 상사가 붙인 '패자 명단'에서 자신의 이름을 발견한 것이 계기였다. 탁월한 성과로 2년간 상사에게 '승자'로 인정받았던 실비아는 처음으로 큰 실수를 저질렀다. 그 실수로 상사는 그녀의 이름을 '패자 명단'에 올렸다. 실비아는 이렇게 말했다. "순식간에 승자 명단에서 패자 명단 1등으로 자리가 바뀌었죠." 그 충격으로 실비아는 몇 주 동안 아무것도 할 수 없었다고 말했다. 자신감이 사라지고 일도 사라지기 시작했다. 그리고 수치심과 걱정, 두려움이 그 빈자리를 차지했다.

그러던 어느 날 저녁, 실비아는 언니에게 '패자 명단'에 대해서 이야기하다가 자신이 왜 그렇게 수치심을 느꼈는지 깨달았다. 실비아와 언니는 고등학교 시절 운동선수 생활을 하면서 서로 치열하게 경쟁했다. 실비아는 대학교 장학금까지 제의받았지만 거절했다. 언니는 실비아에게 자신들의 아버지가 '패자'라는 단어를 계속 언급했다는 사실을 일깨워주었다. "아무도 패자를 좋아하지 않아." "패자는 절대 변하지 않아." 아버지는 냉장고 문에 자매의 달리기 기록을 붙여놓고 그 옆에 '이기자!' 같은 말이 적힌 메모지를 붙여놨었다.

실비아가 말했다. "언니랑 통화를 끝내고 울면서 이력서를 쓰기 시작했어요. 더 이상 그 직장에서 일할 수 없다는 걸 깨달았거든요. 단지 패자라는 말 때문에 수치심에 빠진 게 아니었어요. 잘하거나 못하거나 둘 중하나밖에 없다는 생각이 문제였던 거예요. 내가 잘했다면 하루 종일 되는게 하나도 없거나 나쁜 선택만 하는 일은 없었을 거다. 내가 잘하는 선수였다면 경기성적이 나쁠 리 없다. 이런 식으로밖에 생각 못 하는 나 자신이 창피했어요. 아니 수치스러웠던 것 같아요. 내 이름이 패자 명단에 오르기 전까지 나는 그 명단에 있는 사람들을 비웃었어요. 아빠나 상사가 그랬던 것처럼요. 대학교에 진학해서 계속 선수생활을 하지 않은 게 후회돼요. 그랬다면 장학금을 받고 더 좋은 학교에 갔을 거예요. 그런데 지금 생각해보니 대학교에 진학해 운동을 하지 않은 건 그렇게 경쟁하면서 승자가 될 자신이 없었기 때문인 것 같아요. 지금도 나는 완벽하지 못한 게 두려워요. 언니는 섭식장애를 겪고 있어요. 우리 집에서 패자가 되는 걸 너무 나쁘게만 생각했기 때문에 이렇게 된 거예요." 실비아는 언니와 함께 앞으로 '패자의 수치심'을 느끼면 서로 이야기하기로 약속했다고 내게 말해주었다.

그럼 이제 실비아는 패자가 되는 것에 대해 더 이상 수치심을 느끼지 않을까? 그건 절대 아니다. 수치심 회복탄력성이 아무리 높아도 수치심에 100% 면역이 될 수는 없다. 그렇다면 실비아의 깨달음은 어떤 효과가 있는 것일까? 이제 실비아는 다시 수치심이 찾아올 때 그 사실을 좀 더 일찍 인지할 것이다. 그 덕분에 더 빨리 한 걸음 물러나 자신에게 무슨 일이 일어났는지, 왜 그런 일이 일어났는지 생각하게 될 것이다. 그리고 수치심에서 벗어날 수 있는 '긍정적이고 건설적인' 방법을 취할 것이다.

원치 않는 정체성이 나를 지배한다

자신의 수치심 촉발제가 무엇인지 알아내기 위해선 우선 '원치 않는 정체성unwanted identity'이라는 개념을 이해해야 한다. 나는 인터뷰를 하며 여성의 수치심을 자극하는 열두 가지 항목을 정리할 수 있었다. 외모와 신체 이미지, 모성, 가족, 육아, 돈과 일, 정신과 육체 건강, 성생활, 나이, 종교, 전형화와 꼬리표, 자기 생각 말하기, 트라우마가 그것이다.

이 열두 가지 항목이 수치심을 자극하는 이유는 각각의 항목과 연관된 '원치 않는 정체성' 때문이다. 예를 들어, 많은 여성이 자기 생각 말하기와 관련해서 원치 않는 정체성으로 '수다쟁이', '너무 자기주장이 강한 사람' 같은 표현을 꼽았다. 남들이 싫어할 만한 의견이나 주장을 말하는 걸 기피하게 만드는 사회적 암시와 고정관념 때문에 힘들다는 이야기를 할 때 이런 특정한 원치 않는 정체성이 많이 거론되었다.

심리학자 타마라 퍼거슨 Tamara Ferguson, 하이디 에어 Heidi Eyre, 마이클 애쉬베이커 Michael Ashbaker는 '원치 않는 정체성'이 수치심의 가장 전형적인 원인이라고 주장했다.[1] 이상적인 자아상을 좀먹는 특성이라고도 설명했다. 이런 원치 않는 정체성은 타인이 덮어씌울 때도 있지만 자기 스스로 받아들일 때도 있다. 예를 들어, 자신을 강압적인 수다쟁이라고 말하거나 남들에게 그렇게 불리길 바라는 사람은 없다. 많은 여성이 이런 꼬리표가 붙을까 봐 자기 생각을 말하지 못하고 입을 다문다.

그렇다면 이런 원치 않는 정체성은 어디서 오는 걸까? 남성과 여성 모두를 대상으로 실시한 인터뷰에서, 상당수의 원치 않는 정체성이 부모나 1차 양육자에게서 들은 암시와 고정관념에서 비롯되는 것으로 나타났다. 선생님, 성직자 등 인생에서 중요한 역할을 하는 성인들이 아동의 사고형성에 큰 영향을 미치는 경우도 있다. 하지만 부모와 1차 양육자가 미치는 영향에 비할 수는 없다. 앞의 열두 가지 항목에 대해서 가족마다 긍정적으로 평가하는 정체성이 있고 반대로, 수치스럽거나 용납할 수 없다거나 보잘것없다고 느끼는 정체성이 있기 마련이다.

예를 들어, 우리 집에서는 '아프다'는 것이 원치 않는 정체성이었다. 우리는 질병에 대해서는 정말 단 한 번도 이야기하지 않았다. 우리 부모님이 병이나 건강 문제에 대해 부정적으로 말한 적은 없었다. 하지만 나는 자라면서 아픈 것을 나약한 것으로 믿게 되었다. 흥미롭게도, 우리 부모님은 우리가 아플 때 수치스럽게 여기지도 않았고 아픈 친척이나 이웃을 안타깝게 여기고 도와주셨다. 그런데 부모님은 자신들이 아플 때는 스스로에게 매우 엄격하게 굴었다. 좀처럼 아픈 적도 없었지만 어쩌다 아플 때면 부모님은 굳세게 이겨냈다. 아프다고 해서 할 일을 미루지도 않았다. 수술을 받고도 카풀 약속을 지키고 금세 다시 직장에 나갈 정도였다.

이렇게 자신이 아프다는 사실을 불편하게 여기는 부모님 밑에서 자랐으니 내게는 아픈 것이 원치 않는 정체성이 될 수밖에 없었다. 처음에는 이런 생각이 내게 별문제가 되지 않았다. 그런데 임신 후 몸이 굉장히 아팠고, 극심한 구토와 탈수 증상으로 입원까지 하게 됐다. 그런 와중에도 인터넷 접속이 가능한 입원실을 찾아 온라인 강의를 할까 아니면 침대에서 강의하는 내 모습을 동영상으로 만들어 학생들에게 보여줄까를 궁리했다. 그래야 내 강좌를 다른 강사에게 빼앗기지 않을 것 같아서였다.

나는 남편에게 계속 이런 말을 했다. "나한테 이런 일이 일어나다니 말도 안 돼. 난 강한 사람이야. 병 같은 거 걸릴 사람이 아니란 말이야." 결국 남편은 더 이상 참지 못하고 두 손으로 내 얼굴을 감싸 쥐고는 이렇게 말했다. "당신은 아픈 게 맞아. 그리고 지금 당장은 강하지도 않아. 당신은 우리와 똑같은 평범한 인간이야. 그러니까 이 상황을 받아들여야 해. 두 달 정도는 쉬어야 해. 지금 당신 심각한 상태야. 지금이야 말로 당신이 잘 아는 수치심 극복 방법을 사용해야 할 때야."

가족을 통해 학습한 고정관념은 쉽게 사라지지 않는다. 서서히 스며들고 가족들 사이로 번져나간다. 그런 암시가 자신의 삶에 왜 그리고 어떻게 영향을 미치는지 알게 된 후에도 우리는 그 암시대로 살고 심지어 다음 세대에게 그걸 물려주기까지 한다. 나는 우리 부모님이 질병과 나약함에 대한 암시를 의도적으로 심어주었다고 생각하지 않는다. 나이 들면서 좀 더 명확하고 포괄적인 관점으로 과거를 돌아볼 수 있게 되었는데 내 생각에 우리 부모님 역시 질병과 나약함에 대한 암시의 포로였던 것 같다. 두 분모두 강인함과 나약함에 대한 고정관념이 유전자에 박혀 있는 가정에서 자랐다. 그래서 자기도 모르는 사이에 그런 고정관념을 우리에게 전한 것이라고 생각한다.

나는 이 고정관념을 내 아이들에게 물려주는 악순환의 고리를 끊으려 노력하고 있다. 내가 아플 때 하는 행동이나 나 자신을 대하는 태도를 바꾸어야 한다. 남편도 많은 도움이 되었다. 남편은 '강한 것'은 운이 좋은 것과 비슷한 것임을 수시로 일깨워준다. 병에 걸린 것과 강인함은 아무 상관이 없으며 우리는 모두 취약하다고 말이다.

물론 가족은 진공상태처럼 외부와 격리될 수 없다. 개인과 마찬가지로 가족도 문화와 역사에 영향을 받는다. 나와 인터뷰한 60대 여성 디드러는 친정어머니 때문에 오랜 세월 수치심을 느끼며 살아왔다고 말했다. 그녀는 자기 집이 최고 수준은 아니지만 봐줄 만하다고 설명했다. 그렇지만 친정어머니는 디드러의 집에 올 때마다 여기저기 돌아다니면서 잔소리를 했다. "집 꼴이 이게 뭐니! 대체 넌 뭘 하고 사는 거니? 네가 여왕이라도 되는 줄 아니? 무슨 돈을 이렇게 펑펑 쓰는 거야. 애들은 제멋대로고 너는 마치 내일이 없는 것처럼 살고 있잖아. 네가 내 자식이라니 믿을 수가 없구나." 대공황 시기에 성장한 디드러의 친정어머니는 필요하지 않은 물건을 사는 것을 사치이자 낭비라고 생각했다. 사치와 낭비는 그녀가 딸의 수치심을 자극할 때 사용하는 원치 않는 정체성이었다.

물론 우리가 가족의 영향만 받는 건 아니다. 배우자, 동료, 친구, 공동체, TV와 잡지 같은 미디어도 끊임없이 우리에게 고정관념을 주입하고 수치심을 자극한다. 특히 40대 이하의 남녀가 문화적, 사회적 고정관념에서 비롯된 수치심 때문에 괴로워하는 비율이 높았다. 이 연령층은 미디어가 막대한 영향을 미치는 시대를 살고 있다. 그래서 이들에게는 가족과 더불어 미디어가 원치 않는 정체성을 정하는 기준이 되었다.

취약성을 인정하는 용기

수치심 촉발제를 알아내고 이해하는 것은 우리의 취약성vulnerability을 이해하는 것만큼 중요하며, 이는 힘의 근원이 된다. 취약한 것이 나약하다는 의미가 아님에도 우리는 취약성을 인정하기를 두려워한다. 예를 들어, 내가 좋은 엄마로 인정받는 걸 중요하게 생각한다는 것과 모성이 나의 취약한 부분이라는 사실을 받아들이면 이 문제에 관해 나의 수치심이 심해질까? 그렇지 않다. 수치심을 느낄 때 우리는 혼란, 두려움, 자기비난의 감정에 짓눌리기 쉽다. 그런데 내가 취약한 부분을 알고 수치심이 그로 인한 것임을 안다면, 왜 그렇게 느끼며 어떤 도움이 필요한지 본능적으로 알 수 있어 두려움, 혼란, 자기비난의 감정에서 빠져나올 가능성이 훨씬 커진다.

앞에 나왔던 내 쿠키 사건을 예로 들어보자. 나는 좋은 엄마가 되고 싶었고 남들이 나를 좋은 엄마라고 생각해주기를 바랐다. 누군가가 나에게 뭐라고 지적하거나, 나 스스로 '좋은 엄마'가 아니라는 느낌이 들거나 그런 행동을 하게 되면 내 수치심 촉발제가 작동한다. 그런데 이제는 '좋은 엄마'와 관련해서 수치심을 느껴도 별로 놀라지 않는다. 여전히 고통스럽고, 혼란스럽고, 두렵고, 자기비난의 감정이 들지만 내가 그 부분에 취약하다는 걸 몰랐을 때보다는 훨씬 빨리 대응하고 방어할 수 있게 되었다.

수치심을 느끼면 혼란스럽고, 두렵고, 자신을 비난하기 쉽다. 그러면 자신에게 선택권이 있다는 사실을 기억하기가 매우 어렵다. 안개 속을 헤매는 것처럼 막막하다. 수치심을 느낄 때 무력해지는 이유다. 딸의 선생님한테 거짓말을 하고 나서 나는 가까운 사람에게 내 마음을 털어놓아야 한다는 걸 알았지만 그렇게 하기까지 많은 용기가 필요했다. 자신의 수치심 촉발제나 취약성에 대해 아는 것이 얼마나 중요한가를 다음 사례를 통해 확인해보자.

- 부모님 집에 갔다 온 후에 꼭 심리치료사에게 상담을 받아요. 부모님이 나를 사랑한다는 건 나도 잘 알아요. 하지만 두 분은 뚱뚱하고 미혼이라는 이유로 저를 비난하고 수치심이 들게 만들어요. 모두를 위해 부모님 집에 가지만 그 후에는 상담을 받아야만 해요.
- 시어머니는 저와 남편이 돈을 너무 함부로 쓴다면서 우리를 수치스럽게 만들죠. 몇 년 동안 그런 일을 당해서 이제는 시어머니 앞에서는 절대로 돈 이야기를 안 해요. 이제는 서로 싸우지도 않고 시어머니를 전염병처럼 피하지도 않게 되었어요.

• 난임진단을 받고 2년이 지나서야 임신 축하 파티에 가지 말아야 한다는 사실을 받아들였어요. 30대에는 임신 축하 파티를 하는 친구들이 많잖아요. 그런데 저는 임신 축하 파티에 갈 때마다 분위기를 엉망으로 만들곤 했어요. 아이가 없어서 얼마나 자유롭고 편한지 모르겠다고 떠들어대기도 하고, 분만이 얼마나 끔찍하고 고통스러운지 묻기도 했어요. 내가 난임치료를 받는다는 사실을 아는 건 내 단짝친구 한 명뿐이었어요. 그런데 또 한 번 임신 축하 파티에 가서 진상을 부렸더니 친구가 내게 '못됐고 평소의 너답지 않다'라고 하더군요. 그러면서 난임 문제 때문에 그러는 거냐고 물었어요. 내가 아이를 갖지 못한다는 이유로 남의 임신 축하 파티를 엉망으로 만들었다는 걸 깨닫자 너무 부끄럽고 속상해서 울음이 터졌어요. 친구는 나를 위로해주었어요. 남의 임신 축하 파티에 더 이상 가지 않아도 괜찮다고 말해주었어요.

자신의 취약성을 이해하면 수치심 회복탄력성만 커지는 게 아니다. 건강심리학, 사회심리학을 비롯한 여러 분야의 연구에서 취약성을 이해하는 게 얼마나 중요한지에 대한 설득력 있는 증거들이 나오고 있다.[2] 건강심리학 분야에서는 취약성 인지, 즉 자신이 위험하다는 것을 알아차리는 능력이 긍정적인 건강요법을 유지할 가능성을 높여준다는 연구결과가 나왔다. 예를 들어, 우리가 모든 것을 속속들이 잘 알고 있는 질병이 있다. 이 병에 걸린 사람을 한눈에 척 알아볼 수도 있다. 하지만 자신이 이 병에 취약하다는 사실을 모르면 예방조치를 취하지 않을 것이다. 수치심 회복탄력성을 기르는 것과 마찬가지로, 얼마나 취약한가보다는 취약성 자체에 대해 얼마나 잘 아는가가 더 중요하다.

사회심리학 분야에서는 사람들이 광고와 홍보마케팅에 어떻게 영향받고 설득당하는지를 연구한다. 일련의 연구에서 자신은 대중을 현혹하는 광고에 영향을 받지 않는다고 생각하는 실험 참가자들이 사실은 그런 광고에 가장 취약하다는 결과가 나왔다. 이 결과에 대해 학자들은 다음과 같이 설명했다. "그런 환상은 결코 효과적인 방어막이 아니며, 오히려 자신을 진정으로 보호할 수 있는 반응을 약화시킬 뿐이다."

수치심 촉발제를 파악하고 이해하려면 우선, 취약성을 인정하는 것이 용기 있는 행동이라는 사실을 알아야 한다. 그리고 취약성을 나약함과 동일시하지 말아야 한다. 이 점에 있어서는 나는 참 운이 좋았다. 내 어머니가 취약성과 용기에 대해 많은 것을 가르쳐주셨기 때문이다.

1980년대 후반 내 어머니는 하나뿐인 남동생을 총격 사고로 잃었다. 외삼촌이 죽고 몇 달 지나지 않아 외할머니가 정신적으로 그리고 감정적으로 완전히 고장 나버렸다. 평생 알코올중독자로 살았던 외할머니는 아들을 잃은 슬픔을 극복할 감정적인 힘이 남아 있지 않았다. 외할머니는 몇 주일 동안 동네를 돌아다니며 외삼촌의 죽음에 대해 사람들에게 묻고 또 물었다. 아들의 죽음을 받아들일 수 없었던 것이다.

외삼촌의 장례식이 있고 며칠 지나지 않아 내 어머니는 완전히 무너져버렸다. 어머니가 그렇게 주체할 수 없을 정도로 펑펑 우는 모습은 처음 봤다. 나는 어머니의 그런 모습이 너무 무서워서 같이 울었다. 한참 뒤 나는 어머니에게 '그렇게 약한 모습'을 본 적이 없어서 우리가 어떻게 해야 할지 모르겠다고 말했다. 그러자 어머니는 나를 보며 사랑이 담겼지만 단호한 목소리로 이렇게 말했다. "엄마는 약하지 않아. 네가 상상하는 것보다 훨씬 더 강하단다. 다만 지금은 슬픔에 취약한 상태일 뿐이야. 만약 엄마가 약한 사람이었다면 진작 죽었을 거야." 그 말을 듣는 순간, 나는 어머니가 내가 아는 사람들 중에 제일 강하고 용감한 여성이라는 생각이 들었다. 어머니는 우리에게 '취약하다'는 단어를 쓸 수 있게 해주었을 뿐만 아니라, 자신의 취약성을 인정하는 것이 용기 있는 행동임을 가르쳐주었다.

보이고 싶은 모습 vs. 보이고 싶지 않은 모습

수치심 촉발제를 어떻게 알아차릴 수 있을까? 취약성을 인정하려면 무엇부터 시작해야 할까? 우선 수치심 항목들을 살펴보고 우리에게 수치심을 일으키는 '원치 않는 정체성'을 살펴보기를 권한다. 내가 남녀 모두를 인터뷰하면서 자주 들은 말이 있다.

• 나는 ＿＿＿＿＿＿＿한 사람으로 보이기 싫어요.
• 사람들이 나를 ＿＿＿＿＿＿＿ 라고 생각하는 게 싫어요.
• 사람들이 나를 ＿＿＿＿＿＿＿ 라고 생각하는 건 견딜 수가 없어요.

이런 말에서 알 수 있듯이 수치심은 '자각'의 문제다. 수치심은 타인의 눈을 통해 자신을 바라보는 방식이다. 수치심 경험에 대해 여성들과 인터뷰하면 이야기가 늘 '남들이 나를 어떻게 보는지' 아니면 '남들이 나를 어떻게 생각하는지'라는 식으로 이어진다. 자신이 되고 싶은 모습과 남들 눈에 보이는 자기 모습이 서로 다를 때도 많다. 예를 들어, 70대의 한 여성은 이렇게 말했다. "나 혼자 있을 때는 괜찮아요. 내가 변했다는 걸 나도 알아요. 행동도 느려졌고 모든 게 예전 같지 않거든요. 하지만 남들이 나를 그런 사람 취급하는 건 견딜 수가 없어요. 무시당하는 게 너무 수치스러워요."

또 다른 예로 신체이미지를 들 수 있다. 옷을 벗고 거울 앞에 서서 이런 생각을 할 때가 있다. "음, 완벽하진 않지만, 그럭저럭 봐줄 만하네." 하지만 누군가 내 몸을 본다고 생각하는 순간, 특히 비판을 잘하는 사람이 본다고 생각하는 순간 수치심이 뜨거운 파도처럼 밀려온다. 그래서 자기 혼자뿐인데도 서둘러 몸을 가린다. 일단 몸을 가리고서 '들켰다'는 생각을 머릿속에서 지워버리려 애쓴다. 그게 수치심이다.

다음은 각자의 수치심 촉발제를 알아내기 위해 내가 워크숍에서 사용하는 질문이다. 먼저 빈칸 채우기부터 시작하자. 아래의 질문은 열두 가지 수치심 항목(외모와 신체이미지, 모성, 가족, 육아, 돈과 일, 정신과 육체 건강, 성생활, 나이, 종교, 전형화와 꼬리표, 자기 생각 말하기, 트라우마)에 대해 섞지 말고 각각 개별적으로 답해야 한다.

- 나는 _____ , _____ , _____ ,
_____ 그리고 _____ 라는 사람으로
보이고 싶다.

- 나는 _____ , _____ , _____ ,
_____ 또는 _____ 라는 사람으로
보이고 싶지 않다.

간단한 문장이지만 열두 가지 항목과 연관 지어 이 질문을 생각해보는 것은 자신의 수치심 촉발제를 알아차리는 데 아주 효과적인 출발점이 될 수 있다. 단, 이것은 겨우 시작일 뿐이다. 쉬운 답이나 빠른 해결책 같은 건 없다.

다음 단계는 수치심 촉발제의 원인을 파헤치는 것이다. 인터뷰 참가자들은 자신의 수치심 촉발제에 대해 말하면서 비로소 그 촉발제가 어떻게 그리고 왜 생겼는지를 이해하기 시작했다. 실비아의 이야기가 좋은 예가 될 수 있을 것 같다. 실비아에게는 승자와 패자의 역학관계가 수치심 촉발제다. 이 수치심 촉발제는 경쟁이 심한 운동선수 생활을 할 때 아버지한테서 받은 엄청난 압력이 원인이 되었다.

자신이 가지고 있는 '원치 않은 정체성'을 찾아내는 데에는 다음 세 가지 질문이 도움이 된다.

1. 이런 모습이 나에게 어떤 의미가 있는가?
2. 왜 이런 모습을 원하지 않는가?
3. 이런 모습이 나쁘다는 생각은 어디에서 비롯되었는가?

수치심에 있어서 변화의 전제조건은 이해다. 행동을 변화시키겠다고 의식적으로 결심하려면 우선 자신이 무슨 생각을 하고 왜 그런 생각을 하는지 알아야 한다. 실비아도 자신이 가진 수치심의 원인을 제대로 알기 전까지는 승자와 패자라는 프레임을 이용해 다른 사람들이 수치심을 느끼게 만들곤 했다. 하지만 승자와 패자 프레임이 자신의 삶에 미친 영향을 인지하고 왜 그런 프레임을 악용하게 되었는지 깨닫자 행동을 바꿀 수 있었다.

프롤로그에서 우리는 수전, 카일라, 테레사, 손드라의 사례를 살펴봤다. 지금부터는 그들이 가진 수치심 촉발제가 무엇인지 그리고 원치 않는 정체성 때문에 어떤 경험을 했는지 알아보자.

수전 ▶ 언니와 대화하고 수치심을 느끼기 전까지 수전은 재취업을 진지하게 생각하고 있었다. 빈칸 채우기 훈련에서 수전은 모성이라는 개념에 초점을 맞췄다. 수전은 다음과 같이 빈칸을 채웠다. '나는 내 아이에게 헌신하고, 엄마의 역할을 그 무엇보다 중요하게 여기고, 자신감 넘치고 느긋한 사람으로 보이고 싶다. 나는 이기적이거나, 야망이 크거나, 무정하거나, 조바심치는 사람으로 보이고 싶지 않다.' 수전은 이 문장을 한참 보고 나서 언니의 말에 수치심을 느낀 게 당연했음을 깨달았다. "언니는 내가 가장 두려워하는 부분을 건드렸어요. 내 부모님은 아이 있는 여자가 일한다는 데 완전 반대하세요. 두 분은 이 세상의 모든 문제가 전통적인 가족 형태의 붕괴에서 비롯되었다고 생각하시죠. 언니도 부모님의 믿음에 물든 것 같아요. 우리 가족이 가진 고정관념에 '워킹맘과 전업주부'의 대결구도를 합치면 내가 어떤 압박을 받는지 알 수 있을 거예요.

카일라 ▶ 상사에게 아버지를 간병해야 하는 상황을 말한 후 카일라는 가정문제를 직장에까지 가져온다고 비난받았다. 카일라는 빈칸 채우기 훈련에서 직장생활에 초점을 맞춰 다음과 같이 썼다. '나는 능력 있고, 강인하고, 믿음직하고, 늘 집중하고, 최선을 다하는 사람으로 보이고 싶다. 나는 산만하거나, 믿음직하지 않거나, 지나치게 감정적이거

」나, 신경질적이거나, 건망증이 심한 사람으로 보이고 싶지 않다.' 카일
라는 자신이 쓴 문장을 한참 살펴보다가 중요한 사실을 깨달았다. 카
일라는 이렇게 말했다. "평소에는 프로답게 일 잘하던 동료들이 가끔
산만하거나 감정적으로 변하는 모습을 보일 때 난 그들을 비난하곤 했
어요. 왜 그런 행동을 하는지 무슨 문제가 있는지는 알아볼 생각도 안
했죠. '사적인 일은 사적인 공간에서만 처리해야 한다. 여기는 모두가
일하는 공적인 공간이다'라고 생각했거든요. 내가 왜 그런 생각을 갖
게 되었는지 모르겠어요. 아마 여기저기서 듣고 배웠겠죠. 게으른 사람
을 누가 좋아하겠어요. 사적인 일로 회사에서 고민하는 사람을 좋아할
리도 없고요. 부모님은 두 분 다 신문사에서 일하셨는데 프로셨어요.
감정을 드러내는 일도 없으셨죠. 직장의 경쟁적인 업무환경도 영향을
미친다고 생각해요. 여자는 두 배 더 열심히 일해야 해요. 원치 않는 정
체성이 여성을 몰아붙이니까요. 특히 내 상사인 낸시는 아주 최악이에
요. 그녀는 집안일 때문에 회사 업무에 영향을 받는 여직원이 있으면
'별일도 아닌 데 호들갑 떤다'고 공격하면서 지금껏 자기 자리를 지켜
온 사람이에요.

테레사 ▶ 완벽한 몸매, 완벽한 집, 완벽한 가족에 대한 집착 때문에 테
레사는 신경쇠약에 걸리다시피 했고 그 모습을 아이한테 들켰다. 그래
서 테레사는 빈칸 채우기 훈련에서 가족에 초점을 맞췄다. '나는 우리
가 즐겁고, 느긋하고, 잘 정돈되어 있고, 행복하고, 멋진 가족으로 보이
기를 바란다. 나는 내 가족이 스트레스가 많거나, 사이가 안 좋거나, 무
질서하거나, 불행한 가족으로 보이길 바라지 않는다.' 테레사는 자신이

바라는 '이상적인' 모습에 대해 말하기가 힘들다는 사실을 깨달았다. 그녀는 이렇게 말했다. "멋지게 보이는 걸 신경 쓰는 줄 꿈에도 몰랐어요. 그런 걸 바라다니 말도 안 돼요. 그런 가족 있잖아요, 모두가 잘 차려입고, 구겨지거나 지저분한 옷은 안 입는 사람들 말이에요. 엄마는 예쁘고, 아빠는 멋지고, 아이들은 굉장히 귀엽고, 집도 카탈로그에 나오는 것처럼 꾸며놓죠. 그런 가족들을 보다가 우리 가족을 보면 '남들은 저렇게 멋지게 사는데 나는 왜 이럴까', '저 사람들한테는 내가 모르는 비밀이 있는 걸까'라는 생각을 해요. 우리는 어디를 가든 늘 늦어요. 간신히 막내 옷을 다 입히면 큰애가 옷을 엉망으로 만들어놓는 식이거든요." 자신이 바라는 이상적인 모습의 가족을 본 적 있느냐는 질문에 테레사는 잠시 생각하다가 이렇게 대답했다. "있어요. 내가 어렸을 때 우리 친정집이 그렇게 완벽했어요." 그녀의 가족은 겉으로 보기에 늘 완벽했고 사람들은 어머니를 칭찬했다. 테레사는 어머니가 외모를 굉장히 중요시해서 늘 체중에 신경 쓰고 우아하게 차려입었다고 말했다. "하지만 그렇게 하는 데에는 대가가 따랐어요. 매일 밤 우리가 잠자리에 들고 나면 엄마는 술을 마셨어요. 부모님 사이도 좋지 않았어요. 엄마는 몇 해 전에 술을 끊었는데 우리는 그 이야기를 하지 않아요. 이 문제에 대해서는 아예 아무 말도 하지 않아요."

손드라 ▶ 손드라는 금세 자신의 수치심 촉발제를 찾아냈다. 그녀는 이렇게 적었다. '나는 멍청하고, 틀린 말만 하고, 무식하고, 못 배운 사람으로 보이는 게 싫다. 나는 똑똑하고, 책을 많이 읽고, 박식하고, 지적이고, 말 잘하고, 열정과 지식을 고루 갖춘 강한 여자로 보이고 싶다.'

손드라는 자신이 쓴 글에 대해 이렇게 설명했다. "내가 시동생과 정치와 종교에 대해 대화할 때 창피하다는 남편의 말에 다시는 시동생과 그런 대화를 하지 말아야겠다고 생각했어요. 남편은 자기 말이 나한테 얼마나 상처가 될지 잘 알고 있었어요. 그런데도 나한테 치명타를 날린 거죠." 손드라는 자신의 부모가 '자신감을 갖고 자기 생각을 당당하게 말하라'라고 가르쳤지만 그렇게 했을 때 어떤 대가가 따르는지는 알려주지 않았다고 설명했다. 자라면서 선생님들한테 야단맞고, 목사한테서 말도 안 되는 소리만 한다는 핀잔을 듣고, 남편한테서도 늘 '입좀 다물라'는 소리를 듣고, 심지어 시집 식구들한테서까지 성질이 급하고 자기주장이 너무 강하다는 소리를 들었다고 했다.

위 사례처럼 수치심 촉발제를 알아보는 워크숍에서 이 훈련을 할 때 살펴보면 사람들에게는 가진 몇 가지 공통적인 문제가 있다. 첫째, 우리는 자신에게 매우 엄격하다. 이상적인 정체성과 원치 않는 정체성을 생각할 때 우리는 자신에게 인간적인 모습을 거의 허락하지 않는다. 둘째, 우리는 자라면서 듣고 배운 암시가 가진 힘을 부정할 수 없다. 셋째, 우리 대부분은 자신이 가진 단점을 똑같이 가지고 있는 사람들을 비난한다.

워크숍에서 이 훈련을 할 때 나는 참가자들에게 '이상적인 정체성'과 '원치 않는 정체성' 중 어느 쪽 빈칸을 채우는 게 더 힘든지 묻곤 한다. 결과는 거의 늘 반반이다. '이상적인 정체성'을 적는 것이 더 힘들다는 사람은 자신이 그런 모습에 많은 가치를 두고 있음을 다른 사람이 안다고 생각하는 것만으로도 수치심을 느꼈다. '원치 않는 정체성'을 적는 것이 더 힘들다는 사람은 그런 목록을 보는 것만으로도 고통스럽고 두렵다고 말했다.

이 훈련에는 매우 중요한 세 번째 질문이 또 있다. 원치 않는 정체성 목록을 잘 살펴보고 자신에게 이렇게 물어보자.

'남들이 나를 이 목록에 있는 모습의 사람이라고 생각한다면 그들이 보지 못한 나의 중요하고 멋진 점은 무엇이 있을까?'

예를 들어, 카일라의 동료들이 그녀를 '주의가 산만하고, 믿을 수 없고, 너무 감정적이고, 건망증이 심한 동료'라고 생각한다면 그들은 카일라가 자기 일에 최선을 다하고, 재능이 많고, 열성적이고, 스트레스 많고 힘든 상황을 헤쳐나가기 위해 최선을 다하는 착한 딸이라는 사실을 간과하는 셈이다. 우리는 누구나 장단점을 모두 가진 복잡하고 취약한 존재이며, 이 것이야말로 인간다운 모습이다. 이 사실을 인정해야 한다.

다가갈 것인가, 맞설 것인가, 물러날 것인가

때로는 수치심 촉발제를 확인하는 것이 더 위험하다는 생각이 들 수도 있다. 그런 게 존재하지 않는 척하는 것이 더 편하다는 생각이 들 때도 있다. 하지만 사실은 그렇지 않다. 우리가 수치심 촉발제를 확인하든 존재하지 않는 척하든 상관없이 우리의 감정, 생각, 행동은 그것의 영향을 받는다. 그러니 수치심 촉발제를 확인하고 이해하는 것만이 우리가 변할 수 있는 길이다.

지금부터는 '수치심 연막shame screen'이라는 개념을 소개하려고 한다. 수치심을 인지하지 못하고 수치심을 유발하는 사회적 암시와 기대를 이해하지 못하면, 우리는 수치심 연막 뒤에 숨게 된다. 수치심 연막 뒤에 숨는 것은 아무 도움도 안 될뿐더러 오히려 수치심을 더 부추길 수 있다.

'수치심 연막'이라는 개념을 생각해낸 건 처음 진행했던 100건의 인터뷰 자료를 분석한 이후였다. 수치심에 대해 예측할 수 없는 방식으로, 때로는 무의식적으로 반응한다는 말을 들으며 나는 한 가지 공통점을 발견했다. 그것은 수치심을 느낄 때 무슨 수를 써서라도 숨거나 자신을 방어하고 싶은 욕구가 간절해진다는 것이다. 수치심에 대한 방어적인 반응에 대해 생각하는 동안 내 머릿속에는 연막탄이 계속 떠올랐다. 군인들이 적에게 들키지 않기 위해 짙은 연기를 피우는 폭탄 말이다.

안타깝게도 연막은 수치심에 대응하는 데에는 효과적이지 않다. 우리가 상대하는 건 탱크나 보병부대가 아니라 사람과 인간관계다. 우리를 상처 주거나 수치스럽게 만들거나 화나게 하는 사람을 만났을 때 연막탄을 터뜨려 연기 뒤에 숨을 수 있다면 얼마나 좋을까? 하지만 수치심 연막 속에 숨으면 그 연기를 마시고 숨이 막혀 기침이나 하고 괴로울 뿐이다.

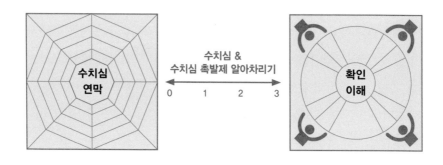

수치심을 느낄 때 제일 먼저 나타나는 방어기제는 대개 우리도 모르는 사이에 작동한다. '투쟁-도피 혹은 경직 반응'이 바로 그것이다. 하버드대학교 출신 심리학자 쉘리 우람Shelley Uram 박사는 대부분의 사람이 교통사고나 재난 같은 큰 사건만 트라우마를 남긴다고 여기면서, 똑같은 뇌 생존반응을 일으키는 작고 사소한 트라우마는 간과하는 경향이 있다고 지적한다.[3] 우람 박사의 연구를 공부하고 나서 나는 초기의 수치심 경험, 특히 부모와 양육자와 관련된 경험이 우리 뇌에 트라우마로 남을 수 있다는 생각이 들었다. 그런 이유로 비난받고, 놀림받고, 거부당하고, 수치심을 느낄 때 고통스러운 신체반응이 나타나기도 하는 것이다. 우람 박사의 설명에 따르면 우리 뇌는 겉으로 잘 드러나는 충격적인 경험과 은밀하고 사소하고 조용한 경험을 구분하지 않는다. 그냥 둘 다 똑같이 '우리가 통제할 수 없는 위협'이라고 받아들인다.

'상처 기억하기'와 '상처 경험하기'에 대한 연구를 통해 우람 박사는 우리가 과거를 기억할 때 자신은 현재에 존재하며 지나간 일을 떠올리는 것이라는 사실을 분명히 인지한다고 설명한다. 그렇지만 과거에 트라우마를 남긴 일을 현재에 다시 경험하게 되면 그때 느꼈던 감각을 다시 경험하게 된다. 상처를 '기억'하는 것이 아니라 상처를 '경험'하게 되는 것이다. 수치심을 느낄 때 한없이 초라하고 무력하게 느껴지는 것도 바로 그 때문이다.

일차적으로 나타나는 방어기제인 '투쟁-도피 혹은 경직 반응' 다음에는 '단절 전략'이라는 좀 더 복잡한 수치심 연막이 등장한다. 관계문화 이론가인 린다 하틀링Landa Hartling 박사는 인간의 반응을 '다가가기moving toward, 맞서기moving against, 물러나기moving away'의 세 가지 형태로 구분한 캐런 호니Karen Horney의 연구를 바탕으로 우리가 수치심에 대응할 때 사용하는 단절 전략을 설명한다.[4] 하틀링 박사에 따르면 수치심을 느낄 때 움츠러들고, 숨고, 입을 다물고, 비밀로 감추는 '물러나기', 즉 멀어지고 외면하는 반응을 보이는 사람이 있다. 반대로 타인을 달래고 기쁘게 하기 위해 접근하는 '다가가기' 반응을 보이는 사람도 있다. 타인에게 힘을 행사하고, 대들고, 공격하고, 상대가 수치심을 느끼게 해서 자신의 수치심을 없애려고 하는 '맞서기' 반응을 보이는 사람도 있다.

최근 실시한 워크숍에서 나는 이 세 가지 유형을 a, b, c로 표시하여 단절 전략에 관해 설명했다. 그러자 한 여성이 손을 들더니 이렇게 물었다. "그보다 더 문제가 되는 d도 있나요?" 이 질문에 다들 웃음을 터뜨렸다. 나는 우리 대부분이 d에 속한다고 생각한다. 대부분은 이 세 가지 단절 전략을 모두 이용한다. 나 역시 수치심을 느낀 상황이나 이유, 누구와 함께 있는지에 따라 이 세 가지 단절 전략을 모두 사용했다. 나보다 힘이 센 사람(상사, 전문가 등)이나 좋은 모습을 보여주고 싶은 사람(새 친구, 직장 동료 등)을 상대할 때는 맞서기 전략을 쓰지 않는다. 이런 상황에서는 '다가가기' 또는 '물러나기' 전략을 택한다. 가슴 아프게도 나는 가족, 친한 친구처럼 가장 가까운 사람들에게는 맞서기 전략을 쓰는 것 같다. 가장 가까운 사람들에게는 분노와 두려움을 표현해도 뒤탈이 없을 것 같아 마음이 놓이기 때문이리라.

수치심 연막은 오랜 시간에 걸쳐 만들어진다. 때로는 수치심에 대응하는 방식이 우리 안에 너무 깊이 숨어 있어서 스스로 알아차리지 못할 때도 있다. 다른 사람들의 이야기를 책으로 읽거나 듣고 나서야 비로소 자신의 수치심 대응방식을 깨닫는 경우도 있다. 그렇지만 그저 머리로 알기만 해서는 안 된다. 알게 된 것을 행동으로 옮겨야 한다. 다른 사람들과 함께해야 변화할 수 있다. 가족이나 친구들과 함께할 수도 있지만 심리치료사나 상담사같이 변화의 과정을 도와줄 사람의 힘을 빌려야 할 때도 있다.

또 하나 기억해야 할 것이 있다. 수치심 회복탄력성이 한 번에 모든 걸 다 해결해주지는 않는다는 사실이다. 내가 지금까지 오랜 시간 힘들여서 내 경험을 분석했으니 그 대가로 '더 이상 나는 수치심 연막을 쓰지 않는다'라고 자신 있게 말할 수 있을 거라 생각한다면 큰 오산이다. 나는 지금도 아무 효과 없는 수치심 연막을 쓸 때가 있다. 그런 일은 늘 일어난다. 대신 예전보다 수치심 연막에서 빨리 빠져나오고 악영향도 훨씬 덜 받을 뿐이다.

다음 훈련은 자신의 수치심 연막을 알아내는 훈련이다. 수치심을 느끼는 열두 가지 항목과 각 항목과 관련된 수치심 촉발제를 생각해보면서 구체적인 수치심 경험을 떠올려보자. 당시에 여러분은 어떻게 반응했나? 그 반응에 일정한 패턴이 있는가? 그런 상황에서 자신을 어떻게 방어했나?

수전, 카일라, 테레사, 손드라의 경험담을 살펴보자.

수전 ▶ 나는 '물러나기'나 '다가가기' 전략을 쓰는 게 확실해요. 갈등을 싫어하거든요. 공격적이거나 심술궂게 굴지도 않아요. 그냥 모든 사람을 행복하게 해주려고 노력해요. 물론 마음대로 되지 않아서 화가 나지만요. 엄마와 언니한테 그들이 하는 말 때문에 수치심을 느낀다고 말하기 쉽지 않을 것 같아요. 아직은 그런 말을 할 준비가 안 되었어요. 하지만 언젠가는 하겠죠.

카일라 ▶ 흉보면서 닮는다는 말이 있잖아요. 내가 바로 그런 경우예요.

상사인 낸시처럼 행동하고 그녀가 하는 말을 따라 하는 것 같아요. 그게 내가 낸시를 상대하는 방식이에요. 싸워 이길 수 없다면 같은 편이 되자, 그런 식이죠. 그런데 당하는 상대방이 얼마나 힘들지는 미처 깨닫지 못했어요. 나는 '다가가기'와 '맞서기'를 혼용하는 거 같아요. 낸시와 함께 있으면 나는 아첨꾼이 돼서 굳이 말할 필요 없는 비밀까지 다 털어놔요. 그러고는 낸시가 나를 수치스럽게 만들었던 문제를 가지고 다른 동료를 수치스럽게 만들어요. 그게 내 수치심 연막이에요.

테레사 ▶ 나는 '다가가기' 유형이 확실해요. 남들 기분을 맞춰주고 남들의 요구와 기대에 맞추려고 애써요.

손드라 ▶ 나는 전부 다예요. 가만히 있을 때도 있고, 내 생각을 말할 때도 있고, 대들 때도 있어요. 뭐든 다 해요. 이번에는 상황이 어떻게 돌아가는지 이해할 때까지 가만히 있었어요. 내 딸들에게 그런 행동을 물려주고 싶지는 않아요. 그건 너무 위험해요. 나는 물러나고 외면하는 유형인 것 같아요. 특히 남편과 관련해서는 더 그래요. 어차피 그 사람이 소란스러운 내 평소 모습은 무시할 테니까 그에 대한 일종의 벌 같은 거죠.

다음 장에서는 수치심 촉발제에 대한 '현실점검'의 중요성에 대해 살펴보려고 한다. 현실을 파악하면 원치 않는 정체성과 수치심을 유발하는 사회공동체의 기대 사이에 어떤 연관성이 있는지 알 수 있고, 이런 이해는 수치심 회복탄력성을 기르는 데에 도움이 된다.

4장.

휘둘리지 않으려면
한발 물러서서
보라

_두 번째 훈련 비판적 인식 실천하기

2년 전 나는 의과 대학생, 레지던트, 의료진을 대상으로 하는 점심 강의를 한 적이 있다. 제약회사를 비롯한 협찬사들이 참석자들에게 점심을 제공했다. 수업이 시작되고 수치심과 건강에 대해 20분쯤 이야기한 후 '비판적 인식critical awareness'에 대한 설명을 시작했다. 청중들은 점심을 먹는 데 정신이 팔려 강의에 집중하지 않고 있었다. 나는 갑자기 "피자 어때요?"라고 질문을 던졌다. 그러자 다들 씹던 걸 멈추고 몸을 앞으로 내밀며 멍한 얼굴로 나를 빤히 바라보았다.

나는 텅 빈 피자 상자들이 쌓여 있는 긴 탁자를 가리키며 말했다. "저는 저 탁자에 피자가 있었고 여러분 모두가 두 조각씩 가지고 자리에 앉았다는 걸 알아요. 그게 바로 인식입니다." 수강생들은 무슨 말인지 못 알아듣는 얼굴이었다. 나는 다시 이렇게 말했다. "저는 여러분의 점심시간이 부족하며 제약회사가 여러분을 이 자리에 참석하게 하려고 점심을 제공한다는 걸 압니다. 피자가 없다면 여러분은 이 강의에 오지 않았을 거고 여러분은 제가 하는 이야기를 못 들었겠죠. 그런데 그보다 더 중요한 것은 제약회사의 최신 로고가 찍힌 펜과 메모지도 받지 못했을 테고 그러면 환자들은 여러분이 그걸 들고 다니는 모습을 보지 못했겠죠. 이런 게 바로 비판적 인식입니다."

수강생들은 고개를 돌려 서로를 보고는 다시 내게로 시선을 돌렸다. 그리고 일제히 자신들의 접시를 내려다보았다. 나는 미소를 지었다. "인식은 무언가가 존재한다는 걸 아는 것이고, 비판적 인식은 그것의 존재 이유, 작동방식, 사회에 미치는 영향과 이득을 얻는 자에 대해 아는 것입니다." 그때부터 수강생들이 내 이야기에 귀를 기울이기 시작했다.

줌아웃하면
큰 그림이 보인다

비판적 인식은 비판적 자각critical consciousness 또는 비판적 관점critical perspective이라고도 불린다. 이것은 개인의 경험과 사회시스템의 관계를 이해하면 개인의 힘을 키울 수 있다는 믿음이다. 우리는 개인의 삶과 사회적 · 정치적 · 경제적 영향 사이의 관계를 어떻게 바라봐야 할지에 대해 배우지 못했다.

수치심은 사진기의 줌렌즈처럼 작동한다. 수치심을 느끼면 줌렌즈는 우리를 확대해서 결함이 있는 자신, 홀로 힘겨워하는 모습을 잡아낸다. 그러면 우리는 이렇게 생각한다. "이런 사람은 나 하나뿐이야. 나는 뭔가 잘

못됐어. 나만 이런 거야."

하지만 그때 줌아웃하면 시야가 완전히 달라진다. 나와 같은 문제로 괴로워하는 사람들이 많이 보이기 시작한다. '나 하나만 이런 거야'라는 생각 대신 '저 사람도 나처럼 괴로워하잖아? 그럼 내가 정상인 거야? 나만 문제 있는 줄 알았는데 아니잖아!'라는 생각이 들기 시작한다. 일단 큰 그림을 보고 나면 우리의 수치심 촉발제와 수치심을 자극하는 사회공동체적 기대의 연결고리를 좀 더 쉽게 이해할 수 있다.

나는 이 개념을 적용하는 것이 비판적 인식을 배우는 가장 좋은 방법이라고 생각한다. 외모와 신체이미지 문제부터 시작해보자. 이 문제를 예로 드는 이유는 이것이 가장 일반적인 수치심 촉발제이기 때문이다. 큰 그림을 이해하기 위해서 우선 외모에 대한 다음의 큰 그림 질문들에 답해보자.

1. 외모에 대한 사회공동체의 기대는 무엇인가?
2. 왜 그런 기대가 존재하는가?
3. 그런 기대는 어떻게 작용하는가?
4. 우리 사회는 그런 기대로 인해 어떤 영향을 받는가?[1]
5. 그런 기대로 이익을 얻는 사람은 누구인가?[2]

나이, 인종, 민족 등 상황에 따라 다양한 답이 나올 수 있는데, 그중에서 일반적으로 많이 나왔던 대답들을 살펴보자.

| 외모에 대한 사회공동체의 기대는 무엇인가? |

사회적 시각에서 볼 때 외모에는 머리, 피부, 화장, 몸무게, 옷, 신발, 손

톱부터 태도, 자신감, 나이, 재산까지 많은 것을 포함한다. 여기에 자신이 속한 공동체의 특별한 기대를 더한다면 머리카락 길이, 피부색, 치아, 안색, 옷차림과 장신구도 포함될 수 있다.

| 왜 그런 기대가 존재하는가? |

실현할 수 없는 이상적 상태를 달성하는 데에 돈, 시간, 에너지 같은 소중한 자원을 쓰게 만들기 위해서다. 예를 들어, 미국인들은 매년 교육보다 외모에 더 많은 돈을 쓴다.

| 그런 기대는 어떻게 작용하는가? |

눈에 띄게 영향을 미치기도 하지만 보이지 않게 영향을 미치기도 한다. 예를 들어, 패션잡지나 TV를 보면 '이런 모습을 해야 하는구나', '이렇게 입고 이렇게 행동해야 하는구나'라는 생각이 든다. 결국, 자신도 모르게 그런 모습이 되지 않으면 존재감 없는 사람이 된다는 생각을 하게 된다.

| 우리 사회는 그런 기대로 인해 어떤 영향을 받는가? |

다음의 통계자료가 그 답이 될 수 있을 것이다.

- 미국에서는 약 700만 명의 소녀와 여성이 섭식장애를 앓고 있다.
- 대학 재학 연령 여성의 19%가 폭식증 환자다.
- 섭식장애는 미국 여성이 세 번째로 많이 앓는 만성질환이다.
- 아주 어린 소녀들도 자신이 뚱뚱하고 못생겼다는 생각에 다이어트를 하

는 것으로 나타났다. 10세 여아의 81%가 최소 한 번 이상 다이어트를 경험했다고 답했다.

• 자신이 뚱뚱하다고 생각한 여학생 집단이 자살을 심각하게 고려하거나 시도한 확률이 가장 높았다.

• 18세 이상 여성 중 80% 이상이 거울 속 자신의 모습을 불만족스럽게 생각한다고 한다. 문제가 없는데도 거울에 비친 자신을 보고 추하고 뚱뚱하다고 생각하는 여성이 점점 늘고 있다.

• 전체 미용시술의 90%에 달하는 1,070만 건의 시술을 여성이 받았다. 여성의 미용시술 횟수는 2003년 이후로 49% 증가했다.

| 그런 기대로 이익을 얻는 사람은 누구인가?|

모발업계, 다이어트업계, 피부미용업계, 화장품업계, 향수업계, 성형업계

우리가 외모에 대한 사회공동체의 기대를 맹신하고 복종하기를 바라는 사람들이 이렇게 많다. 자기 자신을 뚱뚱하고, 못생겼고, 늙었다고 생각하지 않으면 그들은 물건을 팔 수 없다. 그러니 강요는 계속된다.

이런 큰 그림을 보는 질문을 스스로 던져보면 비판적 인식이 발달하게 된다. 이제 다음 단계는 앞에서 본 정보들을 이용해 우리가 가진 수치심 촉발제의 실체를 파악하는 것이다. 현실을 점검하는 다음 질문들의 답을 생각해보자.

• 내가 가진 기대는 얼마나 현실적인가?

- 나는 그 기대를 항상 따를 수 있는가?
- 내가 가진 기대가 서로 상충하지는 않는가?
- 내가 가진 기대는 '내가 되고 싶은 모습'인가 아니면 '남들이 원하는 모습'인가?
- 만약 누군가가 나를 '원치 않는 정체성'으로 여긴다면 무슨 일이 생길까?
- 남들이 나를 어떻게 생각할지를 내가 통제할 수 있을까?

앞에서 소개한 적 있는 질리언은 두 번째 인터뷰에서 이 질문들에 다음과 같이 대답했다. 질리언의 '이상적인 정체성'은 날씬하고, 섹시하고, 자신감 넘치고, 자연스럽고 젊은 모습이었고, '원치 않는 정체성'은 뚱뚱하고 촌스럽고 지친 중년여성의 모습이었다.

- **내가 가진 기대는 얼마나 현실적인가?** 전혀 현실적이지 않아요. 나는 중년여성이고 많이 피곤해요. 늘 지쳐 보이는 건 아니지만 나이는 바꿀 수 없잖아요. 앞으로도 나는 절대 날씬하고 섹시해질 수 없을 거예요. 맨 처음 이 과정을 시작했을 때만 해도 내 기대가 현실적이라고 생각했어요. 그런데 나 자신에게 요구하는 기대와 나를 비교하는 이미지에 대해 배울수록 절대 그렇게 될 수 없다는 걸 깨달았어요. 패션잡지에 나오는 여자들은 많아봤자 스무 살이에요. 내가 아무리 섹시하고 날씬해진대도 영화배우처럼 되는 일은 없을 거예요. 하지만 40대처럼 보이고 싶지 않은 게 진심이에요. 전에 본 광고에서 모델이 이렇게 말했어요. "내 나이는 신경 안 써요. 하지만 내 나이로 보이고 싶지는 않아요." 왜 자기 나이로 보이기 싫다는 거죠? 만약 그 모델이 '여러분! 나이 마흔이 되면 다 이렇게

되는 거예요!'라고 말했다면 우리 모두 자기 나이대로 보이는 걸 부끄럽게 여기지 않을 거예요.

- **나는 그 기대를 항상 따를 수 있는가?** 절대 그럴 수 없어요. 물론 괜찮아 보일 때도 가끔 있어요. 내 외모에 자신이 생길 때도 있고요. 그렇지만 늘 아름다워 보이는 건 아니기 때문에 나 자신을 못살게 굴어요. 집에 있을 때 늘어난 잠옷에 맨발로 머리를 질끈 묶고 있는 나를 보면 '완전 게으름뱅이 꼴이네'라는 생각이 들어요. 집에서도 섹시한 속옷을 입어야 하는 거 아닐까 싶고요. TV 광고가 점점 싫어져요.

- **내가 가진 기대가 서로 상충하지는 않는가?** 맞아요! 정신을 번쩍 들게 하는 질문이네요. 남들이 나를 뚱뚱하고 지저분하다고 생각할까 봐 걱정하면 자신감이 사라져요. 하지만 숨 막히게 꽉 죄는 거들을 입고 있을 때는 자연스러워 보이지 않아요. 자연스럽고 자신감 넘치는 모습은 억지로 꾸민다고 되는 게 아니잖아요. "나는 50살이고 이게 내 자연스러운 모습이다. 마음에 안 든다고 해도 난 괜찮다"고 말하는 여성들을 보면 존경스러워요.

- **내가 가진 기대는 '내가 되고 싶은 모습'인가 아니면 '남들이 원하는 모습'인가?** 둘 다예요. 자신감 있고 자연스러운 모습이면 좋겠고 남들도 나를 그런 사람으로 봐주면 좋겠어요. 사실 섹시하고 날씬한 건 그렇게 중요하지 않아요. 나는 건강하고 싶어요. 어리고 섹시해 보이고 싶은 건 그냥 그래야 할 것 같아서예요. 이 문제에 대해 남편과 많은 이야기를 나눴어요. 남편은 이 문제가 나한테 얼마나 상처가 되는지 몰랐다며 충격을 받았어요.

- **만약 누군가가 나를 '원치 않는 정체성'으로 여긴다면 무슨 일이 생길까?**

예전에는 사람들이 나를 뚱뚱하고 촌스럽고 나이 들었다고 생각하면 무척 당황스러웠을 거예요. 지금은 그게 수치심이라는 걸 알아요. 아마 아무 일도 안 일어날 거예요. 그냥 놀림당했다는 느낌이 들겠죠. 하지만 솔직히 말하자면, 나 자신을 빼고는 나한테 그런 말을 할 사람이 없을 거라고 생각해요.

• **남들이 나를 어떻게 생각할지를 내가 통제할 수 있을까?** 수치심에 대해 배우기 전에는 남들이 나를 어떻게 생각할지를 내 마음대로 통제할 수 있다고 생각했어요. 하지만 지금은 누구도 그렇게 할 수 없다는 걸 알아요. 남의 생각을 통제하려는 게 승산 없는 싸움이라는 걸 알기에 예전만큼 애를 쓰지는 않지만, 그래도 여전히 그런 생각을 할 때가 있긴 해요. 전에는 남이 나를 심판할 만한 상황을 피하는 것으로 남의 생각을 통제하려고 했어요. 수영복을 입지 않기 위해 수영장에 가도 수영을 안 했어요. 그랬더니 이번에는 수영을 안 한다는 이유로 나를 비판하고 비난하더군요. 결국 내가 뭘 하든 나에 대한 남의 생각을 통제하기란 불가능하더라고요.

질리언의 대답을 보면 수치심 촉발제에 대한 현실점검이 쉽지만은 않다는 것을 알 수 있을 것이다. 아니, 큰 그림에 대한 이해 없이는 거의 불가능하다고 할 수 있다. 질리언은 외모 문제와 미디어로부터 한발 물러나 줌아웃했다. 그러자 자신에게 결점이 있어서 사회의 기대를 따르지 못하는 것으로 보이지 않았다. 질리언은 이것이 여성으로 하여금 자기 외모에 불만을 갖게 만드는 데 탁월한 미용업계와 모든 여성 사이에 벌어지는 대결임을 알게 됐다. 이제 그녀는 자신의 수치심 촉발제가 어떻게 작용하고,

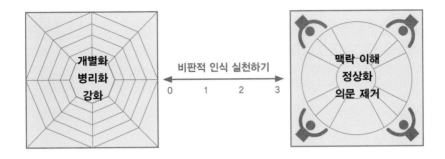

어떻게 영향을 미치는지 잘 이해하는 것 같다.

두 번째 인터뷰에서 질리언은 이렇게 말했다. "지겨워요. 한두 번 생각해본다고 해서 알 수 있는 일이 아니에요. 끊임없이 스스로에게 상기시키지 않으면 다시 예전으로 돌아가게 돼요. 정말 힘들어요. 특히 주위에 있는 사람들이 이해해주지 않으면 더 힘들어요."

질리언 말이 맞다. 그래서 '비판적 인식 실천하기'가 필요하다. 비판적 인식 실천은 위의 질문과 대답을 통해 배운 사실에 각자의 경험을 연관지어 생각하는 것을 의미한다. 다음과 같은 세 가지 실천을 통해 우리는 수치심 회복탄력성에 한 걸음 더 가까이 다가갈 수 있다.

- 맥락 이해(큰 그림을 본다)
- 정상화(나만 이런 게 아니다)
- 의문 제거(내가 아는 것을 다른 사람과 공유한다)

연관성 찾기에 실패하면 다음과 같은 이유로 수치심이 늘어난다.

- 개별화(나만 이런 것이다)
- 병리화(나는 뭔가 문제가 있다)
- 강화(나는 수치심을 느껴야 한다)

이번엔 프롤로그에 소개했던 수전과 카일라가 비판적 인식 실천하기를 자신들의 상황에 어떻게 적용했는지 살펴보자.

수전 큰 그림과 현실점검 질문들에 답하고 나서 수전은 이렇게 썼다. "내가 이렇게 '모성' 전쟁 한복판에 있다는 사실이 놀랍다. 나는 정치적인 사람도 아니고 워킹맘과 전업주부에 대해서도 어느 한쪽으로 치우친 의견을 갖고 있지도 않다. 시간제 근무로 다시 일하겠다는 지극히 개인적인 내 결정이 언니를 그렇게 화나게 할 거라고는 생각도 못 했다." 수전은 계속해서 이렇게 썼다. "이런 압박으로 이득을 보는 사람이 누군지 모르겠다. 엄마들에겐 절대 이득이 없다. 이 글을 쓰기 전까지는 내가 다른 사람들 생각에 이렇게까지 신경을 쓰는지 정말 몰랐다. 나는 나 자신이 헌신적이고 좋은 엄마라는 걸 안다. 다른 사람들이 나를 그렇게 보든 말든 내가 왜 신경 써야 하나?" 마지막으로 수전은 사람들, 특히 친정어머니와 언니가 자신을 어떻게 생각할지 통제하려는 마음을 포기하는 게 가장 힘들었다고 썼다. "나는 이건 나와 우리 가족을 위해 잘한 결정이라고 두 사람을 설득하고 있다. 나는 그들이 생각을 바꿨으면 좋겠다. 물론 그렇게 되지 않을 수도 있다. 내 마음대로 그들 생각을 바꿀 수는 없으니까. 그게 안타깝다."

카일라 비판적 인식에 대한 질문을 쭉 읽어보고 나서 카일라는 다음과 같이 간단하지만 힘 있는 답을 썼다. "지금까지 나를 수치스럽게 만드는 메시지들을 믿었다." 카일라는 자신의 상사 낸시를 존경하고 일과 가정 사이에서 쩔쩔매는 데 대해 가혹하게 대하는 그녀의 생각과 말에 신경을 썼다고 설명했다. 카일라는 다음과 같이 썼다. "그런 태도로 이득을 보는 사람은 아무도 없다. 단 한 사람도 없다. 모두가 회사 밖에서는 각자의 삶이 있고 그 삶이 힘들 수도, 그렇지 않을 수도 있다. 여자만 그런 게 아니다. 사무실에 아이가 아픈 남자 직원이 있었는데, 너무 힘들어서 결국 회사까지 그만뒀다. 그 일이 있었을 때 나는 안타까웠지만 나서서 뭐라고 말을 할 정도는 아니었다." 나는 카일라에게 가정문제에 대한 회사의 비공식적인 태도가 회사에 이득을 가져다주느냐고 물었다. 카일라는 잠시 생각하더니 이렇게 대답했다. "아니요, 그렇지 않아요. 모두들 너무 스트레스를 받아요. 아들 때문에 회사를 그만둔 남자 직원은 정말 일을 잘했어요. 정말 필요한 직원인데 떠나 버렸죠." 카일라는 다른 회사로 이직할 생각이라고 말했다. "어디를 가든 지금과 똑같이 경쟁적인 기업문화가 기다리고 있을 테지만, 새로운 테두리 안에서 새로운 기대를 갖고 다시 시작해보고 싶어요."

다음에는 수치심 회복탄력성을 얻기 위한 전략과 수치심 회복탄력성을 기르지 못하게 가로막는 장애물에 대해 살펴보자.

나 혼자만 그런 게
아니라는 자각

'맥락context'이라는 단어는 '짜거나 엮다'라는 뜻의 라틴어 'contexere'에서 왔다. 어떤 경험의 맥락을 이해하려면 큰 그림을 봐야 한다. 다시 줌렌즈 은유로 돌아가보자. 수치심을 느끼면 자신의 괴로움만 눈에 보인다. 하지만 줌아웃을 해서 한발 물러나 상황을 보면 다른 사람들도 비슷한 괴로움을 겪는 것이 눈에 보이기 시작한다. 완전히 멀리 떨어져서 보면 더 큰 그림이 눈에 들어오고, 정치 · 경제 · 사회적 요인들이 우리의 개인적인 경험에 어떻게 영향을 미치는지가 보이기 시작한다. 따라서 수치심의 작용원리를 알아내기 위해서는 맥락 이해가 반드시 선행되어야 한다.

그런데 외모 수치심을 통해 산업과 관계자들이 어떤 이득을 얻는지 알게 된다고 해서 수치심이 사라질까? 안타깝게도 그렇지는 않다. 하지만 맥락을 이해하면 수치심 회복탄력성을 기르는 데 도움이 된다. 아무리 노력해도 잡지모델처럼 보일 수 없어서 수치심을 느낀다면, 그 모델 역시 실제 모습은 잡지 속 사진과는 다르다는 사실을 아는 게 도움이 된다. 포토샵을 이용해 잡티를 지우고, 다리를 길게 늘이고, 치아도 하얗게 만든 것이 잡지 속 모델의 모습이다. 입고 있는 옷과 액세서리도 광고를 위해 빌린 것이다.

잡지는 구독자가 내는 요금으로 돈을 버는 게 아니라 광고 공간을 팔아서 돈을 번다. 잡지의 목표는 우리가 모델 사진을 보고 잡지가 광고하는 미용제품들을 사게 만드는 것이다. 우리가 화장품을 많이 사면 화장품업계는 잡지에 더 많은 돈을 주고 광고 공간을 산다. 이런 일이 계속 반복된다.

잡지와 미디어가 보여주는 모델들처럼 되어야 한다고 믿고 자신이 그렇게 아름다워지지 못하는 걸 의지 부족이나 유전자 문제라고 생각할 때, 우리는 수치심에 빠진다. 이때 맥락을 이해하면 우리가 닮으려는 잡지 속 모델의 모습이 사회의 기대와 경제적·정치적 요인들이 서로 얽혀서 만들어낸 허상이라는 것을 깨닫게 된다. 엉킨 실타래를 풀려면 어떤 실들이 엉켜 있는지를 알아야 한다.

수치심 유발 항목들을 보면 알 수 있듯이 우리 대부분은 같은 문제에 대해 수치심을 느끼고 똑같은 반응을 보인다. 그렇지만 수치심의 특성 때문에 자기 혼자만 수치심을 느낀다고 생각하고 무슨 수를 써서라도 수치심을 느끼는 걸 감추려고 애쓴다. 그 결과, 수치심을 개인적인 문제로 잘못 인식한다. 심지어 자신에게 심리적 결함이 있다고 생각하기도 한다. 하지만 사실은 그렇지 않다.

물론 수치심이 개인의 문제로 이어지기도 하고 정신질환에 영향을 미칠 수도 있다. 하지만 수치심은 사람들 사이에서 일어나기에 사회적 문제이기도 하다. 수치심은 타인의 시선으로 나를 바라볼 때 느껴지는 감정이다. 그래서 나는 수치심을 심리사회적-문화적 감정이라고 부른다.

이렇게 생각해보자. 수치심을 심리학적인 렌즈로 들여다보면 아주 일부만 보일 것이다. 수치심을 사회라는 렌즈, 문화라는 렌즈로 들여다봐도 결과는 똑같다. 역시 일부만 보인다. 그런데 이 세 가지 렌즈를 한꺼번에 겹쳐서 들여다보면 수치심에 대한 전체적인 그림이 눈에 들어온다. 수치심을 개인의 문제로 보는 관점은 매우 위험하다. 그렇게 생각하면 개인적이고 지극히 개별적인 해결책만을 찾게 되고, 결국 수치심을 유발하는 경쟁적이고 모순적인 기대는 그대로 남겨두게 된다.

한두 명, 아니 100명의 여성이 자신의 몸에 수치심을 느낀다면, 이를 사회와 연관 짓기는 어렵다. 그렇지만 내가 인터뷰한 여성들의 90% 이상이 그렇게 말했다면 이야기는 달라진다. 자기 생각을 솔직하게 이야기할 때 수치심을 느끼게 될까 봐 두렵다는 사람이 손드라 한 사람뿐이라면 '자기 생각 말하기'가 수치심 항목에 포함되지 않았을 것이다. 하지만 인터뷰 내내 많은 여성이 무시당하고 조롱당하고 바보처럼 보일지 모른다는 두려움을 겪느니 차라리 입을 다무는 게 낫다고 답했기에 수치심 항목에 포함된 것이다.

함께해야 변화할 수 있다

많은 사람이 맥락 이해를 개인의 책임을 회피하고 시스템을 비난하기 위한 수단이라고 오해한다. 예를 들면 이런 식이다.

- 내가 일자리를 못 찾는 것은 내 탓이 아니다. 내가 여자이기 때문이다.
- 내가 살을 빼지 못하는 것은 내 탓이 아니다. 다이어트 산업 때문이다.
- 내가 빚더미에 올라앉은 것은 내 탓이 아니다. 악마 같은 신용카드 회사들 때문이다.

나는 맥락 이해가 비난과 회피의 반대편에 있다고 생각한다. 나와 인터뷰한 여성들은 큰 그림을 보는 게 중요하다는 말은 했지만, 변명하지는 않았다. 그들은 큰 그림을 이해하고 자기 혼자만 괴로움을 겪는 게 아니라는 사실을 알아야 변화를 이끌 힘을 찾을 수 있다고 말했다.

- 3학년 때 엄마가 나를 '발모벽(강박증상의 하나로 습관적으로 자신의 머리카락 또는 체모를 뽑는 증상_옮긴이)' 모임에 가입시켰습니다. 처음에는 화가 났어요. 다른 여자아이들도 그런 증상을 겪는다는 걸 믿을 수도 없었어요. 그런데 모임에 가입하고 보니 나와 같은 증상을 겪는 사람이 수백만 명이 넘었어요. 안다고 그 증상이 사라진 건 아니지만 적어도 나와 같은 사람들이 많다는 걸 깨닫게 된 거죠. 나만 이상한 게 아니었어요.
- 어린 시절에 부모님이 말하지 못하게 '금지'한 것들에 대해서 수치스러운 생각을 갖기 쉽다고 생각해요. 자녀가 정상적으로 자라기를 바란다면 말하고 싶은 건 모두 다 말할 수 있도록 허락해서 아이가 그 무엇에도 수치심을 느끼지 않고, 그 무엇도 지나치게 신경 쓰고 괴로워하지 않도록 키워야 해요. 금지된 것들이 많은 어린 시절을 보내면 나중에 자라서 남들에게 물어보고 나서야 그것이 나쁜 것인지 아닌지를 알게 돼요. 많이 알면 알수록 나 혼자만 그런 게 아니라는 것을 깨닫게 되죠.

맥락이나 큰 그림을 이해하려고 노력할 때, 책임감을 버려서는 안 된다. 오히려 책임감을 더 가져야 한다. 자신이 겪는 고통이 더 큰 공동체의 문제에 뿌리를 두고 있다는 것을 알게 되었다면, 공동체와 자신 모두에게 책임감을 가져야 한다. 자기 문제만 해결한다고 끝나는 게 아니다. 우리 아이들, 친구들, 사회가 더 나아지게 하는 것도 우리의 책임이다.

사회공동체의 시스템이 우리에게 수치심을 느끼도록 만든다는 것은 이해했지만 자기 자신만의 변화에서 그친다면 '내가 바뀌지 않는 건 시스템 때문이야'라고 말하는 사람과 다를 게 없다. 맥락 이해는 책임감의 적이 아니다. 개인주의가 책임감의 적이다.

맥락 이해와 집단행동의 중요성을 잘 보여주는 사례가 유방암 문제다. 많은 여성에게 유방암은 함부로 말하기 곤란한 지극히 개인적인 문제다. 그럼에도 우리는 큰 그림을 볼 수 있어야 한다. 지난 10여 년 사이 유방암 연구는 엄청난 진전을 거듭했다. 이런 진전은 보건연구 분야에서 정치·사회·경제적 맥락을 이해한 지지자들이 없었다면 결코 이루어지지 못했을 것이다.

이 지지자들은 유방암이 미국 국가보건 분야의 최우선 안건으로 상정되도록 노력했고, 수백만 달러의 기금을 마련했으며, 유방암에 대한 연방기금을 증액하는 데에도 노력을 기울였다. 여성 한 사람 한 사람이 유방암 위험을 낮추기 위해 개인적인 노력을 기울이는 것도 물론 중요하지만 이런 집단행동이 없었다면 현재와 같은 수준으로 발전하지 못했을 것이다.

비판적 인식을 높이고 수치심 회복탄력성을 기르기 위해 맥락 속에서 문제를 분석할 때 시스템을 비난하는 것은 자신을 비난하는 것만큼이나 파괴적이고 해롭다는 사실을 알아야 한다. 상황을 바꿀 수 있는 가장 효과적인 방법은 큰 그림을 보는 것이다. 문제를 개인적인 것으로 받아들이면 변화시킬 가능성은 거의 없다.

누가 뭐래도
당신은 정상이다

비판적 인식을 높이고 수치심 회복탄력성을 기르는 데 있어, 가장 힘을 실어주는 말은 '너만 그런 게 아니야'인 것 같다. 수치심은 자기 혼자만 그런 일을 겪는다고 생각할 때 강력한 힘을 발휘한다. 다른 사람도 같은 일을 겪고 있으며 똑같은 문제로 괴로워한다는 걸 깨달으면, 수치심은 힘을 잃는다. 우리가 수치심 촉발제를 이해하지 못하고 비판적 인식을 실천하지 않으면 같은 고민을 하는 사람들에게 손을 내밀 수 없다. 그리고 '너만 그런 게 아니야'라고 말해줄 사람을 만날 기회도 얻을 수 없다.

'정상화'의 반대 개념은 '병리화'다. 병리화는 무언가를 비정상이나 정상에서 벗어난 일탈로 규정하는 것이다. 비판적 인식이 없으면 사회공동체의 기대를 수용 가능한 것이라 믿기 쉽다. 자기 혼자만 사회공동체의 기대에 부합하지 못한다고 생각한다. 그래서 자신이 비정상이거나 문제가 있다고 간주하게 되는 것이다. 비판적 인식을 기르고 실천하려면 이것이 자기 혼자만 겪는 일이 아니며 정상적인 것으로 생각할 줄 알아야 한다.

인터뷰에서 많은 여성이 이혼에 대한 수치심을 이야기했다. 거기엔 자신의 이혼도 있었고 부모의 이혼도 있었다. 이혼 사연에서 공통으로 등장하는 소재 중 하나가 경제적 문제였다. 많은 여성이 이혼으로 인해 정서적 고통과 더불어 심각한 경제적 고통을 겪는다. 그에 대한 네 가지 사례를 살펴보자.

- 완벽한 엄마이자 완벽한 아내로 살았는데 하루아침에 돈 한 푼 없는 외톨이 실업자가 되어버렸어요. 전업주부로 아이들을 키울 때는 아무도 내게 가난하다고 말하지 않았어요. 모든 재산이 남편 소유였는데도 '남편 돈이 내 돈이잖아'라고 생각했던 거죠. 그런데 갑자기 남편이 모든 걸 다 갖고 떠나버렸어요. 그나마 아이들을 빼앗아가지 않은 게 다행이죠. 지금은 아이들과 함께 친정 부모님 댁에 얹혀살고 있어요. 20대라면

새로운 길을 찾기 위해 방황 중이라고 말했겠지만, 40대에 부모님 집에 돌아와서 살자니 나 자신이 불쌍하고 한심하게 보여요.

• 사람들은 부모의 이혼을 부끄럽게 여길 필요 없다고 말해요. 하지만 말이 쉽지 실제로 그러기가 얼마나 어려운지 아무도 몰라요. 아들에게 네 외할아버지 외할머니가 서로 너무 싫어해서 함께 만날 수 없다고 말해야 한다고 상상해보세요. 안 부끄러울 사람이 누가 있겠어요? 어머니 치료비를 내기 위해 아버지한테 돈을 달라고 사정사정해야 하는 상황을 상상이나 할 수 있을까요? 우리 아버지는 항상 이렇게 말해요. "넌 엄마 편이잖아." 아버지는 절대 이해 못 할 거예요. 아버지는 어머니한테 한 푼도 주지 않고 떠나버렸어요. 나는 누구의 편도 아니에요. 그래도 어머니는 내가 돌볼 거예요.

• 열 살 때 부모님이 이혼하신 후로 지난 8년간 어머니가 아버지에 대해 나쁘게 이야기하는 걸 듣고 살았어요. 어머니는 이런 이야기를 되풀이해요. "네 아버지가 너를 사랑했다면 이렇게 하진 않았을 거야." 아버지가 어머니를 경제적으로 어려운 상태로 두고 떠났긴 했지만, 아버지 역시 파산한 상태였어요. 만약 어머니가 경제적으로 좀 더 여유로웠다면, 아버지를 덜 미워했을 거예요. 나는 아버지를 사랑해요. 아버지는 착하고, 점잖은 분이고 내게는 좋은 아빠예요. 그런데 어머니는 내가 아버지를 사랑하면 안 될 것처럼 말해요. 정작 아버지는 어머니에 대해 나쁜 말을 단 한 번도 안 했어요. 심지어는 어머니를 옹호할 때도 있어요. 이런 상황이 나는 너무 혼란스러워요.

• 우리 부부는 이혼할 수밖에 없는 상황이었어요. 남편은 여러 번 바람을 피웠고 부부싸움이 아이들한테까지 영향을 주었거든요. 이혼하고 다시

시작할 수 있다고 생각했어요. 새로운 인생을 살 수 있을 거라고 말이에요. 작은 집을 얻고, 시간제 일을 하면 아이들과 함께 그럭저럭 살 수 있을 거라고 생각했어요. 하지만 6개월 뒤 우리는 집을 팔아야 했고, 빚을 졌고, 아르바이트를 하면서 집 월세도 간신히 내는 처지가 되어버렸어요. 전남편은 도와주기는커녕 내가 자립할 수 있을 때까지 아이들을 데려가겠다고 해요. 내 아이들조차 제대로 돌보지 못하는 나 자신이 너무 수치스러워요. 이런 상황이 벌어질 수 있다는 걸 미리 알았어야 하는데 그러지 못했어요.

위 사례를 들으며 나 역시 슬픔과 두려움을 느꼈다. 나한테도 이런 일이 일어날지 모른다는 생각도 들었다. 하지만 그런 식으로 반응하면 이혼 후에 경제적으로 어려움을 겪는 여성들의 문제를 특정한 개인의 문제로 개별화시키고 그런 여성들에 대한 고정관념을 강화하기 쉽다. 또한 그들에게 문제가 있다고 간주하고 비정상적인 사람으로 몰아가기 쉽다.

'그 여자가 자초한 일이야.' '그건 그 사람 개인의 문제야. 사회가 해결할 문제는 아니지.' '집안 경제문제에 대해 그렇게 몰랐다니 너무 어리석었네.' '괜찮은 일자리를 얻고 싶다면 자기가 좀 더 노력했어야지.'

비판적 인식능력을 키우고 싶다면 먼저 맥락 이해의 중요성을 알아야 한다. 큰 그림을 제대로 이해하면, 사실들을 서로 연결할 수 있다. 이혼한 여성들이 맞닥뜨리는 정치적, 사회적, 경제적 현실은 어떨까?[3] 다음은 조사결과다.

- 이혼 여성은 전남편에 비해 더 심각한 경제적 손실을 경험한다.

- 일하는 여성, 특히 고학력에 고임금 직장을 얻을 수 있는 여성은 이혼 후에도 경제적으로 양호한 생활이 가능하다. 반면 전업주부였던 여성들은 심각한 경제적 어려움에 직면한다.
- 이혼 가정 아이들의 90%가 엄마와 함께 산다.
- 이혼 여성 네 명 중 한 명은 양육수당을 받지 못한다.
- 이혼 여성의 절반만이 양육수당을 100% 받고, 일부를 받는 사람은 25%이며 그 나머지는 한 푼도 받지 못한다.
- 자녀와 지속적인 관계를 유지하는 이혼 부모가 양육수당을 더 성실하게 지불한다.

이혼 여성이 겪는 문제들 속에 존재하는 사회적·정치적·경제적 맥락을 이해하려고 노력하면 그들이 겪는 문제를 개인의 문제로 개별화하거나 그들을 문제 있는 존재로 보는 시각에서 벗어날 수 있다. 이혼에 대한 알려지지 않은 사실을 파헤치고 현실과 그 안에 얽힌 맥락을 살펴보면 비판적 인식을 할 수 있게 해주는 새로운 이해가 가능해지고, 우리 자신을 포함해 여성들을 비난하려는 생각도 훨씬 더 줄어든다.

모른다고 말하는 걸
두려워하지 말 것

비판적 인식 실천하기에서 마지막으로 해야 할 일은 '의문 제거'다. 무언가를 분명하게 알고자 한다면, 그것을 샅샅이 파헤쳐서 '의문'을 밖으로 끄집어내야 한다. 우리는 특이하거나 흥미로운 것을 보고 그것이 너무 알고 싶은데도, 가치가 없다는 생각에 그게 무엇인지 얼마나 하는지 어떻게 쓰는지 물어보기를 포기하곤 한다. 비판적 인식을 통해 의문 제거를 시작하면, 우리는 왜 그 해답이 비밀로 감춰져 있었는지 발견하게 된다.

다른 사람들을 배제하거나 자신의 위상을 높이려고 할 때 개인, 집단, 기관은 자기 자신, 자신의 결과물이나 생각을 비밀로 감추려는 경향이 있다. 내 경우, 박사학위를 따는 노하우 같은 것을 사례로 들 수 있겠다. 매 학기마다 내 사무실로 찾아와 고개를 푹 숙이고 이렇게 물어보는 여학생들이 있다. "박사과정에 관심이 있긴 한데 제가 할 수 있을지 잘 모르겠어요. 그래서 부탁드리는데, 어떻게 박사과정을 통과하셨는지 선생님의 경험담을 들려주실 수 있으세요?"

나는 이런 부탁을 좋아한다. 왜냐하면 나 혼자 문제를 분석하고 파헤치는 것뿐만 아니라 남들이 그렇게 하도록 도와주는 것도 비판적 인식을 기르는 일이기 때문이다. 나는 어떤 일이 이루어지는 과정의 비밀을 알게 되면, 그 내용을 다른 사람들에게도 알리는 것이 옳은 행동이라고 굳게 믿고 있다. 지식은 힘이며 힘은 나눈다고 해서 줄어들지 않는다. 오히려 더 커진다. 내가 여학생들에게 대학원에 진학할 수 있는 길을 알려준다고 해서 내 학위의 가치가 줄어드는 건 아닌 것처럼 말이다. 나는 내가 아는 것을 널리 알리면서 층층이 덮인 수수께끼의 막을 걷어내기를 좋아한다.

'의문 제거'의 반대는 '강화'다. 강화는 알려지지 않은 부분을 더욱 깊이 감춰서 그것을 더 비밀스럽고 중요한 것처럼 보이게 만드는 것을 말한다. 수치심을 느끼는 문제에 대해 우리는 쉽게 강화의 유혹에 빠져든다. 하지만 강화는 다른 여성들뿐만 아니라 자기 자신까지 가두는 거미줄을 짜는 것과 같다. 예를 통해 살펴보자면, 나는 대학원 진학에 대한 자문을 구한 여성들에게 두 가지 반응을 할 수 있다.

"물어봐줘서 고마워요. 나도 대학원에 지원할 때 정말 많이 떨렸어요. 그런데 몇몇 사람이 좋은 충고를 해줬어요. 내가 아는 걸 알려줄 수 있게 되어서 정말 기뻐요."

"음, 이 프로그램과 당신의 인식론적 관심 사이의 적합성에 대해 이야기해보는 게 좋을 것 같네요. 왜냐하면 지원하기 전에 확실한 연구 프로그램을 개발하는 것이 아주 중요하거든요. 당신이 하고자 하는 연구주제가 방법론적으로 대학의 연구주제와 양립할 수 있고 당신을 담당할 교수들의 마음에 들게 하는 게 도움이 될 테니까요."

위의 두 반응은 내가 대학원 진학에 대해 조언을 구했을 때 실제로 들은 말이다. 두 번째 말을 들은 다음 내가 수치심을 느껴 겁먹을 수도 있었지만 취약성 인지 덕분에 그러지 않을 수 있었다. 남들에게 도움을 구할 때 나는 내가 어떤 점에 취약한지 알고 있었다. '충분히 똑똑하지 않게' 보이는 것이 가장 큰 수치심 촉발제라는 걸 나는 미리 알고 있었다.

나의 연구 참가자들은 자신의 수치심 촉발제와 의문 제거, 강화 사이의 관계에 대해 자주 이야기했다. '잘 모른다'는 것이 수치심 촉발제라면 남에게 설명해달라고 부탁하는 것조차 두려울 수 있다. 나는 이런 두려움을 '에다마메 공포The Edamame Threat'(에다마메는 완두콩처럼 깍지 속에 들어 있는 덜 여문 대두를 말한다_옮긴이)라고 이름 지었다.

2년 전 남편과 함께 지인의 집에 저녁 초대를 받아 갔다. 그 자리엔 처음 만나는 '부자 친구들'이 올 예정이었고 나는 그들에게 좋은 인상을 주고 싶었다. 그 집에 도착하자 사람들이 전채요리를 권했다. 커다란 은쟁반에 깍지에 든 콩이 가득 놓여 있었다. 아직 손질하지 않은 요리재료인 줄 알았는데 전채요리라고 권하자 나는 깜짝 놀랐다. 그래서 이렇게 물었다. "도대체 이게 뭐예요?" 내 말을 들은 사람들이 지은 표정을 나는 지금도 잊을 수가 없다. 그들은 몹시 당황했다. "이게 뭔지 정말 몰라서 묻는 거예요?"

그 순간 나는 수치심이 밀려와 온몸이 화끈거렸다. 나는 조심스럽게 되물었다. "이거 콩이에요?" 집주인이 대답했다. "에다마메잖아요. 초밥 안 먹어봤어요?" 집주인은 못 믿겠다는 표정과 신기하다는 표정이 뒤섞인 얼굴로 다른 손님들에게 이렇게 말했다. "에다마메를 한 번도 안 먹어봤대요. 믿어져요?" 나는 당장 그 자리를 빠져나와 집으로 돌아가고 싶었다. 너무 수치스러웠다.

그로부터 몇 주 후, 나는 연구실에서 에다마메를 먹으며 일을 하고 있었다(나는 이 콩을 너무너무 좋아하게 됐다). 그때 한 학생이 논문에 관해 논의하고 싶다며 연구실 문을 두드렸다. 이유는 모르겠지만 이 학생의 무언가가 내 신경을 건드렸다. 아마도 똑똑하지만 불쌍할 정도로 불안해 보이고, 필요 이상으로 애를 쓰는 모습이 내 20대 후반을 떠올리게 했기 때문이었던 것 같다.

학생은 에다마메 봉지를 보더니 물었다. "이게 뭐예요?" 그 순간 그 집에서 느꼈던 수치심이 다시 밀려왔다. 나도 모르게 이 학생에게 '수치심 떠넘기기'를 시도하며 이렇게 말했다. "에다마메잖아요. 못 먹어봤어요?" 학생은 당황한 표정을 지었다. "네 못 먹어본 거 같아요. 맛있어요?" 나는 굉장히 거만한 목소리로 이렇게 말했다. "이걸 못 먹어봤다니 믿을 수가 없네. 이건 아주 유명한 슈퍼푸드예요."

학생이 나간 뒤, 나는 정신이 멍해졌다. 내가 그런 짓을 했다는 게 믿어지지 않았다. 나는 먹을 거로 잘난 척하는 속물이 아니다. 스테이크를 먹을 때 콩을 같이 먹은 적도 없다. 이 일에 대해 며칠 동안 생각한 끝에 내가 왜 그랬는지 깨달았다.

내가 저녁식사에서 수치심을 느낀 건 에다마메를 못 먹어봐서가 아니었다. 학생보다 내가 더 똑똑하다고 과시하고 싶었던 것도 아니었다. 그 음식을 모르는 것이 나에겐 계층과 문화의 문제로 느껴져 수치심이 자극된 것이다. 그날 저녁 그 집에 온 손님들은 전 세계를 여행하며 예술과 와인을 즐기는 미식가들이었다. 그 집에서는 어린아이도 내가 발음조차 못 하는 음식을 먹는다. 계층 문제가 내겐 수치심 촉발제였던 것이다. 내가 대학교수고 내 남편이 소아과 의사라는 사실 때문에 남들은 우리를 자주 오해한다. 20대 때 나는 통신회사에서 일하는 직장인이었고, 부모님의 노력으로 다른 문화, 다른 음악, 다른 책, 다른 음식을 경험할 수 있었다. 그렇지만 절대 '부자 친구들'과 같은 수준이 될 순 없었다.

에다마메 사건이 있고 두세 달 뒤, 내 친구 돈이 휴스턴에 놀러 왔다. 같은 지역 출신의 돈은 내가 무엇이든 물어볼 수 있고 어떤 이야기도 마음 놓고 할 수 있는 친구다. 점심을 준비하면서 내가 물었다. "에다마메 만들 건데 먹어본 적 있어?" 돈이 나를 보며 말했다. "아니, 하지만 들어본 적은 있어. 그게 뭐야?" 나는 미소를 지었다. "콩을 뜻하는 일본어인 거 같아. 삶아서 까먹는 건데 아주 맛있어. 나도 몇 달 전에 처음 먹어봤어."

의문 제거는 선택이다. 여러분이 뭔가를 알고 있고 그에 대한 의문을 제거할지 아니면 강화할지 선택할 수 있다면, 여러분은 수치심 회복탄력성을 키울 기회를 가진 것이다. 이때 강화를 선택한다면 왜 자신이 아는 것을 남에게는 알려주지 않고 의문으로 남겨두고 싶어 하는지를 스스로에게 물어야 한다.

나는 이 사례를 일상적인 대화와 세미나 중에 많이 이야기했고, 이와 관련한 이메일과 편지도 수없이 받았다. 그중에는 의문 제거에 대한 일반적인 개념을 묻는 내용도 있었지만, 에다마메 자체에 대한 편지가 이상할 정도로 많았다. 어느 젊은 여성은 이런 이메일을 보내왔다. "에다마메를 먹어본 적이 한 번도 없고 메뉴에서 본 적은 있지만 어떻게 읽어야 하는지 몰라서 주문할 생각도 못 했어요. 선생님의 글을 읽고서 한바탕 웃고는 나를 비판하지 않을 친한 친구와 함께 초밥을 먹으러 가서 그 친구에게 에다마메를 주문하고 먹는 법을 가르쳐달라고 부탁했어요. 이제는 에다마메를 좋아하게 되었고 그걸 먹을 때마다 선생님이 생각나요. 아주 가난한 멕시코 이민자 가정 출신인 저는 선생님 이야기에 정말 깊이 공감했어요."

다음 장에서는 도움을 받기 위한 손 내밀기가 가진 힘에 대해 알아보려고 한다. 네 가지 수치심 회복탄력성이 항상 특정한 순서대로 일어나는 건 아니지만, 자신의 수치심 촉발제를 알고 자신의 문제에 대해 어느 정도 비판적 인식을 하게 되면 도움을 받기 위해 손을 내미는 것이 조금은 덜 무섭게 느껴진다. 손 내밀기는 수치심 회복탄력성 중에서 가장 강력한 행동이다.

5장.

수치심의 늪에서
허우적대고
싶지 않다면

_세 번째 훈련 손 내밀기

이 책에서 다루는 개념을 실제로 적용해본 여성들의 편지를 소개하는 것으로 이번 장을 시작하려고 한다. 첫 번째 편지는 레티시아라는 여성이 이메일로 보내온 것이다.

어느 날 오후, 엄마와 전화통화를 하던 중에 나는 전혀 관심이 없지만 나를 좋아하는 남자에 대해 이야기하게 되었어요. 엄마는 그 남자한테 호감이 있는 상태여서 나에게 이렇게 말했죠.

"그 사람은 네가 날씬하지 않은데도 네가 좋다잖니. 네가 뚱뚱한 건 신경 안 쓰는 사람이야. 그래도 네가 예쁘다고 하잖니."

엄마 말을 듣고 기가 막혀서 입이 딱 벌어졌어요. 나는 몇 년 전에 섭식장애 치료를 받았어요. 여러 분야의 진료를 동시에 받았죠. 내가 치료받은 내용에 대해서는 엄마도 잘 알고 있어요. 엄마의 말을 듣고 제일 먼저 떠오른 생각은 '몇 년 전만 해도 이런 말 들으면 완전히 절망에 빠졌을 텐데'였어요. 아마 내 몸이 수치스러워서 엉엉 울고 이런 몸을 가진 나를 사랑해줄 사람은 이 세상에 아무도 없으니 누구든 나를 좋아해주는 사람이 있으면 고맙게 여겨야 한다고 생각했을 거예요.

하지만 박사님의 연구 덕분에 나는 '엄마'와 '체중 문제'가 내게 수치심 촉발제 역할을 한다는 걸 깨달았고 한발 물러나 상황을 볼 수 있었어요. 화를 내는 대신, 비록 배려심이 전혀 없는 말이긴 했지만 어쨌든 엄마가 나를 위하는 마음에서 그런 말을 했다고 이해할 수 있었어요. 엄마의 말 때문에 여전히 몸이 떨리고 마음이 안 좋았지만, 친한 친구에게 전화해서 내가 겪은 일을 털어놓으며 끓어올랐던 감정을 가라앉혔어요. 그 일이 있고서 내 몸에 관한 수치심이 어디서 오는지 좀 더 잘 이해할 수 있게 되었어요.

두 번째 편지는 바버라라는 여성이 수치심 회복탄력성을 발휘한 경험을 이야기한 내용이다.

저는 박사님의 연구로 두 가지를 배웠습니다. 첫째, 수치심을 느끼고 있음을 알아차리는 법을 배웠고, 둘째, '수치심 말하기'를 통해 그 상황에 대응하는 법을 배웠어요. 그리고 제가 박사님이 설명한 모든 수치심 증상을 다 가지고 있으면서도 그게 수치심과 관련 있다는 걸 몰랐다는 사실도 알게 되었어요. 자신이 앓는 병이 뭔지 모르면 치료도 할 수 없는 법이잖아요. 전 고통스러운 일이 일어나면 얼굴이 붉어지고, 배가 아프면서 어디로든 숨고 싶어져요. 상황은 모두 다른데 내 몸에 나타나는 반응은 똑같기 때문에 내가 어떤 감정을 느끼는지 구체적으로 파악할 수가 없었어요. 그러니 제대로 대응할 수도 없었죠. 그냥 그 상황을 잊어버리려 애쓰느라 나한테 무슨 일이 일어나고 있는지, 좀 더 효과적으로 대응할 방법이 무엇인지 알아낼 생각을 못 했어요.

사실, 전 제가 수치심을 느끼는 줄도 몰랐어요. 남의 일로만 알았죠. 박사님 책을 읽고 나서야 비로소 제 삶에 수치심이 얼마나 깊이 파고들어 있는지 알게 되었어요. 그동안 대응해온 저의 방식이 비효율적이었다는 것도 깨달았고요.

수치심 회복탄력성 이론 중에서 제가 제일 좋아하는 것은 '수치심 말하기'예요. 수치심을 느끼면 나를 지지해주는 사람에게 그 상황에 대해 이야기해요. 저는 박사님의 세균배양 접시 은유를 좋아해요. 정말로 수치스러운 경험을 어둠 속에서 비밀로 감추면 기하급수적으로 커지죠. 하지만 밝은 빛에 내놓으면 힘을 잃고 줄어들어요. 이제는 움츠러드는 대신 내가 겪은 수치스러운 경험을 이야기하며 웃을 수도 있어요. 물론 가끔은 남들에게 말하는 걸 주저하기도 해요.

예를 들어, 새로 이사한 집으로 예전 이웃들을 초대했을 때였어요. 항상 예쁘게 차려입고 집도 완벽하게 꾸미고 사는 예전 이웃들과 함께 있으면 전 늘 마음이 불안했어요. 제가 조금 겉돈다는 느낌이 들었거든요. 그들이 저를 '안됐다'는 눈으로 바라보는 것 같았고, 그들 앞에서는 항상 '부족한' 사람이 되는 것 같았죠. 그런데 새집으로 이사하고 많은 시간을 들여 집을 꾸몄더니 제 취향이 훨씬 더 세련돼진 것 같았어요. 새집을 자랑하고 싶은 마음에 그들을 초대하고 넓은 식탁을 가득 메울 정도로 음식 준비도 많이 했어요. 그들은 집이 정말 멋지다고 칭찬해주었고 우리는 그동안 지내온 이야기를 나눴어요. 그런데 그들이 식탁 가득 차려놓은 음식을 별로 먹지 않왔어요. 그들이 떠난 후에 저는 너무 창피했어요. 그들한테 자랑하고 싶어 안달했고 초라했던 예전 집에 대한 기억을 지우기 위해 새집으로 그들을 초대했다는 걸 깨달았기 때문이에요. 게다가 잔뜩 남아 있는 음식 때문에 과거의 수치심에서 벗어나기는커녕 오히려 수치심이 더 커져버렸어요. 마치 그 음식이 제 마음에 잔뜩 쌓인 수치심처럼 보였어요.

제 자신이 바보처럼 느껴졌어요. 예전 이웃들한테 잘 보이려고 그렇게 애를 썼는데 과거에도 실패했고, 새집에 이사 와서도 실패했으니까요. 예전 같으면 수치심을 감추기 위해 남은 음식들을 모두 버렸을 거예요. 그렇지만 수치심에 대해 알고 난 후였기 때문에 저는 제 아픔을 이해하고 공감해 줄 친구에게 도움을 구하기로 했어요. 친구에게 전화를 걸어 그날 있었던 일을 모두 이야기하고 울었어요. 그다음 날 친구가 찾아왔고, 우리는 남은 음식을 점심으로 먹었어요.

집들이 이야기를 한참 동안 하고 났더니 그들에게 잘 보이려고 했던 일이며 잔뜩 남은 음식에 대해 웃으며 농담도 할 수 있게 되었고 마음도 한결 편해졌어요. 수치스러운 일을 감추지 않고 공개하니까 제가 엉뚱한 곳에서 엉뚱한 사람들에게 인정받으려고 애썼다는 것을 좀 더 분명히 알 수 있었어요. 수치심도 털어버릴 수 있었고요. 요즘은 그때 일을 생각하면 찡그리기보다는 웃음이 나요. 계획대로 안 된 집들이 파티보다는 친구와 웃으며 남은 음식을 먹던 모습이 더 많이 떠오르기 때문이에요. 이건 저한테는 큰 변화예요. 예전 같으면 수치심 때문에 남은 음식을 먹을 생각도 못했을 거예요.

남편한테도 그날 일에 대해 이야기했는데, 그것 역시 도움이 되었어요. 남편과 수치심에 대해 이야기하면서 부부 사이에 대화도 더 많아졌어요.

수치심에 대해 공부하면서 제가 좀 더 이해심 있고 공감할 수 있는 사람이 된 거 같아요. 누군가가 수치스러운 경험에 관해 저에게 이야기할 때 얼마나 큰 용기를 내야 하는지 깨달았고, 그런 이야기에 공감하지 않고 비판하면 상대가 얼마나 큰 상처를 입는지도 알게 되었어요. 그래서 이제는 수치스러운 경험을 이야기하는 사람들이 좀 더 편히 이야기할 수 있도록 배려하고 있어요. 누구나 수치심을 경험하기에 지금은 내가 이야기를 들어주는 역할을 하지만 다음에는 내가 수치심 경험을 털어놓으며 도움을 청할지도 모른다는 것도 알려주고 있어요.

'우리'와 '그들'이라는 말로 거리를 두는 전략은 사람들 사이의 거리를 멀게 만들고 내가 우월한 위치에 있다는 잘못된 생각을 심어준다는 생각이 들어요. 남들과 거리를 두지 않아야 내 수치심과 타인의 수치심에 대해 제대로 인식하고 서로 공감하고 이해할 수 있다고 생각해요.

다음은 내담자들과 자신에게 수치심 회복탄력성을 적용해본 심리치료사에게서 온 이메일이다.

가정폭력 및 성폭력 피해자들과 상담하는 저는 수치심 문제를 다루는 것이 가장 힘들었습니다. 박사님의 연구를 알게 된 후 집단상담과 개인상담 모두에 박사님이 소개한 활동들을 활용하고 있는데 큰 도움이 되고 있어요. 이제 저는 피상담자들이 자신의 취약점을 발견하고, 비판적 인식을 이용하고, 수치심에 대해 말할 수 있는 도구를 얻었습니다. 이건 마법과도 같습니다. 수치심을 해소하고 앞으로 나아갈 수 있다는 건 가장 큰 치유의 힘입니다.

또한 저는 개인적으로도 박사님의 연구를 많이 활용하고 있습니다. 친구들과 수치심에 대해 많은 이야기를 나누는 편인데 그렇게 하는 것만으로도 큰 힘이 됩니다. 저 역시 폭력의 피해자로서, 여성에 대한 폭력과 관련된 수치심 이야기를 친구들과 많이 했었습니다. 이제는 제 삶에 다른 수치심도 존재한다는 것을 알게 되었습니다. 너무 흔해서 쉽게 지나쳐버릴 수 있는 일상 속의 수치심을 깨닫게 된 거죠. 내 몸(너무 뚱뚱하다는 느낌), 내 일(제대로 잘하지 못한다는 느낌)에 대한 수치심을 이야기할 수 있다는 게 정말 많은 도움이 됩니다. 이런 감정을 입 밖으로 꺼내기까지 정말 많은 용기가 필요했습니다. 수치심은 정말 말하기 힘든 주제이지만 이야기를 할 때마다 마음이 편안해집니다. 이야기하면 할수록 점점 더 쉬워져요. 그러다 보니 더 이상은 수치심이 느껴지지 않습니다. 박사님이 아니었다면 이렇게 용기 있게 말하지 못했을 겁니다.

이 편지들을 읽으면서 제일 먼저 떠오른 생각은 '이 책에 나온 전략들은 내가 만든 것이 아니다'라는 것이었다. 다른 여성들의 도움이 컸다. 나와 인터뷰한 수백 명의 여성은 각자의 사연을 이야기하고 수치심에 대응하는 저마다의 전략을 설명했다. 나는 그들의 경험담을 연구하고, 정리하고, 글로 가다듬었을 뿐이다. 거기에 다른 학자와 전문가들의 연구들이 있었기에 이 책이 나올 수 있었다.

혼자 감당할수록
고통은 커진다

우리는 타인과의 관계를 통해 치유받는다. 진 베이커 밀러와 아이린 스티버는 공동저서 『더 힐링 커넥션The Healing Connection』에서 다음과 같이 말했다. "여성들의 삶을 주의 깊게 관찰하면, 타인과의 관계에 대한 내적 감각이 여성의 발전을 이끄는 핵심임을 알 수 있다. 독립된 개체의 힘을 강조하는 기존의 발전모델과는 정반대로, 여성들의 자기감sense of self과 자존감sense of worth은 관계를 맺고 유지하는 능력에서 비롯되는 경우가 많다."

인간관계에 대한 욕구와 수치심 회복탄력성 전략을 활용하는 능력은 모두 우리 안에 있다. 편지에서 언급한 것처럼, 우리는 수치심의 늪에 빠져 허우적대면서 도움을 바랄 때도 있고, 반대로 수치심의 늪에 빠져 허우적대는 누군가에게 구명대를 던져주는 사람이 될 때도 있다.

우리는 누구나 가치 있는 존재가 되고 싶어 하고, 인정받고 싶어 하고, 자신이 옳다고 확인받고 싶어 한다. 자신이 쓸모없는 존재 같고, 남들에게 거부당하고, 어딘가에 소속될 가치가 없다는 느낌이 들 때 우리는 수치심을 느낀다. 남에게 손을 내밀 때 얻는 가장 중요한 이점은 자신을 외롭게 만들었던 경험이 실은 자기 혼자만 겪은 것이 아니라 누구나 겪는 보편적인 경험이라는 사실을 깨닫는 것이다.

내가 누구든 어떤 환경에서 자랐든 무엇을 믿든 상관없이, 우리는 누구나 자신이 부족하고, 충분히 갖지 못했고, 완전히 소속되지 못했다는 생각과 남몰래 조용히 싸운다. 이런 경험을 남들과 이야기하고 또 그런 경험을 하는 남들의 이야기에 귀 기울이고 공감할 용기만 있다면 우리는 수치심을 숨기지 않고 드러내 이야기할 수 있다. 다음 여성들처럼 말이다.

- 저는 열여섯 살 때 임신을 했어요. 생리주기가 일정하지 않아서 임신 3개월이 될 때까지 임신 사실을 눈치채지 못했어요. 내가 임신한 건 언니만 알았어요. 심지어 남자친구한테도 말하지 않았어요. 그런데 임신 사실을 알고 일주일 뒤에 자연유산이 되었어요. 너무 무서웠어요. 언니가 나를 병원으로 데려갔어요. 병원에서 집으로 돌아오는 길에 언니는 아이를 잃은 것이 정말 잘된 일이라고 말했어요. 25년이 지났지만, 아직도 그날이 생각나요. 미성년이면서 임신을 했으니 슬퍼할 자격도 없다는 건 알아요. 어린 나이에 임신했다는 게 수치스럽긴 하지만 아이를 잃은 걸 슬퍼할 수 없다는 것 역시 수치스러워요. 이제는 슬퍼하는 것을 수치스럽게 여기는 사람을 만나면 누군가에게 자신의 마음을 이야기하고 슬퍼하는 것이 얼마나 중요한가를 꼭 말해줘요. 내 딸들, 친구들, 여자 조카들까지, 슬퍼하는 걸 겁내는 모든 사람에게 꼭 말해줘요. 누구나 슬퍼하고 가슴 아파할 권리가 있다고 말이에요.
- 아빠와 재혼한 여자는 나보다 어리고 엄마의 새 남자친구는 결혼을 여섯 번이나 했어요. 완전 엉망진창이죠. 저는 이런 사실을 그냥 받아들이고 다른 집들도 다 이상하니까 우리도 '괜찮다'고 생각하기로 했어요. 그런데 그렇게 생각할 수 있는 건 자기 가족의 문제점을 공개적으로 말하는 사람들과 함께 있을 때뿐이에요. 완벽한 척하는 사람과 같이 있을 때는 우리 가족이 괜찮다고 생각할 수가 없어요. 사실, 남들은 우리 가족을 보면서 나를 평가할 테니까 아주 부끄러워요. 그래서 가족 이야기가 나오면 피하고 다른 이야기를 꺼내요. 나는 자기 가족의 문제점을 인정하는

사람이나 가족에 대해 비판하고 욕하는 사람을 보면 대화에 끼어들어요. 그리고 내 가족의 문제점에 대해 이야기해요. 모든 사람이 진실을 말한다면 자기 가족만 이상하다고 느끼는 사람은 없을 거예요. 나는 가족 때문에 부끄러워하는 사람이 있으면 도와주려고 애써요. 왜냐하면 나도 그런 일을 경험해 봤기 때문이에요. 그런 상황에 부닥치면 세상에 자기 혼자만 그런 일을 겪는 것처럼 정말 외롭게 느껴져요.

도움을 얻기 위해 또는 도움을 주기 위해 남들에게 손을 내밀지 않으면 우리는 그들이 홀로 수치심의 늪에 빠져 수치심을 숨기고 수치심에 대해 침묵하도록 내버려두게 된다. 우리가 수치심을 이용해 사람을 바꿀 수 없는 것처럼 타인의 수치심을 이용해 이득을 볼 수도 없다. 그렇지만 공감을 통해서는 이득을 볼 수 있다.

우리가 남들에게 손을 내미는 것은 '문제를 바로잡거나' '상대를 구원하기' 위해서가 아니다. 우리가 남들에게 손을 내미는 것은 그들과 우리를 연결함으로써 그들을 돕기 위해서다. 서로의 경험을 공유함으로써 우리는 변화를 만들고 수치심 회복탄력성을 키울 수 있다. 하지만 손을 내밀지 않으면 '분리separating'와 벽 쌓기insulating로 인해 수치심을 더 크게 키우고, 고립을 부추기게 된다.

서로의 이야기를 공유할 때 얻을 수 있는 이점은 '이해의 웃음'을 나눌 수 있다는 것이다. '이해의 웃음'이란 서로 이야기한 경험담이 긍정적인 면에서든 부정적인 면에서든 누구나 겪는 일반적인 일이라는 사실을 알고 나서 짓는 웃음을 말한다. 서로의 수치심에 공감할 때 생기는 힘을 깨닫고 나서 경험하는 안도감과 유대감이 겉으로 드러나는 것이 바로 '이해

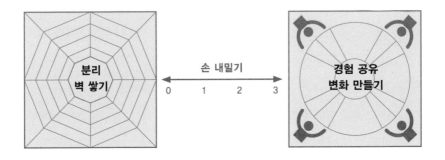

의 웃음'이다. 만약 앞에 나온 쿠키 사건을 읽고 여러분이 웃었다면 그건 나와 함께 웃은 것이지, 나를 비웃은 건 아니다. 이런 것이 '이해의 웃음' 이다.

이해의 웃음은 유머감각을 이용해 자기비하를 하는 게 아니다. 우리가 때때로 짓는 씁쓸한 웃음도 아니다. 이해의 웃음은 수치심 거미줄을 이루 는 기대의 부조리를 깨닫고 자기 혼자만 수치심 거미줄에 걸렸다는 생각 이 틀렸음을 깨달을 때 짓게 된다. 자신의 고통을 이해하는 사람들과 함께 하는 이해의 웃음에는 감동적이고, 영혼을 위로해주는 중요한 무언가가 있다.

지난 수년간 나는 대학원생들과 수치심 연구 프로젝트를 함께 진행했 다. 우리는 많은 시간 동안 인터뷰 내용을 읽고 분석하고 수치심에 대해 토론했다. 우리가 처음으로 '이해의 웃음'이라는 개념을 분석하던 때가 기 억난다. 우리는 수치심 경험을 함께 이야기할 때 짓는 웃음이 중요한 역할 을 한다는 것을 직관적으로 알아차렸다. 똑같은 이야기를 하는 인터뷰 참 가자들이 점점 늘어나면서 우리는 웃음이라는 전 세계 보편적인 언어가 모든 사람에게 수치심에 대해 이야기할 수 있는 길을 열어준다는 것을 깨달았다. 웃으면서 이야기할 때 수치심은 훨씬 쉽게 말로 표현될 수 있다.

우리 연구팀의 팀원인 마키 맥밀란Marki McMillan은 이렇게 썼다. "웃음은 수치심을 감추고 있던 문의 빗장이 헐거워졌다는 증거다. 이해의 웃음은 우리의 수치심이 변했다는 걸 느끼는 순간에 나온다. 공감과 마찬가지로 이해의 웃음은 수치심을 조각내고 부정적인 힘을 빼앗아 숨어 있던 곳에서 밖으로 끌어낸다."

우리가 남들에게 손을 내밀고 자신의 수치심 경험담을 함께 나누면 변화를 유도할 힘과 가능성이 커진다. 남들에게 손을 내밀면 개인의 엄청난 변화뿐만 아니라 집단적 변화를 이끌어낼 수도 있다.

변화를 만드는 작은 행동

삶을 변화시킬 능력이 있다고 진심으로 믿기 힘들거나 불가능하다고 생각할 수도 있지만, 믿음을 갖는 것은 수치심 회복탄력성을 키우는 데 가장 큰 힘을 발휘한다. 개인이나 집단의 변화를 위해 모든 사람이 정치적 행동이나 공개적 지지 또는 집단행동에 나설 필요는 없다. 사람들과 교류하는 방식이나 관계의 변화를 통해 시작할 수 있다. 친구와 가족들이 비판적 인식을 갖게 하는 것으로 시작할 수도 있다.

중요한 것은 자신을 움직이고 일깨워줄 변화의 방법을 찾는 것이다. 상황에 따라 개인의 역할은 달라질 수 있다. 집단적 행동에 깊이 관여할 수도 있고, 나 하나 변하는 것으로 충분할 때도 있다. 변화를 만드는 방법에 대해 이야기할 때 나는 '개인Personal, 펜Pens, 투표Polls, 참여Participation, 구매Purchases, 시위Protests'라는 여섯 가지 P를 꼽는다. 아이들 학교의 문제점을 바로잡는 일이든, 문제 있는 잡지를 지역 편의점에서 추방하는 일이든, 직장의 출산휴가 제도개선을 위한 일이든, 국가정책 개선이든 변화를 추구하는 모든 일에 이 여섯 가지 P가 도움이 된다.

| 개인 | 내가 변하면 가족, 친구, 동료에게까지 영향력이 물결처럼 퍼져간다. 예를 들어, 질리언은 아이들이 보는 TV 프로그램을 모니터하기 시작했고, 패션잡지 구독도 중단했다. 남편 때문에 하고 싶은 말을 마음대로 못 했던 손드라는 시동생과 다시 정치와 종교 토론을 시작했다. 뿐만 아니라 수치심을 이용해 하고 싶은 말을 못 하게 만드는 사람들에게 굴복하지 않도록 딸들에게 '자기 생각을 당당하게 말하자'고 가르치고 있다. 변화는 여러 형태로 이루어질 수 있다. 사회공동체의 기대에 맞서서 자신이 가진 잠재력을 발휘하고 남들도 그렇게 할 수 있도록 돕는 것만큼 정치적인 일은 없다. 수치심에 맞서 용기와 연민을 발휘하고 유대감을 나누는 것은 분명한 정치활동이다.

| 펜 | 편지를 쓰자. 단체장이나 국회의원들은 편지, 이메일, 팩스에 반응한다. 내 친구인 앤 힐빅Ann Hilbig은 아동문제에 관한 로비활동을 한다. 그녀는 미국 의회 의원들이 보좌관에게 어떤 문제에 대해 조사하라고 지시하게 만드는 데 겨우 열두 통의 편지가 필요할 뿐이라고 말했다. 나는 항상 이메일을 보낸다. 불쾌한 광고를 보면 그 회사에 이메일을

보낸다. '내 몸을 사랑하자_{Love Your Body} 캠페인'을 후원하는 전미여성기구_{National Organization for Women} 웹사이트에는 외모에 대한 수치심, 청소년의 흡연과 음주를 조장하는 불쾌한 광고들이 소개되어 있다. 그리고 문제의 기업들에 보낼 수 있는 진정서 양식도 마련되어 있다. 진정서는 다음과 같은 내용으로 되어 있다.

마케팅 담당자 귀하

우리는 올해의 유행 패션에 몸을 맞추기 위해 굶기를 거부합니다. 우리는 흡연이 다이어트 방법이라는 귀사의 발상을 거부하며 우리의 존엄성을 의심하게 만드는 다이어트 산업을 비판합니다. 우리는 억지로 밀어 올리지도, 억지로 쑤셔 넣지도, 줄이지도, 납작하게 만들지도, 곧게 펴지도, 고치지도 않을 겁니다. 귀사 마음대로 내 얼굴과 내 몸을 완벽한 눈, 완벽한 코, 완벽한 목, 완벽한 가슴, 완벽한 복부, 완벽한 엉덩이와 완벽한 허벅지로 바꾸도록 내버려두지 않겠습니다. 우리는 귀사의 이익을 위해 고기 자르듯 우리 몸을 자르지 않겠습니다. 우리는 지금 있는 그대로도 충분히 아름다우니까요!
흡연이 우리를 중독시키고 죽인다는 걸 압니다. 굶는 다이어트가 우리의 근육조직과 두뇌활동을 약하게 만든다는 걸 압니다. 우리는 귀사가 잡지와 TV에 내보내는 모습이 불쾌하고, 해롭고, 위험하고 무례하다는 걸 압니다. 이런 광고는 여성과 소녀들에 대한 공격입니다. 이런 광고는 내 지성에 대한 모욕입니다. 이런 광고는 성평등에 대한 공격입니다.

| **투표** | 반드시 투표하자. 여러분의 삶에 영향을 미치는 문제에 대해 어떤 후보가 어떻게 생각하는지 조사하고 투표하자.

| **참여** | 여러분이 관심 갖고 있는 문제를 위해 활동하는 단체를 알아보자. 그들의 싸움에 동참하자. 모든 조직이 이메일이나 SNS를 통해 관련 문제에 대한 최신소식을 알려준다. 또한 여러분의 목소리를 전할 수 있는 시스템도 갖추고 있다.

| **구매** | 돈은 칼보다 강하다. 여러분과 가치관이 다른 사람의 물건은 사지 말자.

| **시위** | 시위라고 해서 꼭 대규모로 모여 도심을 행진해야 하는 건 아니다. 때로는 서너 명이 학교 이사회에 참석하거나 누군가의 사무실을 찾아가는 것도 시위가 될 수 있다. 규모와 범위에 상관없이 우리가 함께 모여 우리가 원하는 것을 요구하면 그런 행동을 보고 누군가는 '시위'라고 꼬리표를 붙일 것이다. 그런 꼬리표 때문에 망설여진다면 우리는 이렇게 물어야 한다. "우리의 행동으로 누가 이득을 보게 되는가?"

해리엇 러너는 자신의 저서 『친밀한 가족관계의 회복』에 이렇게 썼다. "연관성이 늘 분명하게 나타나는 것은 아니지만, 개인의 변화는 사회적 변화, 정치적 변화와 불가분의 관계다." 나는 이 말이 사실이라고 믿는다. 남들에게 손을 내밀면 서로의 공통점을 확인하고 개인과 사회의 변화를 이끌 기회를 만들 수 있다.

손 내밀기를
방해하는 장애물

손 내밀기를 실천할 때는 우리를 방해할 수 있는 장애물에 세심하게 주의를 기울여야 한다. 지금부터는 용기와 연민을 방해하는 두 가지 장애물에 대해 설명하고자 한다. 이 두 가지 장애물의 개념은 인터뷰했던 여성의 이야기를 통해 소개해보겠다.

첫 번째 인터뷰를 전화로 진행했던 제니퍼는 남편 드류와 함께 MBA 과정을 하고 있던, 세 살 난 아들을 둔 여성이었다. 그녀는 대부분이 남성인 수업에서 자기 생각을 말하는 게 힘들다고 했고, 일과 학업 때문에 아직 어린 아들을 어린이집에 맡기는 것에 수치심을 느낀다고 했다. 그녀를 직접 만난 건 그로부터 몇 년 후 내가 주최한 수치심 회복탄력성 워크숍에서였다. 휴식시간에 나를 찾아온 그녀는 자신의 '손 내밀기' 경험담을 워크숍 참석자들에게 이야기해도 되겠느냐고 물었다. 지금부터는 그녀가 들려준 경험담이다.

MBA 학위를 따고 취업을 한 제니퍼와 드류는 꿈에 그리던 동네로 이사했다. 집 맞은편에는 티파니와 앤디 부부가 살고 있었다. 제니퍼와 티파니는 동갑이고 둘 다 아들이 있었다. 아들끼리는 서로 단짝친구가 되었지만, 제니퍼와 티파니는 쉽게 친구가 되지 못했다. 제니퍼는 이렇게 말했다. "우리는 서로 속마음을 털어놓지 못했어요. 만나면 늘 아이들 이야기만 했죠. 친해지려고 몇 번 시도했는데 티파니가 원하지 않는 것 같았어요. 1년이 지난 후에도 우리는 서로에 대해 잘 알지 못했어요. 그 일이 일어나기 전까지는요."

제니퍼에겐 10대 시절부터 알코올중독에 빠진 여동생이 있었다. 어머니도 한때 알코올중독이었으나 벗어난 상태였다. 어머니는 제니퍼에게 전화해 여동생이 재활병원에 입원했는데 병원에서 열리는 주말 가족모임에 드류와 함께 참석해줄 수 있는지 물었다. 제니퍼는 참석하겠다고 대답한 후 티파니에게 아들을 봐달라고 부탁하기로 했다.

제니퍼는 그 당시 상황을 이렇게 기억했다. "집 앞의 길을 건너가 현관문을 두드리고 크게 심호흡을 했어요. 티파니가 나오자 나는 이렇게 말했어요. '내 여동생 칼리가 재활병원에 입원해서 드류와 내가 2주 후에 만나러 가기로 했어. 그때 하룻밤만 아이를 돌봐줄 수 있겠어? 친정엄마에게 아이를 맡겨야겠지만 친정엄마도 여동생을 만나러 병원에 가야 하거든.'" 제니퍼는 티파니가 충격을 받은 표정이었다고 말했다.

티파니는 얼른 이렇게 대답했다. "물론 그럴 수 있지. 걱정하지 마." 제니퍼는 안심했다. 그런데 그때부터 티파니의 질문이 시작되었다. "여동생이 하나밖에 없는 줄 알았는데 어떤 동생 말하는 거야?" "맞아, 칼리. 두 달 전에 칼리가 딸을 데리고 우리 집에 놀러 왔을 때 만났잖아. 동생은 북부에서 친정엄마 가까이에 살고 있어." 제니퍼가 대답했다.

티파니는 당황스러운 표정을 지었다. "그 칼리 말이구나! 말도 안 돼. 굉장히 귀엽게 생겼잖아, 맞지? 어린 여자아이하고 같이 왔었지? 둘이 커플룩으로 원피스 입고 왔잖아, 그지?"

"맞아, 그랬어." 제니퍼는 점점 마음이 불편해졌지만 티파니는 머릿속에서 조각들을 짜 맞추려고 애쓰는 듯 질문을 계속했다. 그 뒤로 다음과 같이 대화가 이어졌다.

티파니 "재활병원 같은 데 갈 사람으로는 안 보였는데. 왜 입원한 거야?"

제니퍼 "알코올중독이야."

티파니 "말도 안 돼. 알코올중독자처럼 안 보이던데. 동생 남편은 뭐래?"

제니퍼 "걔는 결혼 안 했어."

티파니 "말도 안 돼. 그럼 친정어머니는 뭐라고 하셔?"

제니퍼 "알코올중독에 대해서 말이야, 아니면 싱글맘이라는 사실에 대해서 말이야?"

티파니 "나도 몰라."

제니퍼 "엄마는 칼리와 딸이 잘 지내고 있다고 생각하셔. 그리고 우리 엄마도 알코올중독 치료를 받으셨어."

티파니 "어머머. 가족들이 대단하구나. 사연이 많네."

제니퍼 "맞아, 그런 셈이야. 아무튼 그날 저녁에 우리 아이가 이 집에 와서 자도 괜찮겠어?"

이 대화는 제니퍼와 티파니의 관계를 깊게 만들어주는 데 별 도움이 되지 않았다. 그로부터 두 달 뒤, 제니퍼와 티파니의 아들들이 유치원에 입학했다. 입학하고 2주 뒤, 유치원 앞에서 사건이 일어났다. 제니퍼는 사건 전에 아들을 데리고 집에 돌아와 부엌에 있었는데 티파니가 문을 쾅쾅 두드렸다. 제니퍼가 문을 열자 티파니가 흥분해서 무슨 일이 일어났는지 아주 자세하게 설명했다. "못 믿을 거야. 경찰차들 와 있는 거 봤어? 구급차도 와 있는데 봤어?" 제니퍼는 겁이 났다. "어머머! 무슨 일인데?"

"차 한 대가 정차구역에서 도통 나가질 않아서 다른 차들이 경적을 울리기 시작했어. 한 엄마가 차에서 내려 꼼짝 않는 차로 다가갔지. 그런데 차 안 운전석에 여자가 핸들 위에 엎드려 있었던 거야. 차로 다가갔던 엄마가 소리를 지르니까 유치원 선생님들이 달려 나왔어. 다들 차 안에 있는 여자가 죽은 줄 알았어. 구급차가 와서야 차 안에 있던 여자가 죽은 게 아니라는 걸 알았지. 글쎄 술에 취해서 정신을 잃었던 거래! 믿어져?"

제니퍼는 선뜻 대답할 수 없었다. "어머, 세상에. 정말 끔찍하다." 제니퍼는 눈물을 글썽이며 간신히 그렇게 말했다.

그러자 티파니가 끼어들었다. "그렇다니까! 우리 애들 유치원 앞에서 그런 일이 있었다는 게 믿어져? 우리 동네에서 말이야? 잘못했으면 그 여자가 사람을 차로 치어 죽일 수도 있었던 거잖아. 우리 아이들이 사고를 당할 수도 있었다고. 그 미친 여자가 애들 유치원 주변에서 차를 몰고 다녔다고 생각하니까 나도 눈물이 쏟아질 뻔했어."

제니퍼는 할 말을 잃었다. 티파니는 제니퍼가 아무 말도 못 하자 이렇게 말했다. "그래, 나도 알아, 정말 끔찍한 일이야. 나도 충격을 받았어. 그런 일이 여기서, 이 근처에서, 바로 우리 동네에서 일어나다니 말도 안 돼."

제니퍼는 화도 나고 마음도 아팠다. 티파니는 제니퍼의 어머니와 여동생이 알코올중독자라는 사실을 알고 있었다. 하지만 그 사실과 유치원 앞에서 일어난 사건의 연관성을 이해하지 못했다. 그 일로 두 사람 사이가 조금 더 멀어졌지만 티파니는 제니퍼에게 유치원과 초등학교의 공동 겨울 축제 준비에 참여하자고 제안했다. 학부모회 엄마들과 가까워질 좋은 기회라는 이유에서였다. 특히 학부모회 회장인 앰버와 친해질 수 있다고 했다. 제니퍼는 내키지 않았지만 함께하기로 했다. 유치원 행사에 참여하면 워킹맘이라 아이한테 소홀하다는 죄책감을 조금은 덜 수 있을 것 같아서였다.

앰버는 제니퍼가 본 사람 중 제일 완벽한 사람이었다. 그녀를 따르는 친구들도 많았다. 대부분 티파니와 제니퍼의 아이들보다 나이 많은 아이 엄마들이었다. 앰버나 그녀의 친구들이 인사만 건네도 티파니는 말을 더듬으며 당황했다. 제니퍼는 티파니만큼 앰버와 다른 학부모회 회원 엄마들에게 반하지는 않았지만 조금 두렵기는 했다.

겨울축제에서 제니퍼와 티파니는 경매행사를 담당하게 되었다. 어느 날 저녁, 축제 준비회의가 끝나고 나서 제니퍼와 티파니가 카페에서 걸어 나오는데 친구 두 명과 같이 앉아 있던 앰버가 소리쳤다. "여기 와서 우리랑 같이 커피 마셔요." 제니퍼와 티파니는 서로를 쳐다보고는 천천히 앰버가 있는 테이블로 걸어갔다. 두 사람이 자리에 앉자 앰버가 함께 있던 친구들을 소개했다. 그러더니 이렇게 물었다. "두 분은 멋진 방학 계획 세웠어요?"

여기까지 이야기하고서 제니퍼는 나를 똑바로 보더니 이렇게 말했다. "박사님, 솔직히 말해서 제가 그때 무슨 생각으로 그랬는지 모르겠어요." 제니퍼는 다시 말을 이었다. "저는 앰버를 똑바로 바라보며 이렇게 말했어요. '그럼요. 북부에 사는 친정 식구를 만나러 갈 거예요. 여동생이 막 재활병원에서 퇴원했기 때문에 동생과 동생 딸이랑 함께 지낼 생각이에요. 동생은 싱글맘인데 좀 힘들게 지내고 있거든요.'"

티파니는 제니퍼의 솔직한 대답에 굉장히 놀랐는지 앉은 채로 몸을 앞으로 숙이다 탁자에 이마를 찧었다고 했다. 티파니는 몸을 일으키더니 제니퍼를 똑바로 보며 이렇게 말했다. "지금 무슨 소리 하는 거야, 제니퍼! 앰버가 그런 복잡한 가정사에 관심 있을 리 없잖아."

그런데 앰버가 웃으면서 이렇게 말했다. "괜찮아요. 어느 집에나 복잡한 사정은 다 있는 거 아니에요?"

제니퍼가 대답하려는데 티파니가 끼어들며 말했다. "이 집 같은 일은 드물죠." 그 말을 듣는 순간 제니퍼는 수치심을 느끼기 시작했다. 그래서 커피잔만 내려다보고 있었는데 앰버가 어색한 침묵을 깨고 이런 질문을 하는 바람에 제니퍼는 깜짝 놀랐다고 했다. "그래서 여동생은 어떻게 지내요?"

제니퍼는 그 순간을 이렇게 묘사했다. "앰버가 질문은 나한테 하면서 마치 '당신은 입 다물고 있어요'라고 말하는 듯한 눈으로 티파니를 바라보고 있었어요."

제니퍼는 얼른 대답했다. "좋아졌어요. 물어봐줘서 고마워요."

"동생이 어디서 치료받았어요?" 앰버가 물었다.

"무어우드 재활병원이요." 제니퍼가 대답했다.

앰버는 고개를 끄덕이며 말했다. "그랬군요. 제 남편이 그곳에서 치료받는 남자를 후원하고 있어요. 꽤 좋은 곳인 것 같아요."

티파니는 아무 말도 하지 않았다. 그때 앰버의 친구 한 사람이 웃으면서 물었다. "앰버, 자기는 어때? 올해도 겨울방학 파티 가?"

그 말이 나오자 앰버와 친구들이 웃음을 터뜨렸다. 제니퍼는 그들만 아는 농담이라는 걸 눈치챘다고 내게 말했다. 앰버가 고개를 내저으며 말했다. "복잡한 가정사 이야기 좀 할게요."

앰버는 지난해 겨울방학 때 아이들을 데리고 친정어머니 집에 갔다고 했다. 앰버의 친정어머니는 자신의 가장 친한 친구가 여는 연말파티에 함께 가자고 간청했는데, 하필 그 친구가 앰버의 전 시어머니였던 것이다.

제니퍼는 앰버가 그 이야기를 하는 도중에 티파니가 불쑥 "그럼 재혼한 거예요?"라고 물었다고 했다. 앰버는 고개만 끄덕이고 다시 이야기를 계속했다.

앰버는 전남편이 동성 애인과 함께 파티에 온 것을 보고 자신과 남편 모두 깜짝 놀랐다고 했다. 제니퍼는 이렇게 말했다. "이야기가 여기까지 이어지자 다들 깔깔 웃으면서 이야기에 빠져들었어요. 티파니 한 사람만 빼고요. 티파니는 미소조차 짓지 않았어요. 그래서 티파니가 가엾게 느껴지려고까지 했어요. 그런데 티파니가 앰버에게 아직 어린아이들이 '동성애 문제'에 노출되는 게 괴롭지 않느냐고 물었어요."

제니퍼는 앰버가 그 상황에 아주 잘 대응했다고 말했다. 앰버는 어떤 뜻으로 '동성애 문제'라는 말을 했는지는 잘 모르겠지만 막내 시동생과 그의 동성 애인이 시내에 함께 살고 있고 자주 아이들을 봐주기 때문에 자기 아이들한테는 '동성애 문제'가 '정상적인 일'이라고 말했다.

제니퍼는 집으로 돌아오는 차 안에서 티파니가 한마디도 하지 않아서 너무 불편했다고 말했다. 그 일이 있고 며칠 뒤, 제니퍼가 티파니에게 이야기 좀 하자고 했고, 둘은 제니퍼의 동생 이야기, 유치원 앞에서 있었던 사고 그리고 앰버 이야기를 했다. 제니퍼는 자신이 느꼈던 감정에 대해 힘들게 이야기를 꺼냈지만 티파니는 이런 말만 되풀이했다. "자랑할 만한 일도 아닌데 그런 이야기를 왜 계속하는지 이해를 못 하겠어."

제니퍼가 말했다. "나는 그런 일이 자랑스러워서가 아니라 수치스럽게 생각하지 않기 위해서 이야기하는 거라고 설명했어요. 수치심 문제를 해결하려고 노력 중이라고 설명했지만, 티파니는 도무지 이해하려고 하지 않았어요."

티파니는 이렇게 대꾸했다. "앰버가 동성애자 시동생이 있고, 재혼했다고 해서 대단한 사람이라고 생각해야 하는 거야? 글쎄, 난 그 사람이 대단하다고 생각 안 해. 나는 정직한 사람이 좋아. 앰버를 봐. 겉으로 보이는 모습이랑 본모습이 전혀 다르잖아."

제니퍼가 말했다. "나는 너무 화가 나서 그냥 포기했어요. 이야기를 계속했다가는 우리 사이가 완전히 끝나버릴 것 같았어요."

그때부터 두 사람은 아이들과 유치원 관련한 일로만 만났다. 제니퍼는 앰버와 친해졌다. 티파니는 여전히 앰버가 과대평가되어 있다고 확신했고 앰버와 함께 만나자는 제니퍼의 제안을 전부 다 거절했다.

약 6개월이 지난 어느 날 아침, 티파니가 제니퍼에게 전화했다. 그런데 티파니가 너무 심하게 울어서 무슨 말을 하는지 제대로 알아들을 수가 없었다. 제니퍼는 티파니의 집으로 뛰어갔다. 현관문은 열려 있었고 티파니는 부엌 바닥에 주저앉아 흐느끼고 있었다. 무슨 일이냐고 묻는 제니퍼를 보며 티파니가 말했다. "나는 완벽하지 않아. 조금도 완벽하지 않아. 내 인생도 다른 사람들처럼 거지 같아. 정말이야."

제니퍼는 티파니를 안아주며 말했다. "나도 자기가 완벽하지 않다는 거 알아. 정말이야. 그리고 괜찮아. 그냥 괜찮은 게 아니야. 아주 대단한 일이야."

두 사람은 잠시 웃었다. 그러다 티파니가 제니퍼를 돌아보더니 두 손을 들어 앞으로 내밀었다. 티파니는 제니퍼에게 자신은 아버지에 대해 아무것도 몰랐다고 말했다. 본 적도 만난 적도 없다고 했다. 그리고 자신이 너무 수치스럽게 여기기 때문에 친정어머니가 자신의 집에 오지도 않고 자신도 친정어머니를 만나러 가지 않는다고 했다.

티파니가 말했다. "우리 엄마는 가난해. 이도 없어. 말하는 것도 우리하고 달라. 내가 자란 동네는 여기하고 달라. 자라면서 정말 노력했어. 하지만 아무리 열심히 일하고 잘 차려입어도 나는 여전히 별 볼 일 없는 가난뱅이야."

대학교에서 만난 남편 앤디는 티파니가 바라던 모든 것을 갖춘 남자였다. 그는 완벽한 가정 출신인 것 같았다. 티파니는 이야기를 계속했다. "나는 결혼식에도 엄마를 초대하지 않았어. 앤디는 결혼 후에야 우리 엄마를 만났어. 그이도 우리 엄마를 안 좋아했어. 그이는 내 출신배경을 싫어해. 내가 결혼식에 엄마를 초대해야 할지 말아야 할지 모르겠다고 했을 때 남편은 엄마가 오지 않는 편이 모두에게 더 나을 거라고 말했어."

여기까지 이야기가 이어지자 제니퍼는 티파니와 함께 울었다. 티파니는 제니퍼에게 말했다. "나도 평범하고 싶어. 하지만 지쳤어. 남들이 내 친정 문제를 알면 앤디가 화낼 게 뻔하기 때문에 나는 어떻게든 숨기려고 애썼어. 하지만 난 엄마가 보고 싶어. 어떻게 해야 할지 모르겠어. 그래서 너한테 이야기하고 싶었어."

제니퍼는 내게 이렇게 말했다. "뭐라고 말해줘야 할지도 모르겠고 뭘 해야 할지도 모르겠더라고요. 그래서 그냥 옆에 앉아서 이야기를 들어주고 같이 울었어요."

울음을 멈추고 부엌 서랍에서 접은 종이 하나를 가져온 티파니는 제니퍼를 보며 말했다. "네가 수치심 문제를 해결하는 중이라고 말해서 나도 인터넷으로 수치심에 대해 검색해봤어. 그러다 이 시를 찾았어. 이걸 읽어보면 나를 좀 더 잘 이해할 수 있을 거야. 읽어볼래?"

티파니가 내민 종이에는 번 러살라 Vern Rutsala의 「수치심Shame」이라는 시가 적혀 있었다. 제니퍼가 복사본을 주기 전까지 나는 이 시에 대해 한 번도 들어본 적이 없다. 이 시야말로 진실을 말하는 가장 용기 있는 행동을 담고 있다는 생각이 들어 그 일부를 여기에 소개하겠다.

> 자신이 사는 곳을 부끄러워하고
> 보잘것없는 아버지의 월급으로 먹고 입는 것을 부끄러워하고
> 그런 자신을 바라보는 것,
> 이것이 수치심이다.
> 뚱뚱한 몸, 대머리, 불긋불긋 흉측하게 난 여드름
> 점심 먹을 돈이 없는데도 배고프지 않은 척하는 것,
> 이것이 수치심이다.
> 치료비가 없어서 죽을 날만 기다려야 하는데도
> 아프다는 걸 숨기는 것,
> 이것이 수치심이다.
> 싸구려 술을 마시는 자신을 혐오하고
> 무기력함에 쓰레기가 쌓여가고
> 달리 살 길이 있지만 자신이 어리석어 그 길을 찾지 못한다는 부끄러움,
> 이것이 수치심이다.
> 성경에 가득한 '영광'이라는 단어가 내 사전에는 없다는 걸 아는 것,
> 이것이 빌어먹을 수치심, 울부짖는 수치심, 범죄와도 같은 진짜 수치심이다.
> 글을 읽을 줄 모르면서도 읽을 줄 아는 척하는 것,
> 이것이 수치심이다.
> 집 밖으로 나가는 게 두렵고
> 슈퍼 계산대에서 눈치 보며 공짜 쿠폰 찾느라 꾸물거리는 것,

이것이 수치심이다.

더러운 속옷을 입고,

너무나도 당연한 듯 내 아버지도 사무직이라고 거짓말하는 것,

이것이 수치심이다.

친구들한테 자기 집이라며 멋진 집 앞에 내려달라고 하고는

차가 떠나면 초라한 자기 집으로 걸어가는 것,

이것이 수치심이다.

_번 러샬라[1]

짐작하겠지만 이 일은 제니퍼와 티파니의 우정에 엄청난 변화를 가져왔다. 이 일이 있고 난 뒤 처음 두세 번은 서로 조금 어색했지만 결국 둘은 단짝이 되었다.

이제 남에게 손 내밀기를 방해하는 두 가지 장애물인 '분리'와 '벽 쌓기'에 대해 자세히 살펴보려고 한다. 이는 제니퍼와 티파니 사이에 유대감이 형성되지 못하게 가로막을 뻔한 장애물이기도 하다. 이 두 장애물은 모든 수치심 회복탄력성에 영향을 미친다. 이 두 가지가 우리 삶에 어떤 영향을 미치는지 모르면서 수치심 회복탄력성을 기르는 것은 거의 불가능하다.

왜 자꾸 분리하고 벽을 쌓는가?

수치심 문화 속에서 우리는 두려움, 비난, 단절감에 지속적으로 내몰린

나. 이런 상황은 '우리'와 '그들'로 세상을 갈라놓는다. 세상이 우리와 같은 사람들과 다른 사람들로 나뉘는 것이다. 그리고 우리는 '그들'로부터 우리를 분리하려고 부단히 노력한다.

어렸을 때는 같이 놀아도 되는 친구와 같이 놀면 안 되는 친구가 있었다. 사귀어도 되는 아이가 있고 사귀면 안 되는 아이가 있었다. 우리가 다니는 학교가 있고 그 아이들이 다니는 학교가 따로 있었다. 어른이 되어서는 우리 같은 사람들이 사는 동네가 있고 그들이 사는 동네가 있다. 이렇게 우리는 감정적으로 그리고 물리적으로 우리를 '그들'과 분리하고 벽을 쌓는다. 또한 우리는 그들을 지칭하는 언어를 다양하게 만들어내고 있다. 때로는 '그 사람들'이라고 부르기도 하고 더욱 모호한 의미로 '그런 사람들'이라고 부르기도 한다.

나는 '진실truth'이라는 단어를 좀처럼 사용하지 않는다. 많은 약속이 뒤따르는 무게감 있는 단어이기 때문이다. 하지만 지금 이 순간만큼은 그 단어를 사용하려고 한다. 왜냐하면, 내가 지난 10년간 배운 모든 것 중에서 우리가 수치심을 극복하도록 도와줄 가능성이 가장 큰 개념이 바로 이것이기 때문이다.

'우리가 바로 '그 사람들'이다. 진실을 말하자면 우리가 바로 '그들'이다.'

우리와 그들은 무엇이 다를까. 겨우 월급이 좀 많거나, 이혼을 안 했거나, 자녀가 사고를 안 쳤거나, 정신질환에 걸리지 않았거나, 심각한 병이 없거나, 술버릇이 없거나, 바람을 피운 적이 없는 정도다. 이런 차이가 '그들'과 우리를 분리하고 벽을 쌓게 한다. 우리가 믿지 않고, 불쌍하게 여기고, 우리 아이들과 함께 놀지 못하게 하고, 옆집에 사는 게 꺼려지는 '그들'과 우리가 다른 점은 겨우 이 정도다.

내 말이 맞는지 아닌지 증명해보겠다. 여러분 또는 여러분의 가족 중에 다음과 같은 문제를 평생 단 한 번도 겪지 않은 사람이 있다면 5장의 나머지 부분은 읽지 않고 넘어가도 괜찮다.

- 중독(알코올, 약물, 음식, 성관계, 인간관계 등)
- 모든 정신건강 문제(우울증, 불안증, 섭식장애, 조울증, 주의력결핍장애 등)
- 대중의 인식이 안 좋은 질병(성전염성질환, 비만, 에이즈 등)
- 가정폭력(육체적 폭력, 정신적 폭력, 언어폭력 등)
- 성폭력(강간, 부부 사이의 강간, 데이트 폭력 등)
- 아동학대(육체적 학대, 성적 학대, 근친상간, 방임, 정신적 학대 등)
- 자살
- 비명횡사
- 범죄를 저지르거나 감옥에 갇힘
- 막대한 부채 또는 파산
- 유산
- 사이비종교
- 빈곤(계층 문제 포함)
- 저학력(문맹, 중퇴 등)
- 이혼

통계적으로 볼 때 여러분 모두 계속 책을 읽고 있을 것이라고 예상한다. 앞에 소개한 목록은 '다름otherness'에 대한 목록이다. 좋든 싫든 우리 모두 저 목록과 최소한 하나 이상 관계가 있다. 위의 목록을 보고 '웃기고 있네. 내가 이혼했다고 해서 나를 범죄자나 약물중독자와 똑같이 취급한다는 게 말이 돼?'라고 생각할 수도 있다. 하지만 그 생각은 틀렸다. 약물중독보다 이혼을 더 나쁘게 생각하는 사람들도 있다. 내가 인터뷰한 어느 60대 초반 여성은 자신의 자녀들 때문에 수치스러울 때가 많은데, 특히 딸이 가장 수치스럽다고 했다. 딸이 바람피우는 것을 사위에게 들켜 이혼했기 때문이다. 뿐만 아니라 이 여성의 아들은 두 번의 음주운전으로 여러 달 감옥에 있었다. 그녀는 이 두 가지 일을 비교하면서 이렇게 말했다. "사내아이들은 원래 말썽을 피우기 마련이에요. 그건 참을 수 있어요. 하지만 딸아이가 행실이 나쁜 건 평생 씻을 수 없는 수치예요."

앞의 목록은 수치심을 불러일으키는 문제들의 순위를 매기거나 서로 비교하기 위해서 만든 게 아니다. 그래 봤자 우리한테 득이 될 것은 하나도 없다. 이 목록은 우리는 누구나 자신의 경험에 대해 남에게 비판받고 수치심을 느낄 수 있다는 사실을 알려주기 위해서 만들었다. 뿐만 아니라, 우리는 누구나 타인의 경험을 이유로 그들을 비판하고 수치심을 느끼게 만들 수 있다는 사실도 알려주고 싶다.

나는 약물중독을 이겨내고 그에 대한 오명을 이겨낸 높은 수치심 회복 탄력성을 가진 사람들과도 인터뷰했고, 친구들의 부러움을 한 몸에 받으면서도 한편으로는 감추고 싶은 출신배경 때문에 아무것도 못할 정도로 극심한 수치심을 느끼는 여성들과도 인터뷰했다. 이처럼 우리는 누구나 타인의 눈에 '그런 사람들'로 보일 수 있다.

제니퍼와 티파니가 바로 그 완벽한 예다. 제니퍼 가족의 알코올중독 문제, 앰버의 이혼 경력, 유치원 정차구역에서 술 때문에 기절한 여자 모두 티파니에게는 '자신과 다른 사람들'이었다. '그런 사람들'이었던 것이다. 티파니는 제니퍼에게 '여동생이 알코올중독자처럼 안 보였다'는 말을 몇 번이나 되풀이했다. 뿐만 아니라 유치원 주차장에서 정신을 잃은 여자에 대해 이야기할 때도 '우리 이웃' 그리고 '우리 애들 유치원'이라는 말을 반복했다.

티파니는 자기 주변에 '자신과 다른 사람들'이 존재하는 것을 용납할 수 없었다. 왜냐하면 자기 삶 속에 존재하는 '자신과 다른 사람들'을 극도로 부정했기 때문이다. 남편의 부추김이 더해져 티파니는 자신의 어머니와 자신의 가난했던 어린 시절을 부정하려고 했다. 과거를 지워버리기 위해 죽을 만큼 애쓴 티파니는 제니퍼나 앰버가 '자신과 다른 사람들'이라는 사실을 받아들일 수 없었던 것이다.

우리는 '나와 다른 사람'이라는 개념으로 자신과 남들을 분리하고 벽을 쌓는다. 그래서 이런 '다름'의 개념은 남에게 손 내밀기를 심각하게 방해한다. 도움을 받기 위해 또는 도움을 주기 위해 남에게 손을 내미는 것은 쉬운 일이 아니다. 용기를 발휘하는 것도 연민을 실천하는 것만큼 힘들다. 티파니는 제니퍼에게 자신의 삶에 대해 털어놓는 게 쉽지 않았고 제니퍼도 그 이야기를 들어주는 게 쉽지 않았다. 하지만 제니퍼는 힘을 내서 티파니의 이야기를 들어주었다. 왜냐하면 티파니와의 관계가 자신에게 중요했기 때문이다.

남에게 자신의 수치심을 이야기하는 것은 고통스러운 일이다. 그리고 그 사람 옆에서 이야기를 들어주는 것도 그만큼 고통스러운 일이다. 이런 고통을 피하거나 줄이고 싶은 본능 때문에 우리는 '다름'을 이유로 남을 비판하거나 벽을 쌓는다. 그들의 경험을 이유로 그들을 비난한다. 우리는 무의식적으로 사람들을 자신의 지지를 받을 가치가 있는 사람과 그럴 가치가 없는 사람, 이렇게 두 그룹으로 나눈다. 이런 다름의 문제로 수치심을 느끼는 타인에게는 도움의 손을 내밀고 싶어 하지 않는다. 마찬가지로, 우리도 남들이 좋게 생각하지 않는 문제를 겪고 있을 때는 선뜻 도와달라고 손을 내밀지 못한다. 그보다는 차라리 내가 이런 수치심을 겪는 게 당연하다고 믿는 쪽이 더 쉽다.

사람들에 대해 가치가 있다 또는 가치가 없다고 꼬리표를 붙이는 것은 어제오늘 생긴 일이 아니다. 자비와 박애에 관한 문서기록만 살펴봐도, 도움을 필요로 하는 사람들을 '가난이 당연한 사람들'과 '가난해선 안 되는 사람들'로 구분했다. 이런 사고방식은 우리 문화의 일부분이 되어 공공정책, 이웃, 가족 안에도 존재한다.

나에게 일어나지 않을 일이란 없다

두려움은 우리가 벽을 쌓으려는 또 다른 이유다. 내 남편 스티브는 앞에 소개한 '다름'의 목록을 쭉 살펴보더니 고개를 설레설레 내저으며 이렇게 말했다. "그래, 이런 문제를 가지고 우리가 남들을 비난하긴 하지." 그러더니 잠시 생각하다가 내게 물었다. "그런데 정말로 나쁜 문제라고 생각해서 비난하는 게 아니라 두렵기 때문에 피하고 싶어서 비난하게 되는 문제들도 있잖아?" 남편 말이 무슨 뜻인지 나는 정확히 이해했다.

어떤 사람의 경험이 사회적으로 도저히 용납할 수 없는 일이기 때문에 멀리하는 경우도 있지만, 때로는 단지 너무 두렵기 때문에 그러는 경우도 있다. 내 경험이 좋은 예가 될 것 같다. 레지던트 시절 남편은 신생아 집중 치료실을 담당하고 있었다. 퇴근해서 집에 오면 남편은 신생아 집중치료실에서 있었던 일을 이야기하곤 했다. 그곳에서 경험한 슬픔과 기쁨을 나눌 시간이 필요했기에 나는 열심히 그의 이야기를 들어주었다. 그런데 위험한 분만, 죽어가는 아기, 슬퍼하는 가족 이야기를 2주일쯤 들으니 점점 남편의 이야기를 듣기가 괴로워졌다. 당시 임신 6개월이었던 상황이라 더 그랬던 것 같다.

나는 남편에게 그곳에 오는 가족들에 관해 묻기 시작했다. 주로 인종, 수입, 병력 등에 대한 질문이었다. 나는 걱정하는 척하면서 이렇게 묻곤 했다. "그 사람들에 대해 상상해보고 싶어서 그래. 우리가 아는 사람 중에 비슷한 사람 없어? 우리 또래야? 치료비가 굉장히 비쌀 텐데, 보험은 있대? 유전적인 문제 때문에 그런 일이 발생하는 거야?" 그러던 어느 날, 나의 헛소리 같은 질문에 남편이 짜증 난 걸 눈치챈 나는 듣기 좋은 소리는 포기하고 단도직입적으로 물었다. 인종이 뭐야? 가난해? 약물중독자야? 산전 건강관리가 부실했어? 유전적 문제야?

그러자 남편이 나를 보더니 이렇게 말했다. "아니야, 그런 거 아니라고!" 나는 남편의 말을 믿을 수 없었다. 나는 할 수 있는 모든 방법을 동원해서 '그런 사람들'과 나를 분리하려고 애썼다. 문득 내가 TV 저녁 뉴스를 볼 때 하는 것과 똑같은 행동을 하고 있다는 사실을 깨달았다. 뉴스에 강간, 살인, 아동유괴 같은 끔찍한 소식이 나오면 피해자가 어떻게 생겼는지, 어디서 그런 일이 일어났는지를 확인했다. 그리고 피해자가 나와 '다르거나' 사건이 내가 사는 곳과 멀리 떨어진 '다른' 지역에서 일어났다는 걸 확인하면 두려움이 조금은 사라지곤 했다.

어느 날, 학생들과 성폭력에 관해 토론하다가 성폭력 피해자들이 재판 과정에서 2차 피해를 본다는 이야기가 나왔다. 나는 학생들에게 이렇게 말했다. "피고 측 변호인은 배심원들이 피해자와 자신이 비슷하다고 생각하는 걸 원치 않아요. 피해자의 외모, 나이, 인종, 폭력이 발생한 장소 등에서 유사점을 찾지 않길 바라죠. 그래서 피고 측 변호인은 피해자에게 문제가 있다는 식으로 공격하는 겁니다." 나는 계속 말을 이어갔다. "그건 아주 쉬운 방법입니다. 나라도 문제가 있는 피해자와 나 사이에서 유사점을 찾으려 하지 않을 거예요. 그런 피해자와 나 사이에 유사점이 있다면 나에게도 똑같은 일이 일어날 가능성이 있다는 뜻이 되니까요."

토론을 진행하는 동안 나도 그런 방법을 이용해 나를 보호하려고 한 적이 많다고 이야기했다. 그러자 학생들도 비슷한 경험을 하나씩 이야기했다. 두려움 때문에 남들과 자신을 분리하고 벽을 쌓으려 했던 이야기가 이어졌다.

강의실에 앉아서는 성폭력 피해자들이 심지어는 아동인 경우에도 비난받고 외면받는다는 사실에 분노의 목소리를 높이면서도 현실에서는 그들과 자신을 분리하고 벽을 쌓는 게 우리 대부분의 모습이다. 안타깝지만 '다름' 목록이 우리 자신과 무관하지 않은 것처럼, 두렵다고 생각했던 불행이나 고통을 누구나 경험할 수 있다.

엄청난 불행과 고통을 겪는 사람들과 자신을 계속 분리하고 벽을 쌓다가 막상 그 일이 자신에게 닥치면 어떻게 될까? 대부분은 자신을 탓하게 된다. '내가 무슨 짓을 했기에 이런 일이 나한테 일어난 걸까?' '왜 하필 나한테 이런 일이 일어난 거야?' '내가 잘못했기 때문에 이런 일이 일어난 거야.' 이런 식으로 생각하기 쉽다.

암을 이겨내고, 성폭력 피해를 극복하고, 노숙자 생활을 청산하고, 자녀를 잃고, 가정폭력을 겪은 사람들은 다음과 같은 두 가지 말을 자주 한다.

"그 일을 겪기 전까지는 나한테 그런 일이 일어날 거라고 상상도 못 했어요. 나와는 다른 사람들한테만 일어나는 일인 줄 알았죠."

"상상도 못 하겠지만 그건 누구한테나 일어날 수 있는 일이에요. 나와 똑같은 일을 겪는 사람들 곁에 가서 위로해주고 싶어요."

우리는 고통받는 사람들과 가까워지고 싶어 하지 않는다. 특히 그들이 고통받는 게 당연하다고 생각되거나 그들이 받는 고통이 너무 커 보일 때는 더 그렇다. 그런 경우에는 손을 내밀기도 쉽지 않다. 위험하게 느껴지기 때문이다. 가까이하기만 해도 '그런 사람들'과 같은 무리가 되거나 아니면 나한테도 그런 일이 일어날 수 있다는 사실을 인정해야 할 것 같아서다. 그런 걸 받아들이기는 결코 쉽지 않다. 하지만 그런 사람들에게 다가가서 위로하는 여성들은 특별한 힘을 가진 슈퍼히어로가 아니다. 두렵지만 힘들게 용기를 낸 평범한 여성들이다.

내 어머니도 그런 여성 중 하나다. 나는 어머니가 끔찍한 일을 당한 이웃 옆에 앉아 있던 모습을 아직도 생생하게 기억한다. 남들이 수군거리고 손가락질하는 이웃집에 음식을 싸들고 찾아가 위로하거나, 무서운 소문이 난 가족을 저녁식사에 초대하는 어머니 때문에 창피했던 기억도 난다. 그때는 어머니가 왜 그런 행동을 하는지 이해되지 않았지만, 지금은 이해할 수 있다.

우리 어머니는 앞에 소개한 '다름' 목록의 많은 부분에 해당하는 어린 시절을 보냈다. 외할머니는 알코올중독자였다. 그 시절에는 알코올중독에 대한 인식이 지금보다 훨씬 더 안 좋았고 몹시 수치스러운 일이었다. 특히 여성이라면 더 안 좋은 시선을 받았다. 게다가 외할아버지와 외할머니는 어머니가 초등학교 3학년 때 이혼까지 하셨다. 이처럼 어려운 삶을 살았지만 어머니는 자신의 경험을 솔직하게 이야기하면서 그런 어려움을 겪는 것이 자기 혼자만이 아니라는 사실을 깨닫게 되었다. 그리고 1950년대 미국 TV 드라마 속의 전형적인 중산층 문화 때문에 갖게 된 수치심에서 벗어나기로 결심했다. 그런 과정이 있었기에 어머니는 우리를 남다르게 기르셨다.

어른이 된 지금도 주변에 '안 좋은 일'이 일어나는 것을 보면 나는 여전히 때때로 괴롭다. 그럴 때마다 나는 어머니에게 전화한다. 어머니는 우리 형제들에게 늘 같은 이야기를 한다. "장례식에는 꼭 가거라. 이웃들이 몰래 훔쳐보고 수군대는 집에는 먹을 걸 싸들고 가서 안부를 묻도록 해. 잠깐 딴 생각할 수는 있지만, 얼른 정신 차리고 당장 달려가."

위기가 닥친 다른 사람들에게 도움의 손을 내밀라고 한 어머니의 이야기 중에 가장 중요한 것은 이 말이라고 나는 생각한다. "네가 그렇게 하는 사람이 되기를 원하기 때문에 그렇게 하는 거야. 그런 일을 당한 사람이 나일 수도 있고 네가 될 수도 있기 때문에 그렇게 하는 거야."

누구에게 손을
내밀 것인가?

수치심 회복탄력성을 기르고 싶다면, 남들에게 손 내미는 법을 배워야 한다. 용기, 연민, 유대감이 무엇인지 알고 실천해야 한다. 남에게 자신의 이야기를 들어달라고 부탁하기도 쉽지 않지만, 남의 이야기를 들어주는 것 역시 쉽지 않다. 나는 워크숍을 진행할 때 참가자들에게 자신의 수치심 촉발제를 찾아보고 그 수치심 촉발제에 대해서 어떤 사람에게 손을 내밀 수 있는지 생각해보도록 주문한다. 한 가지 문제에 대해 이야기를 나눌 수 있는 사람이라고 해서 다른 모든 문제에 대해서도 이야기를 나눌 수 있는 건 아님을 이해해야 한다.

예를 들어, 프롤로그에서 소개한 수전의 언니는 수전이 아이를 돌봄 프로그램에 맡기려고 하자 수치심을 불러일으킬 말을 했다. 그 일에 대해서 수전은 이렇게 말했다. "육아와 관련해서는 엄마와 언니가 수치심 거미줄이에요. 하지만 종교와 신앙에 있어서는 유대감 네트워크에서 그 둘이 가장 믿을 수 있는 사람이에요."

남에게 손을 내밀고 싶을 때는 자신이 어떤 이야기를 하고 싶은지를 잘 생각해야 한다. 그럴 때는 수치심 항목을 살펴보면서 다음의 '손 내밀기' 질문에 대해 생각해보면 도움이 된다.

- 유대감 네트워크에는 어떤 개인이나 집단이 있는가?
- 공감하고 지지하면서 당신에게 손을 내미는 사람은 누구인가?
- 이 문제에 대해 당신에게 수치심을 불러일으키는 개인과 집단은 누구이고 무엇인가?
- 이 문제 때문에 힘들어하는 사람을 볼 때 당신은 공감하며 손을 내미는가, 아니면 벽을 쌓으려 하는가?

위 질문에 대해 수전, 카일라, 테레사, 손드라는 다음과 같이 대답했다.

수전 육아와 모성 문제에 있어서 엄마와 언니는 유대감 네트워크보다는 수치심 거미줄에 해당돼요. 두 사람 다 나와 너무 가까워서 그런 것 같아요. 내 결정에 사사건건 간섭해요. 내 유대감 네트워크에는 남편, 단짝 친구, 엄마의 교회 친구들이 있어요.

카일라 직장생활에 대한 수치심 거미줄은 간단해요. 상사인 낸시와 회사 동료들이에요. 유대감 네트워크는 사촌이면서 친구이기도 한 캐서린이에요. 그녀는 나와 같은 분야에서 일했는데 현재는 전업주부로 살고 있어요. 그래서 나를 잘 이해해줘요. 생각해보면 이 문제에 있어서는 나 자신이 수치심 거미줄인 것 같기도 해요.

테레사 남편과 단짝친구가 마음을 터놓고 이야기할 수 있는 상대라고 생각하는데 두 사람 다 내 불평을 듣는 데 지쳤어요. 남편은 완전히 질려버렸대요. 지금은 심리치료사와 상담을 하는데 도움이 되는 것 같아요. 심리치료사는 내가 가지고 있는 기대와 가족이 조화를 이룰 수 있도록 도와주고 있어요. 힘들긴 하지만 상황이 더 좋아질 수만 있다면 해볼 만한 노력이라고 생각해요. 내 수치심 거미줄은 나, 엄마, 내가 어울리는 여자들 몇 명이에요. 심리치료사는 이들을 '끊임없이 떠드는 비평가'라고 불러요. 나는 그들이 우리 집과 아이들에 대해 뭐라고 생각할지 늘 걱정해요.

손드라 쉽지 않네요. 내게 최고의 유대감 네트워크는 남편이에요. 우리는 무슨 이야기든 다 하지만, 시댁 식구와 토론하는 문제에 관해서

만은 그렇지 않아요. 이 문제에 대해서는 갈등이 생겨요. 남편은 수치심 거미줄에도 있고 유대감 네트워크에도 있는 거 같아요. 나 역시 그렇고요. 때로는 나 자신을 못 살게 굴지만 또 어떤 때는 내가 나의 제일 좋은 친구이기도 해요. 시집 식구들, 학창시절 선생님들, 목사님, 어린 시절에 알던 어른들 모두 수치심 거미줄에 포함해야 해요. 유대감 네트워크에는 내 학생들, 친구들, 부모님이 있어요.

6장.

말로 표현해야
고통은
사라진다

_네 번째 훈련 수치심 말하기

고통스러운데 그 고통에 대해 아무한테도 말하지 못하는 것만큼 괴롭고 두려운 일도 없다. 아픈 곳이 몸이든, 마음이든 상관없다. 고통을 표현할 정확한 말을 찾지 못하면 이 세상에 나 혼자인 것 같아 외롭고 무섭다. 심지어는 속상하고 화가 나서 분노가 폭발할 때도 있다. 그러다 결국은 마음을 닫고 고통을 감춘 채 침묵해버리거나, 그렇게 할 수 없을 때는 해결책을 찾고 싶다는 간절함 때문에 자신의 감정상태를 타인이 정의하도록 내버려둔다.

수치심은 정의하기 힘든 아픔이다. 수치심은 무의식 속에서 우리의 생각, 감정, 행동을 조종한다. 수치심은 우리에게 들키지 않아야 살아남을 수 있다. 그래서 수치심은 침묵과 비밀을 좋아한다. 만약 우리가 수치심을 알아채고, 수치심 촉발제를 파악하고, 비판적 인식을 실천하고, 남들에게 손을 내민다면, 유대감 네트워크를 형성해서 수치심 회복탄력성을 높일 수 있다. 이런 유대감 네트워크는 공감, 유대감 그리고 수치심 거미줄에서 벗어날 수 있는 힘의 원천이다. 이런 힘의 원천에 닿기 위해서는 소통의 기술이 필요하다. 자신이 느끼는 감정이 무엇인지 그리고 왜 그런 감정을 느끼는지 찾아내고 소통할 수 있어야 한다.

하지만 우리 대부분은 수치심 경험과 수치심 회복탄력성을 높이는 과정을 설명하고 토론하는 데에 필요한 언어를 습득하지 못했다. 수치심은 표현하려면 훈련과 연습이 필요한 복잡한 개념이다. 수치심에 대해 이야기하려면 이 고통스럽고 추상적인 개념을 설명할 용어를 만들어야 한다.

예를 들어, 수치심을 느낄 때 대부분의 사람이 경험하는 엄청난 몸과 마음의 반응을 어떻게 설명해야 할까? 5장에서 소개한 편지에서 바버러라는 이에 대해 멋지게 대답했다. 그녀는 수치심을 느낄 때 얼굴이 빨개지고 배가 아프고 그 상황을 머릿속으로 반복해서 곱씹는다고 말했다. 이것은 수치심을 느끼면 '극도로 흥분하거나, 미칠 것 같거나, 절망감에 빠진다'라고 한 다른 참가자들과는 아주 다른 대답이었다. 이렇게 모호하게 대답한 참가자들에게는 좀 더 구체적으로 설명해달라고 했는데, 자신의 경험을 설명할 수 있는 단어를 찾느라 많이 힘들어했다.

수치심을 말하려면 자신의 고통을 표현하는 법을 배워야 한다. 인간은 기본적으로 유대감을 추구하는 존재이기에 이야기를 좋아한다. 그래서 다른 어떤 방법보다도 스토리텔링이 내가 누구이고, 어떻게 느끼고, 내게 무엇이 중요하고, 남들에게서 무엇을 원하는지를 전할 수 있는 가장 좋은 방법이다. 언어가 없으면 스토리텔링이 불가능하다.

인터뷰하는 내내 여성들은 '수치심을 설명할 방법이 없다'는 것과 '수치스러운 경험에 대해 어떻게 이야기해야 할지 모르겠다'는 것이 두려움,

비난, 단절감을 느끼게 하는 중요한 요인이라고 꼽았다. 수치심 회복탄력성이 높은 여성들은 수치심을 경험할 때 자신이 어떻게 느끼는지 표현할 줄 알고 남들에게 도움을 청할 줄 안다. 그럼 이제 수치심에 대해 말하기 위해 어떤 기술이 필요한지 살펴보자.

수치심 덫은
은밀하게 파고든다

누구나 수치심을 느낀다. 외모, 일, 육아, 경제문제, 가족, 심지어 우리가 통제할 수 없는 인생 경험에 대해 은근한 혹은 아주 직설적인 말들로 상처받는다. 수치심을 불러일으키는 말은 직접적일 때도, 간접적일 때도, 의도적일 때도, 의도적이지 않을 때도 있다. 하지만 공통점이 하나 있다. 그 말은 우리를 아프게 하고 자신을 보호하기 위해 필사적으로 몸부림치게 만든다. 그래서 우리가 수치심에 대처할 때 사용하는 방법 중 대부분은 오히려 무력감을 증폭시키고 수치심에 더 깊이 빠져들게 만든다.

이렇게 더 깊은 수치심을 유발하는 것 중에 '수치심 덫shame trap'이 있다. 수치심 덫은 수치심 중에서도 제일 알아보기 힘들고 대응하거나 말하기 어려운 수치심의 한 형태다. 아주 깊이 숨어 있거나 감쪽같이 위장하고 있어서 우리도 모르는 사이에 불쑥 덫에 걸려버린다. 그것도 몇 번이나 반복해서 말이다. 일단 수치심 덫에 걸리면 벌벌 떨면서 묻는다. "이게 무슨 일이지? 내가 왜 피를 흘리는 거지?" 그러면 수치심 덫을 놓은 사냥꾼은 이렇게 대답한다. "무슨 소리 하는 거야? 아무것도 안 보이는데. 뭐가 보여?

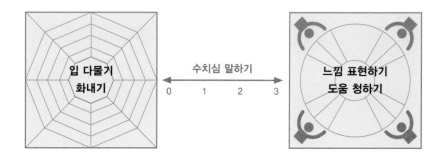

입 다물기
화내기

수치심 말하기

0   1   2   3

느낌 표현하기
도움 청하기

너 괜찮은 거야?" 이럴 때 우리는 너무 놀라서 그 일이 상상 속 일이 아님을 확인하기 위해 몇 번이고 반복해서 떠올려본다. 나 역시 그런 경험을 여러 번 했다. 내 경험담을 사례로 들겠다.

첫아이 엘런을 낳은 직후 나는 신생아를 둔 다른 엄마들을 만날 때마다 동료애가 느껴져 굉장히 들뜨곤 했다. 어느 날 저녁, 나는 업무와 관련해서 필리스를 소개받았다. 그녀 역시 아기를 낳은 지 얼마 안 된 엄마였고 잠시 휴직 상태였다. 나는 그녀에게 아이를 동반한 점심과 놀이 계획을 제안했다.

비슷한 상황의 사람과 만난다는 생각에 들뜬 나는 처음 점심을 함께하는 자리에서 '너무 일찍 너무 많은 이야기'를 털어놓았다. 처음 엄마가 되어 겪는 많은 일을 얼른 다 이야기하고 싶은 조급함에 나는 이렇게 말했다. "이렇게 힘들 거라고는 상상도 못 했어요. 가끔은 엄마 역할을 미뤄두고 잠도 좀 자고 샤워도 하고 싶어요." 그러자 필리스가 이렇게 말했다. "정말요? 난 아기 낳은 걸 후회해본 적이 한 번도 없어요."

그녀의 말에 나는 당연히 충격을 받았다. 그래서 얼른 이렇게 대꾸했다. "나도 아기 낳은 걸 후회하는 건 아니에요. 그냥 그 정도로 피곤하다는 뜻이었어요." 그러자 쉴 틈도 주지 않고 필리스가 다시 이렇게 말했다. "괜찮아요. 아기 낳고 힘들어하는 엄마들도 있대요. 여자라고 해서 무조건 모성을 가지고 있는 건 아니니까요."

그 말을 듣는 순간 나는 화가 나기 시작했다. "이봐요, 필리스. 나는 엄마가 된 게 행복해요. 아기 낳은 걸 후회한 적 없어요. 엘런을 정말 사랑한다고요." 필리스는 안됐다는 표정으로 나를 보며 말했다. "괜찮다니까요. 그렇게 흥분하지 말아요. 애가 좀 더 크면 지금보다는 덜 힘들 거예요."

여기까지 대화가 이어지자 나는 '이거 몰래카메라야?'라는 생각까지 들었다. 누가 이 말도 안 되는 대화를 듣고 내 모성과 정신상태를 의심하지 않을까 싶어서 레스토랑 안을 이리저리 둘러보기까지 했다. 그러고는 울음을 터뜨렸다. 필리스가 말했다. "저기요, 이게 당신한테 이 정도로 민감한 문제인 줄은 몰랐어요. 우리 다른 이야기해요." 나는 멍하고 혼란스러운 상태로 집으로 돌아왔다.

그날 일을 내 친구 돈에게 이야기했더니 그녀도 기막혀했다. 내가 걸려든 "수치심 덫" 때문이 아니라 내가 필리스와 또다시 점심 약속을 했다는 사실 때문이었다. 돈은 이렇게 말했다. "그건 정신 나간 짓이야. 왜 네 자신을 힘들게 만드는 거야?" 그 당시에는 돈에게 아무 대답도 못 했다. 지나고 나서 보니 그때 나는 내가 정상이며 친구로서, 엄마로서 자격이 있다는 것을 필리스에게 증명하고 싶었던 것 같다. 그리고 너무 당황스러운 일이라서 그 모든 일이 나 혼자만의 상상이었다고 생각했던 것 같기도 하다.

거의 두 달 가까이 나는 필리스를 만날 때마다 화나고, 우울하고, 묘한 경쟁심에 휩싸인 채로 집에 돌아왔다. 그래서 다음에 만날 때 그녀가 무슨 말을 할지 머리를 싸매고 예상해서 그녀의 코를 납작하게 만들어줄 대답을 준비하자는 결론에 도달했다.

필리스와의 점심 약속에 나갈 준비를 하던 어느 날 아침 일이 지금도 기억난다. 나는 임신 축하 선물로 받은 새 로션 뚜껑을 열었다. 허브향의 오가닉 로션이었다. 몸에 바르는데 로션에서 흙냄새가 났다. 물티슈로 로션을 닦아내는 순간 이런 생각이 들었다. '이 로션 냄새를 맡으면 필리스가 분명히 듣기 싫은 소리를 할 거야. 그 여자한테서는 늘 백화점 화장품 매장 같은 향기가 나니까 말이야.' 나는 닦아내는 걸 멈추고 로션을 더 바른 다음 옷을 입었다. 점심을 먹으러 가는 길에 나는 필리스한테 대꾸할 말을 준비했다. "어머, 이 로션 마음에 안 들어요? 오가닉 제품인데. 난 우리 아이가 독한 화학약품 같은 향에 노출되지 않도록 조심하고 있거든요. 당신은 안 그래요?"

하지만 그녀는 흙냄새 나는 내 로션에 대해 한마디도 하지 않았다. 대신 다른 걸 공격했다. 잔뜩 실망한 나는 로션 냄새 때문에 속이 울렁거리는 채로 의자에 앉아 있었다. 우연을 가장해서 팔꿈치를 필리스의 코앞에 들이밀 방법이 없을까 궁리했다. 대놓고 '내 팔 냄새 좀 맡아봐요. 마음에 안 들죠, 그죠?'라고 물을 수는 없는 노릇이니까.

돈은 더 이상은 이런 이야기를 듣고 싶지 않다고 했다. 돈이 말했다. "왜 이런 일이 계속되는지 생각 좀 해봐. 점점 심해지고 있잖아." 그 말에 나는 이렇게 대답했던 것으로 기억한다. "알아. 그래서 나도 그 여자가 무슨 생각을 하는지 알아내려고 고심 중이야." 그러자 돈은 한숨을 내쉬고 이렇게 말했다. "그 여자가 무슨 생각을 하는지 알아내려는 중이라고? 내가 알고 싶은 건 그 여자 생각이 아니야. 네가 왜 이런 행동을 하는지 그게 알고 싶어. 너 대체 왜 이러는 거야?"

그로부터 한 달 정도 뒤, 나는 약국에 갔다가 우연히 필리스와 마주쳤다. "어머, 상태가 너무 안 좋아 보여요. 살쪘어요?" 다행히 그때 나는 독감에 걸려 있었다. 몸 상태가 너무 안 좋아서 대꾸할 힘도 없어서 그냥 어깨만 으쓱하고 말았다. 필리스가 가버린 후 이런 생각이 들었다. '와, 저런 못된 말을 하다니, 정말 기분 나쁘네.'

필리스가 거는 싸움에 말려들지 않고 내 감정에 집중하자 내가 그녀에게 얼마나 취약한가를 깨닫게 되었다. 그녀와 싸우는 대신 그녀 때문에 내마음이 얼마나 아픈지, 그녀가 나를 수치스럽게 만드는 못된 말을 얼마나자주 하는지 알게 되었고, 그녀와의 관계를 바로잡아야겠다는 생각도 들었다.

필리스와 점심을 먹고 나면 항상 자괴감이 들었다. 결국 나는 필리스에게 "그런 말을 들으니까 정말 기분이 나빠요. 그건 너무 못된 말이에요"라고 말하고 그녀와의 관계를 끊었다. 그리고 나에게 상처만 주던 그녀와의 관계에서 내가 어떤 역할을 했는지 찬찬히 생각해보았다.

수치심에 대해 이야기하면 자신의 경험을 공개하고 이를 통해 배울 수있다. 수치스러운 일이 생기는 것을 막을 수는 없지만, 수치심을 빨리 알아차리고 긍정적인 방식으로 대처할 수는 있다. 필리스와의 일에 수치심 회복탄력성의 네 가지 요소를 적용해서 나는 다음과 같은 것들을 배웠다.

첫째, 나는 외로웠고, 엄마라는 새로운 역할에 대해 유대감을 나눌 상대가 절박하게 필요했다. 정서적으로 굉장히 상처받기 쉬운 상태였고 모성이 나의 가장 큰 수치심 촉발제라는 것을 알게 되었다. 필리스와의 관계가 점심을 함께하는 만남에서 서로를 깎아내리는 싸움으로 변질됐다는 걸 알고 있었지만, '무례한 대꾸와 반응 계획하기'가 경고 신호라는 건 알아차리지 못했다. 남을 수치스럽게 만들고 상처 줄 방법을 계획한다는 것은 실은 자신이 수치심에 심각하게 빠져 있다는 뜻이다. 수치심을 무기로 '맞서 싸우면' 내 수치심이 줄어드는 게 아니라 오히려 더 늘어난다는 것도 이제는 잘 안다. 그건 내가 원하는 바가 아니다.

둘째, 처음 엄마가 된 거라 엄마들에게 모성이 얼마나 강력한 수치심 촉발제가 될 수 있는지 이해하지 못했다. 그래서 필리스와의 관계에서 얻은 경험을 개별화(나 혼자만 이런 것이다)하고 병리화(내가 미쳤다)했다. 모성에 대한 비판적 인식에 대해 배우고 실천하기까지는 많은 시간이 걸렸다.

셋째, 돈에게 필리스와의 관계에 대해 이야기하고 도움을 청했을 때 그녀가 나를 돕기 위해 했던 말에 귀를 기울여야 했다. 하지만 그때 나는 돈이 모성에 관한 유대감 네트워크에서 얼마나 큰 부분을 차지하는지 미처 몰랐다. 돈의 걱정을 외면하지 말고 귀 기울여야 했다.

넷째, 엄마 역할이 힘들다는 내 말에 필리스는 "정말요? 난 아기 낳은 걸 후회해본 적이 한 번도 없어요"라고 대꾸했다. 그때 내가 '와, 아이 키우는 게 힘들다는 말을 어떻게 아이 낳은 걸 후회한다는 말로 알아들을 수가 있어요?'라고 되물었으면 좋았을걸 그랬다. 내가 그렇게 말했는데도 그녀의 수치심 공격이 계속됐다면 나는 아마 이렇게 말했을지도 모른다. '우린 서로를 이해하지 못하는 거 같네요. 그냥 다른 이야기해요.' 물론 지금은 더 이상 그녀와 어울리지 않는다.

끝으로, 내 경험 속에서 나를 수치심에 가둬놓는 안 좋은 패턴들, 즉 수치심 연막을 알아보는 법을 배웠다. 필리스를 상대하던 내 행동을 돌아보면서 내가 특히 모성이라는 문제와 관련해서 단절 전략을 사용한다는 걸 깨달았다. 나는 '다가가기'와 '맞서기' 전략을 모두 사용하는 경향이 있다. 함께 있을 때는 감정을 숨기거나 착한 사람인 척하려고 애쓰지만, 집에 돌아가서는 화내고 나를 수치스럽게 만든 사람을 골탕 먹일 계획을 짜는 것이다. 필리스에 대해서도 함께 있을 때는 우리가 같은 상황이고 내가 좋은 엄마라는 걸 알리려고 애썼다. 그러다 집에 돌아가서는 화를 내면서 말로 그녀의 코를 납작하게 할 방법을 찾으려고 머리를 썼다.

뿐만 아니라 나는 '나한테 새 친구가 생기는 게 마음에 안 들어서 저런 소리를 하는 거야'라고 돈을 원망하기도 했다. 아무 상관없는 사람에게 화를 내거나 원망하는 것은 우리가 수치심을 느낄 때 흔히 취하는 방어전략이다. 많은 이들이 수치심을 불러일으키는 사람이나 문제에 직접 맞서는 대신 자녀나 배우자, 친구에게 화를 낸 적 있다고 말했다.

필리스와의 일도 벌써 7년이나 됐다. 그때 내가 무슨 짓을 했고 왜 그랬는지 분명히 이해하기까지 꽤 오랜 시간이 걸렸다. 그런 걸 이해하는 일은 금방 되지 않는다. 아주 천천히 이루어진다.

내 마음이 아프다는 걸 어떻게 전해야 할까?

타인이 유발하는 수치심에는 '의도적인 수치심'과 '의도하지 않은 수치심'이 있다. 수치심의 동기를 안다고 해서 고통을 피할 수 있는 건 아니다. 의도하지 않은 수치심도 고통스럽기는 마찬가지이다.

상대가 의도한 것인지 아닌지 구분하기는 결코 쉽지 않다. 그것을 구분하려면 먼저 수치심을 불러일으키는 사람의 동기를 알아야 한다. 그 동기는 분명할 때도 있고 그렇지 않을 때도 있다. 다음은 인터뷰 참가자들에게 상처를 주고 수치심을 불러일으킨 말과 그들이 생각한 상대의 동기이다. 그 아래에는 그 말 때문에 자신이 얼마나 마음이 아픈지 표현하는 방법을 소개했다.

- 친정에 갈 때마다 엄마한테서 제일 먼저 듣는 말이 "세상에, 너 아직도 뚱뚱하구나!"이고 친정집에서 나올 때 마지막으로 듣는 말은 "제발, 너 살 좀 빼라"예요. (동기부여의 수단으로 수치심을 이용)

  표현 방법 ⋯⋯▸ 살을 빼라고 엄마가 그런 식으로 말할 때마다 마음이 너무 아프고 수치심을 느껴. 엄마가 관심 있는 건 내 외모뿐이라는 생각이 들 정도야. 자존심을 상하게 해서 살을 빼게 할 생각이라면, 그 방법은 나한테 안 통해. 기분만 상하고 엄마와의 사이를 나빠지게 만들 뿐이야. 엄마가 그런 말을 할 때마다 난 정말 마음이 많이 아파.

- 남편이 나를 버리고 다른 여자한테 가버렸는데 아들은 남편이 떠난 게 "엄마가 뚱뚱하기 때문이야!"라고 말해요. 그게 수치스러워요. (분노를 표현하기 위해 수치심 이용)

  표현 방법 ⋯⋯▸ 네가 그런 식으로 말하면 엄마는 세상에 무너지는 것처럼 괴로워. 엄마나 아빠한테 화가 났다면 이야기로 풀 수 있어. 하지만 서로에게 화만 내면 이야기를 할 수 없잖니.

• 아들에게 처음 귓병이 생겼을 때 소아과 의사가 이렇게 말했어요. "도대체 이렇게 될 때까지 엄마가 뭐 하신 건가요? 일이 더 중요합니까, 아들의 청력이 더 중요합니까?"(비난의 수단으로 수치심 이용)

표현 방법 ⋯➤ 선생님이 그렇게 말씀하실 때 뭐라고 대답해야 할지 생각이 나지 않았어요. 제게 필요한 건 아이를 치료하는 데 필요한 정보인데, 그런 식으로 저를 수치스럽게 만드시니 선생님 말씀을 듣고 있기가 힘드네요.

다음은 의도하지 않은 수치심의 사례들이다. 이 이야기를 할 때 인터뷰 참가자들은 '수치심을 주려고 일부러 그 말을 한 것 같지는 않아요' 또는 '그 사람들이 잘 몰라서 그랬을 거예요'와 같은 말을 많이 했다. 그렇지만 '의도'와 상관없이 그 경험 때문에 수치스러웠으며, 고통스러웠고, '수치심을 일으킨 사람'과의 관계가 나빠졌다고 말했다.

• 암 환자였다는 게 수치스러워요. 직장 동료들은 저를 보며 '저 사람은 더 이상 이런 건 못할 거야'라고 생각해요. 식구들도 '넌 더 이상 이런 건 못할 거야'라고 생각하고요. 모든 사람이 저를 아무것도 못하는 사람 취급했어요. (불편함, 동정심)

표현 방법 ⋯➤ 내가 무사히 업무에 복귀했는데도 모두 나를 환자 취급한다는 느낌이 들어요. 나를 도와주거나 힘이 되어주고자 그러는 거라고 해도 나를 남들과 다르게 대하는 게 오히려 나를 더 외롭게 만들고 아웃사이더처럼 느껴지게 해요. 그냥 나를 예전과 똑같이 대해주면 좋겠어요.

• 유산했다는 사실을 이야기했을 때 친구들은 내가 슬퍼할 틈을 주지 않았어요. 다들 '적어도 넌 다시 임신할 수 있잖아'라거나 '임신 초기였으니 다행이야' 같은 말만 했어요. (불편함, 동정심 - 큰일이 아니라고 위로해주려는 의도)

표현 방법 ⋯⋯▶ 유산 때문에 나 너무 슬프고 외로워. 사람마다 받아들이는 마음이 다를 수 있는 건 아는데 나한테는 유산이 너무 큰 상처야. 그래서 너희들한테 내 마음을 이야기하고 싶어. 별일 아니라는 식으로 말하는 건 나한테 위로가 안 돼. 나를 걱정해주는 사람들한테 내 마음을 이야기하고 싶어.

수치심 거미줄에서 벗어나기가 어려운 이유는 다른 덫들과 마찬가지로 빠져나오려 발버둥 치면 칠수록 더 꼼짝할 수 없게 되기 때문이다. 덫에서 빠져나오려면 천천히, 신중하게 그리고 자신이 무엇을 하고 있으며 왜 하는지를 잘 생각하면서 행동해야 한다.

첫 번째 사례의 경우, 대부분의 사람이 이런 식으로 대응한다. "그만 좀 해. 살쪘다고 말하는 거 정말 듣기 싫어. 지겨워 죽겠어." 하지만 이렇게 짜증이나 화를 내는 식으로 말해서는 아무것도 해결되지 않는다. 상대에게 '당신 때문에 내 마음이 아프다'라는 말을 전해야 한다. 타인에게 자신이 어떻게 느끼는지 말하는 것은 상대를 공격하는 것보다 훨씬 더 큰 힘을 발휘한다.

너의 솔직함이
나에게 상처가 될 때

솔직한 감정표현은 의도하지 않은 수치심에 대해 이야기할 때도 효과가 있다. 의도하지 않은 수치심은 도움을 주려다가 불필요한 충고를 하거나 비난을 하거나 분위기가 어색해져서 대화를 중단해버릴 때 자주 발생한다. 이렇게 의도하지 않은 수치심을 일으키는 소재로 불임이나 난임을 꼽을 수 있다. 불임이나 난임으로 힘들어하는 사람이 많기 때문에 이 문제를 의도하지 않은 수치심의 예로 사용하고자 한다.

주위의 누군가로부터 '우리 부부는 임신하려고 노력 중이야. 내가 난임이거든'이라는 말을 한두 번쯤 들어본 적 있을 것이다. 그런 말을 들었을 때 여러분은 어떤 반응을 보였는가? 안타까운 마음에 '잘될 거야. 좀 더 기다려봐'라거나 '입양은 생각해봤어?'라고 말하기 쉽다.

워크숍에서 불임이나 난임에 대한 이야기가 나오면 모두들 굉장히 감정적으로 변한다. 불임이나 난임으로 인한 고통이 얼마나 깊은가를 잘 알고 있기에 관련 자료를 찾다가 도움이 될 만한 가이드라인을 발견했다. 조디 얼Jody Earle 과 페레 연구소Ferre Institute 가 함께 만든 자료인데 불임이나 난임으로 인한 자신의 감정을 표현하고 필요한 도움을 청하는 법을 알려주는 아주 좋은 예라고 생각한다. 그 일부를 소개해보려 한다.

• 당신은 내가 집착하고, 우울하고, 무기력하고, 남을 부러워하고, 너무 심각하고, 불쾌하고, 공격적이고, 적대적이고, 냉소적이라고 생각할 수도 있어요. 좋은 모습은 아니죠. 당신이 이해하기 힘든 것도 당연해요. 나는

혼란스럽고, 조급하고, 초조하고, 두렵고, 소외된 것 같고, 외롭고, 죄책감
이 들고, 수치스럽고, 화나고, 슬프고, 절망적이고, 불안정한 감정을 느낀
다고 **표현하고 싶어요.**

• 나는 **혼란스러워요.** 내가 임신을 못할 거라고는 상상도 못 했어요. 오랫
동안 임신을 미뤘는데 막상 아기를 가지려고 하니까 임신이 안 되다니,
정말 아이러니한 것 같아요.

• 마음이 **급하고 초조해요.** 한동안 임신을 하려고 노력하다가 내가 난임이
라는 사실을 알게 되었어요. 그러자 내 인생 계획이 갑자기 모두 뒤로 미
뤄져버렸어요.

• **두려워요.** 난임은 온통 알 수 없는 일들뿐인데, 나는 확실한 답을 원하기
때문에 겁이 나요. 얼마나 오랫동안 기다려야 할까요?

• **소외된 것 같고 외로워요.** 어디를 가든 아기가 있고 누구와 만나든 아기
와 관련된 이야기를 해요. 보이지 않는 이 저주를 겪는 건 나 하나뿐인
것 같아요. 아기와 관련된 모든 게 마음을 아프게 하기 때문에 나는 사람
들과 어울리지 않고 피해요.

• **죄책감이 들고 수치스러워요.** 불임이 의학적인 문제라는 사실을 잊어버
릴 때가 많아요. 불임 때문에 자존감이 무너지고 내가 실패자처럼 느껴
져요. 왜 내가 이런 벌을 받는 걸까? 내가 뭘 잘못했기에 이렇게 된 걸
까? 나는 엄마가 될 자격이 없는 걸까?

• 모든 것에 **화가 나요.** 내가 엉뚱한 곳에 화를 낸다는 건 나도 알아요. 내
몸이 나를 배신한 것 같아서 내 몸에 화가 나요. 난임에 대해 나만큼 심
각하지 않은 남편한테도 화가 나요. 치료비를 감당하느라 다른 많은 걸
희생해야 해요. 난임치료 때문에 일에 방해를 받으면 직장을 잃을지도

몰라요. 내가 난임이라는 것에 대해 모두들 한마디씩 해요. 저마다 쉽게 해결책을 이야기해요. 다들 아는 것도 없으면서 말만 많이 해요.

- 가끔 불안이 사라질 때가 있어요. **불안에 대처하는 법**을 배우는 중이에요. 이제는 내가 미친 게 아니라고 확신해요. 그리고 이 상황을 이겨낼 수 있다고 믿어요. 내 몸의 소리를 듣고 내가 필요로 하는 것을 화내지 않고 적극적으로 요구하는 법도 배우고 있어요. 나는 불임이지만 열정적으로 즐겁게 인생을 살아갈 자격이 있는 사람이에요.

- 당신이 내 말에 **귀 기울여주기**를 바라요. 내가 겪는 고통에 관해 이야기하는 것만으로도 결정을 내리는 데에 도움이 돼요. 느긋하게 내 이야기를 들어줄 수 있을 때를 알려주세요. 다른 사람들은 더 나쁜 일도 겪었더라, 남들은 불임을 이렇게 쉽게 이겨냈다더라, 하는 이야기는 나한테 하지 말아주세요.

- 당신이 나를 **응원해주기**를 바랍니다. 내가 하는 모든 결정이 쉽지 않았다는 것을 알아주세요. 고민하고 고민한 끝에 결정한 것이니 비록 동의하지 않더라도 내 결정을 존중해준다는 것을 내게 보여주세요.

- 당신이 나를 **불편하게 여기지 않기**를 바라며 나 역시 당신을 불편하게 여기지 않으려고 합니다. 불임에 관해 이야기하기가 불편할 때가 있습니다. 하면 안 되는 말을 할까 봐 걱정되세요? 그런 마음도 나에게 이야기해주세요.

- 당신이 **세심하게 행동해주기**를 바랍니다. 용기를 내기 위해 나 스스로 불임에 대해 농담을 할 때도 있지만 남들이 불임에 대해 농담하는 건 재미있지 않아요. '제대로 할 줄 모르는 거 아니야' 같은 농담은 하지 말아주세요. '내년 이맘때 쯤엔 아기가 생길 거야'와 같이 영혼 없는 말도 위로

가 되지 않습니다.

수치심 말하기는 남들에게 우리가 어떻게 느끼는지 말하고 우리가 필요로 하는 도움을 청할 수 있게 해준다. 여러분이 수치심을 느끼는 문제가 불임이 아니라 실직일 수도 있고, 비만이나 중독일 수도 있다. 어떤 문제로 수치심을 느끼든 이 예시들을 활용해 자신의 감정과 요구사항을 말할 수 있다.

수치심 말하기를 배우면 수치심 거미줄의 미묘한 언어를 사용할 수 있다. 이 언어는 수치심을 유발하는 데에 사용되기도 하고 우리가 어떻게 느끼고 무엇을 필요로 하는지 설명하면서 수치심을 막을 때 사용되기도 한다. 나는 다음과 같은 말을 들으면 아주 조심한다.

- 너는 너무 예민해.
- 네가 이 정도로 마음 약한 줄 몰랐어.
- 이게 너한테 그 정도로 심각한 문제인 줄 몰랐어.
- 넌 너무 방어적이야.
- 네 앞에서는 말조심해야겠어.
- 그건 전부 네 상상일 뿐이야.

나는 무엇이든 잔인한 것은 좋아하지 않는다. 때론 솔직함도 잔인할 수 있다. 정직이 최선이라는 말이 있지만, 수치심, 분노, 두려움, 고통을 부르는 솔직함은 참된 '솔직함'이 아니다. 솔직함을 가장한 수치심, 분노, 두려움, 고통일 뿐이다.

정확하다거나 사실에 근거한다고 해서 타인에게 상처 주는 데 솔직함을 이용해서는 안 된다. 수치심 거미줄은 솔직함을 앞세울 때가 많다. 이런 말로 자신을 포장한다. "나는 사실을 말하는 것뿐이에요. 이건 팩트예요."

솔직함으로 가장한 수치심을 포함해서 '사람을 미치게 만드는' 수치심은 필리스와 나의 관계처럼 사소한 일부터 아주 심각한 정서적 학대에 이르기까지 모두 이용된다.

가정폭력 분야에서는 '가스등 효과Gaslight Effect'(상대방을 위한다는 명목으로 자신이 원하는 목적을 이루기 위해 상대방의 행동을 통제하고 조종하는 현상을 일컫는 심리학 용어_옮긴이)라는 용어를 사용할 때가 있다. 이 용어는 잉그리드 버그먼Ingrid Bergman이 주연한 영화 〈가스등Gaslight〉에서 차용되었다. 영화에서 그녀는 '수치심 덫'에 의해 서서히 미쳐간다. 수치심은 실제로 아주 위험한 학대의 수단으로 사용될 수 있다.

수치심 회복탄력성이 높은 사람들은 용기와 연민을 실천하는 데 있어서 유대감 네트워크를 잘 이용했다. 이는 자신의 감정과 요구사항을 정확히 표현할 줄 아는 능력 덕분이었다.

이 책을 읽으면서 여러분 모두 수치심과 수치심 회복탄력성에 대한 이해가 높아지고 있을 것이다. 자신의 수치심 문제에 실제로 적용해보는 사람도 있고, 일단 책을 쭉 읽으며 마음에 담아두는 사람도 있을 것이다. 어느 쪽이든, 지금 여러분은 수치심을 말하는 법을 배우는 중이다.

지금까지 살펴보았듯이, 수치심은 지극히 개인적인 경험이다. 우리 각자가 자신만의 수치심 촉발제와 그 이면에 숨은 메시지를 파악하고 자신만의 방법으로 수치심 회복탄력성을 길러야 한다. 하지만 우리의 경험에는 공통적인 패턴도 존재한다. 예를 들어, 앞에서 언급한 '열두 가지 수치심 항목'처럼 말이다. 게다가 우리에겐 '문화'라는 공통점도 있다. 현대사회에서 단절에 대한 두려움은 매우 크다. 사람들은 타인과의 연결을 확인하려고 끊임없이 애쓴다. 수치심 회복탄력성을 기르기 시작하면 수치심을 불러일으키는 수많은 경험과 메시지가 두려움, 비난, 단절감이라는 수치심 문화에서 비롯되었음을 알게 될 것이다.

앞으로 이어질 세 개의 장에서는 수치심 문화가 우리의 삶, 특히 완벽주의, 전형화, 투명인간 취급, 중독과 관련한 문제에 어떻게 영향을 미치는지 살펴볼 것이다. 완벽함과 사랑받는 것을 중시하는 문화에 맞서면서 우리가 용기, 연민, 유대를 실천하는 데 필요한 진정성과 힘을 어떻게 키울 수 있는지도 알아보자.

7장.

완벽을
강요하는 문화가
수치심을 부른다

두려움과 수치심보다 더 강한 관계는 없다. 이 두 감정은 힘을 합쳐 완벽한 감정적 폭풍을 일으키곤 한다. 수치심은 두려움을 낳고 두려움은 다시 수치심을 낳는다. 이 둘이 만나면 너무 맹렬히 작동하기 때문에 어디서 하나가 멈추고 다른 하나가 시작되는지를 구분하기가 쉽지 않다.

수치심 또는 단절감에 대한 두려움 때문에 우리는 많은 것을 무서워한다. 여성에게 가장 큰 영향을 미치는 문제는 불완전함, 평범함, 대범하지 못함, 취약성에 대한 두려움이다. 이제부터 이런 고통에 대해서 알아보고 수치심 회복탄력성이 두려움 앞에서 어떻게 용기와 연민을 실천할 수 있도록 도와주는지 알아보자.

우리가 바라는
완벽한 모습의 실체

나는 〈플래시댄스〉라는 영화를 스무 번도 넘게 봤다. 1980년대에 나는 제니퍼 빌즈Jennifer Beals가 연기한 여주인공 알렉스처럼 되고 싶었다. 그녀는 낮에는 건설현장 노동자 생활을 하지만 밤에는 재능 있고 꿈 많은 무용수로 변신한다. 이 영화에서 내가 제일 좋아하는 부분은 알렉스가 거만한 발레학교 심사위원들 앞에서 오디션을 보는 장면이다.

이 영화를 보고 나는 맨투맨티셔츠와 레그워머를 엄청나게 샀다. 나만 그런 게 아니었다. 저녁식사 모임에서 만난 친구 여섯 명이 모두 똑같은 파마에 헤드밴드를 하고 찢어진 맨투맨티셔츠 차림으로 나타난 적도 있다.

우리 모두 〈플래시댄스〉 속의 알렉스가 되고 싶었다. 그녀는 완벽했다. 찢어진 옷은 섹시해 보였고 용접공 일을 하는 모습은 씩씩해 보였다. 발레를 하는 모습은 멋지고 브레이크댄스를 추는 모습은 여유가 넘쳐 보였다. 하지만 완벽함은 환상일 뿐이었다. 내가 가장 좋아하는 그 오디션 장면을 찍기 위해 네 명의 스턴트 배우들이 동원됐다는 사실에 나는 엄청나게 실망했다. 제니퍼 빌즈는 아름다운 얼굴만 보여주고 발레 장면은 전문 무용수가, 비보이처럼 뛰어오르고 점프하는 장면은 체조선수가 대신했던 것이다. 그러면 알렉스처럼 파마하고 레그워머를 사느라 쓴 내 돈은……. 존재하지도 않는 완벽함을 흉내 내려고 헛수고한 것이다.

스스로에게 요구하는 기대를 자세히 살펴보면, 우리가 생각하는 완벽함이란 〈플래시댄스〉에 대한 나의 환상처럼 누구도 이룰 수 없는 비현실적인 기대임을 깨닫게 될 것이다. 단지 완벽하게 보이는 조각들을 모아놓은 것에 불과하다. 우리는 그냥 좋은 게 아니라 완벽해지고 싶어 한다. 우리가 본 완벽한 조각들을 합해놓은 사람이 되고 싶어 한다.

우리가 되고 싶은 완벽한 모습은 어디서 만들어진 것일까? 답은 바로 우리를 둘러싼 수치심 거미줄에 있다. 가족, 배우자, 친구, 나 자신, 동료, 지인 등 수치심 거미줄에 있는 사람들의 기대를 합한 모습이 우리가 '되고 싶은 완벽한 모습'이다. 이것은 특히 외모, 모성, 육아, 일, 가족과 같은 수치심 항목에 영향을 준다. 이런 항목과 관련된 기대는 아주 일찍부터 우리에게 쏟아진다. 태어나는 순간부터 우리는 귀엽고 매력적이어야 한다. 성인이 되면 결혼하고, 성공하고, 아이를 낳고, 남들이 다 하는 육아법으로 아이를 기르고, 지극히 정상적이고 조화로운 가정을 만들어야 한다. 주위 사람들만 우리에게 기대를 거는 게 아니다. 미디어가 버티고 있다. 그들은 말 그대로 짜깁기한 완벽한 이미지를 홍수처럼 쏟아내며 누구나 완벽해질 수 있다고 말한다. 우리는 갓 태어난 아이를 보며 이 아이의 미래와 잠재력에 대해 상상한다. 그리고 이렇게 생각한다. '아직은 잘못된 게 하나도 없어. 이 아이는 모든 걸 다 가질 수 있어.'

기대를 대놓고 강요하는 집이 있는가 하면 속으로 생각만 하는 집도 있다. 하지만 표현방식과 상관없이 소녀와 여성들은 TV, 책, 장난감, 우연히 듣게 되는 대화, 교사와 또래집단을 통해 기대를 매일 접한다. 그런 기대가 미치는 영향력은 특히 신체이미지, 부양, 모성 문제에서 쉽게 찾아볼 수 있다. 이 세 가지는 '완벽주의'로 인한 갈등이 가장 심한 영역이다. 그러면 신체이미지부터 시작해서 이 세 가지 분야에 대해 살펴보자.

(1) 신체이미지

수치심 항목을 나눌 때 처음에 '외모'라는 항목에 신체이미지를 포함했다. 그런데 자료를 수집하다 보니 신체이미지가 수치심 항목에서 하나의 범주를 차지할 정도로 크다는 사실을 발견했다.

외모가 신체이미지를 비롯해서 옷, 체형, 스타일까지 겉으로 보이는 모습 전부를 의미한다면, 신체이미지는 외모에 대한 수치심을 자극하는 요소라고 할 수 있다. 인터뷰 참가자들의 90% 이상이 자신의 몸에 대해 수치심을 느꼈다고 대답할 정도로 신체이미지는 '보편적인 수치심 촉발제'에 가장 가깝다. 몸에 대한 수치심은 너무도 강력하고 또 우리의 정신 속에 깊이 뿌리박혀 있어서 성생활, 모성, 육아, 건강, 나이, 자기 생각 말하기를 포함한 다른 항목에도 영향을 미친다.

신체이미지는 '자기 몸'에 대해 갖는 생각과 느낌이다. 자기 몸에 대한 머릿속 사진인 셈이다. 그런데 불행히도 이 사진은 실제 모습과 대부분 다르다. 실제 자기 몸이 아닌 '이렇게 되어야 한다'고 믿는 이상적인 몸을 생각하는 경우가 많다.

이상적인 몸과 다른 자기 몸에 혐오감을 느끼고 쓸모없다는 생각이 들면 그로 인한 수치심이 나를 바꾸고 세상을 대하는 태도와 나의 태도도 바꾼다. 한 여성은 내게 '뚱뚱해서 안 좋은 점 중 하나'가 남들한테 친절해야 한다는 끊임없는 압박이라고 말했다. 그러지 않으면 사람들에게 '뚱뚱한 주제에 성격도 못됐다'는 식의 이야기를 들을 거라고 했다.

인터뷰 참가자 중에는 몸에 대한 수치심 때문에 성관계를 즐기지 못하거나 반대로 내키지 않는데도 자기 몸이 쓸모 있다는 걸 확인하기 위해 억지로 성관계를 한다는 여성도 있었다. 그리고 몸이 자신을 배신해서 수치

심을 느낀다는 여성도 많았다. 신체적 질병, 정신질환, 불임을 겪는 여성이
그랬다.

우리는 '신체이미지'의 범위를 너무 좁게 생각하곤 한다. 신체이미지는
날씬하고 예쁘게 보이는 것만 의미하지 않는다. 자기 몸이 원하는 대로 되
지 않아서 화나고 자신을 비난하기 시작하면 몸과 정신을 조각조각 바라
보게 되고 그러면 '온전한 한 사람으로서의 자기'를 잊어버리게 된다.

신체이미지와 수치심에 관해서 이야기할 때 임신한 몸을 빼놓을 수 없
다. 임신한 몸에 대한 인식에는 몇 가지 단계가 있는데, 그와 관련된 수치
심도 몇 단계로 나뉜다. 먼저, 임신을 원하는 여성의 단계가 있다. 임신 전
에 여성은 날씬한 몸을 가져야 한다는 압박을 받는다. 너무 뚱뚱해서 임신
을 못한다는 말을 들을까 봐 겁나서 산전 건강관리를 받지 못했다는 여성
도 있었다.

그다음은 실제로 임신한 단계다. 지난 몇 년간 임신한 몸만큼 마구잡
이로 이용된 신체이미지도 없을 것이다. 임신해서 살찌고 튼살이 생긴 몸
을 포토샵으로 수정한 다음 '짜잔! 나도 여러분 같은 인간이에요!'라면서
잡지에 등장하는 스타들의 모습은 우리가 실제로 임신하면서 겪는 현실과
전혀 다르다.

마지막은 출산 후의 몸 단계다. 출산 후에 변한 몸 때문에 힘들어하는
여성은 수치심만 느끼는 게 아니다. 슬픔, 상실감, 분노, 두려움까지 느낀
다. 몸매 변화뿐만 아니라 치질, 튼살 등 여성은 임신과 출산 후에 영원히
사라지지 않는 변화를 겪으며 힘겨워한다. 거기다 미디어는 출산 후 신체
이미지에 대한 기대치를 한없이 끌어올리는 데에 한몫한다. 출산 후 일주
일 만에 예전 몸매를 되찾아 명품 기저귀 가방을 들고 아기를 마치 인형처

럼 안고 있는 스타들의 모습을 낭연한 듯 비춘다.

육아도 신체이미지에 영향을 받는 수치심 항목 중 하나다. 수치심은 수치심을 낳는다. 부모는 자녀의 신체이미지에 지대한 영향을 미친다. 여자아이들은 부모, 특히 엄마 때문에 체중에 대한 수치심을 느끼는 경우가 많다. 육아와 신체이미지에 있어서 부모는 양면적인 모습을 보인다. 우선, 부모는 자녀의 삶에서 자신이 가장 큰 영향을 미치는 롤모델임을 정확히 인식한다. 자녀에게 긍정적인 신체이미지를 심어주기 위해 부단히 노력한다. 다른 한편으로는 다른 부모들과 마찬가지로 자기 자녀를 끔찍이 사랑하기 때문에 뚱뚱하다거나 못생겼다는 이유로 딸들이 괴로워하는 일이 없기를 바란다. 그래서 자녀가 이상적인 외모를 갖게 만들려고 무시하고 수치심을 자극하는 등 무슨 짓이든 한다.

자녀에게 수치심을 주지는 않지만, 부정적인 신체이미지 문제에 직접 맞서지 않는 부모도 있다. 안타깝게도 이런 경우 사회적 압력과 미디어의 영향 때문에 아이들이 신체이미지에 대해 강한 수치심 회복탄력성을 키우기 어렵다. 이 문제에 있어서 중립은 없다. 자녀가 강한 자기수용self-acceptance 능력을 기르도록 적극적으로 도와주는 부모가 되거나 아니면 미디어와 사회의 기대에 자녀를 희생시키는 부모가 되거나, 둘 중 하나다.

자기 몸을 싫어하고, 혐오하고, 의심하는 모든 감정은 우리의 외모에만 영향을 미치는 게 아니다. 신체에 대한 수치심은 우리가 살아가고 사랑하는 방식에까지 영향을 미친다. 부양과 모성에도 영향을 미친다.

(2) 부양

인터뷰를 하면서 부양에 대한 가슴 아픈 이야기를 많이 들었다. 병든 배우자나 연로한 가족을 돌보는 이야기가 많았는데 그중에서 가장 힘든 건 아프거나 연로한 부모를 모시는 일이었다.

정신건강 분야에서 볼 때 부양은 가장 스트레스 강도가 심한 경험 중 하나다. 여성들이 부양에 대한 불안감, 두려움, 스트레스, 수치심에 관해서 이야기할 때 나는 '완벽주의'라는 악마의 목소리를 들을 수 있었다. 그들은 스트레스 없이 책임을 다하며 보람을 느끼는 이상적인 부양자의 모습과 무거운 책임감에 매일 힘겨워하는 자신의 현실을 비교했다.

아직 부양이라는 과정에 전적으로 매달리지 않았을 때에는 부양하면서 스트레스 없이 책임을 다하며 보람을 느낄 수 있으리라 생각한다. 언젠가는 연로한 부모나 배우자를 돌봐야 한다고 생각하면 우리는 불안하고, 슬프고 두려워진다. 그런 불편한 감정을 해소하기 위해 '나는 남들과 다를 거야'라고 확신한다. 완벽함에 대한 가능성을 상상하며 두려운 현실에서 빠져나가려 한다. '다 잘될 거야. 함께 더 많은 시간을 보낼 좋은 기회가 될 거야.'

그렇게 마음의 준비 없이 부양자가 되면 '사랑하는 사람을 돌보는 건 나의 특권이야'라던 마음이 '당신이 지긋지긋해. 죽어버렸으면 좋겠어. 내 삶을 되찾고 싶어'로 바뀐다. 수치심과 자기혐오가 자리 잡으면서 스트레스, 걱정, 두려움, 슬픔이 증폭된다. '어떻게 이런 생각을 할 수 있지? 내가 괴물이 된 건가?' 괴물이라서 그런 생각을 하는 게 아니다. 도움도 못 받으면서 부족한 돈으로 인생 최대의 어려움을 헤쳐나가야 한다면 누구나 그런 생각을 할 수밖에 없다.

인터뷰하면서 만난 여성 중에 부양자 역할을 맡은 사람들은 자신에게 매우 가혹했다. 부양자로서 능력이 부족하다며 자신에게 실망감과 혐오감을 나타냈다. 그들이 느끼는 실망감에 대해 깊이 이야기를 나누다 보니, 많은 이들이 부양 경험을 육아 경험과 비교했다. 그들은 자신을 착하고 친절하지만, 부양기술이 부족한 사람이라고 평가했다.

사람들은 종종 부양과 육아를 비교하는 실수를 저지르곤 한다. 표면상 그 둘은 서로 비슷해 보일 수 있다. 하지만 깊이 들여다보면 부양과 육아는 완전히 다르다. 그 둘이 같다는 생각은 수치심에서 비롯된다.

우선, 부모나 배우자와의 관계는 자녀와의 관계와 같지 않다. 자녀를 목욕시킬 때는 입술을 깨물며 울음을 참을 필요가 없다. 처음으로 외할머니를 목욕시켜 드릴 때 나는 입술을 깨물며 울음을 참아야 했다. 심지어 내가 외할머니를 전담해서 부양하는 상황도 아니었는데 그랬다. 자녀를 돌볼 때는 미래에 대한 희망 때문에 힘이 불끈불끈 솟아난다. 하지만 성인을 돌볼 때는 두려움과 슬픔이 밀려온다. 특히 살날이 얼마 남지 않았다거나 미래가 불확실할 때는 더 그렇다. 두려움과 슬픔은 힘을 채워주는 게 아니라 힘을 빼앗아간다.

또한 부양과 육아엔 시스템의 차이도 존재한다. 우리는 부모와 자녀를 지원하는 시스템이 잘 갖춰진 사회에 살고 있다. 어디서나 학교와 어린이집 같은 시설을 찾아볼 수 있다. 식탁, 집, 자동차, 식당 모두 부모와 어린 자녀들이 함께 사용할 수 있도록 만들어졌다. 육아에 대한 책과 잡지도 수없이 많다. 아이들과 부모를 위한 놀이시설과 프로그램도 많고 자신과 비슷한 또래의 아이를 둔 사람들과 교류할 기회도 많다. 반면에 부모를 부양해야 하는 사람들을 위한 시설이나 프로그램은 찾아보기 어렵다. 정기검진과 응급상황 때문에 수시로 자리를 비워야 해서 직장생활이 위험해질 수도 있다. 배우자가 혼자서 움직이지 못할 수도 있고 부모님이 함께 살기를 거부할 수도 있다. 최악의 경우, 다른 사람들과의 관계가 완전히 단절되었다고 느낄 수도 있다. 자신의 삶을 포기하고 자신이 부양해야 하는 사람에게 모든 시간과 관심을 쏟게 되기도 한다.

육아와 부양 사이에 공통점이 있기는 있다. 좋은 건 아니다. 바로 모든 사람이 비평가가 된다는 거다. 50대 후반의 첼시라는 여성이 들려준 사연은 부양과 관련된 복잡한 상황을 잘 보여준다.

• 2년 전 아빠가 돌아가셨어요. 생각지도 못한 일인데 갑작스럽게 일어났어요. 가족 모두 슬퍼했는데 특히 엄마가 많이 힘들어하셨어요. 엄마는 오래전부터 투병 중이셨는데 아빠 혼자 엄마를 돌보셨어요. 그런데 이제 우리가 엄마를 돌봐야 할 상황이 된 거죠. 아니, 정확하게 말하자면 나 혼자 엄마를 돌보고 있어요. 오빠는 자기 일 때문에 항상 바빠요. 언니는 내가 하는 일을 감시하고 잔소리하느라 바빠요. 6개월 전 남편과 나는 육체적으로도 정신적으로도 더 이상 버틸 수 없다는 걸 깨달았어요. 우리는 엄마를 가까운 요양원에 보내기로 했어요. 그러자 오빠와 언니가 기겁하는 거예요. 언니는 이렇게 말했어요. "엄마를 감옥 같은 요양원에 맡긴다니, 말도 안 돼." 오빠는 아주 사무적인 목소리로 "절대 안 돼"라고 말했어요. 물론 둘 다 자기들은 너무 바빠서 지금 하는 역할 이상은 절대 못 한대요. 나도 어쩔 수 없는 선택이라고 말했더니 언니와 오빠는 우리 부부가 너무 잔인하다며 요양원 비용은 한 푼도 낼 수 없대요. 엄마는 지금도 엄마 집에 살고 계세요. 나는 여전히 매일 점심시간이나 퇴근 후에 엄마 집에 들러요. 오빠와 언니는 이게 최선이라고 하지만 엄마는 점점 상태가 나빠지고 있어요. 엄마 혼자 두는 게 갈수록 더 위험해지고

있어요. 그리고 내 상황은 엉망진창이에요. 남편과도 직장 상사와도 안 좋아요. 무너지기 일보 직전이에요.

(3) 모성

모성과 육아는 확실히 관련되어 있지만, 서로 다른 수치심 영역에 속한다. 모성에 관한 수치심은 '엄마'라는 정체성과 '엄마가 아닌 여성'으로서의 정체성에 초점을 맞추는 반면, 육아에 관한 수치심은 자녀를 어떻게 기르고 자녀와 어떻게 교류하는지에 초점을 맞춘다.

여성들에게 모성에 관한 수치심은 감당하기 너무 힘든 것이다. 인터뷰 참가자 중 아이가 있는 사람들 모두 모성에 관한 수치심을 이야기했다. 아이가 없더라도 모성에 관한 수치심 문제에서 자유로울 순 없다. 불임이나 난임 때문에 고통받는 여성들, 아이 낳기를 미루거나 아이를 낳지 않기로 선택한 여성들도 모성에 대한 수치심을 느꼈다.

사회는 여성성과 모성을 불가분의 관계로 본다. 그래서 엄마로서의 가능성을 기준으로 여성의 가치를 따질 때가 많다. 일부 공동체에서는 아이를 낳기에 너무 어리다, 너무 나이가 많다, 아들을 낳아야 한다, 딸을 낳아야 한다 등 모성에 다층적인 기대를 부여하기도 한다. 일정 연령에 도달한 여성들은 '엄마가 돼야 한다'는 기대로부터 자신을 방어할 필요성을 느끼기 시작한다. '왜 결혼을 안 하느냐' 또는 '왜 아이를 낳지 않느냐'는 질문을 끝도 없이 받는다. 아이가 하나 있는 여성들은 '왜 둘째를 낳지 않느냐'는 질문을 받는다. 아이가 네다섯인 여성들은 '왜 그렇게 아이를 많이 낳았느냐'는 질문을 받기도 한다.

여성은 반드시 아이를 낳아야 한다는 사회적 기대의 정점에는 '좋은 엄마'에 대한 경직된 기대가 자리하고 있다. 이런 기대에는 아주 이상적인 모습도 있지만, 일반적으로 좋지 않다고 생각하는 모습도 있다. 흥미롭게도, '좋은 엄마가 되려고 너무 애쓰는 모습'은 모성뿐만 아니라 다른 영역에서도 그다지 바람직하게 받아들여지지 않는다. 우리는 완벽함을 원한다. 그렇지만 완벽해지려고 애쓰는 것처럼 보이기는 원치 않는다. 노력하지 않아도 완벽한 사람이 되고 싶기 때문이다.

완벽하게
하지만 자연스럽게?

영화배우 맥 라이언Meg Ryan 사진을 갖고 미용실에 갈 때마다 똑같은 말을 듣는다. "손님은 그렇게 부스스한 스타일로 손볼 시간도 없고 재주도 없잖아요." 나는 맥 라이언과 똑같은 머리 모양을 원한다. 진짜 마지막으로 물었다. "내가 원하는 건 이제 막 잠에서 깬 것 같은 머리 모양이에요. 그게 그렇게 어려워요?" 그러자 미용실 직원이 답답하다는 듯 대답했다. "그렇게 '자연스러워 보이는' 스타일을 하려면 열 명의 전문가가 두 시간 동안 매달려야 된다고요. 포기하세요."

우리는 자연스러운 아름다움을 원하고, 엄마 역할과 육아도 자연스럽게 하길 원하고, 자연스럽게 멋진 가족이 되길 원한다. '자연스러워 보이게' 만들어준다는 온갖 제품을 사려면 돈이 얼마나 필요한지 생각해보자. 일과 관련해서도 우리는 '그 사람은 뭐든 척척 쉽게 해'라거나 '그 사람은 타고났어'라는 말을 듣고 싶어 한다.

인터뷰 참가자들도 흥미로운 '완벽주의의 역설'을 보여주었다. 그들은 완벽하지 못한 건 수치스럽지만 완벽해 보이려고 지나치게 애쓰는 것 역시 수치스럽다고 했다. 우리는 완벽해 보이는 스타처럼 되고 싶어 한다. 그러면서 얼마나 많은 사람이 '이 일이 이렇게 힘들 리 없어'라거나 '일이 쉽게 되지 않네. 이건 나한테 안 맞나 봐'라고 생각하는지 모른다.

물론 세상에는 재능을 타고난 사람들이 존재한다. 하지만 평범한 우리뿐만 아니라 이른바 셀럽들도 원하는 것을 이루기 위해서는 힘들게 노력하고 헌신해야 한다. 멋진 몸매, 건강한 몸을 가진 사람들의 95%는 그런 몸을 만들기 위해 노력한다. 그것도 아주 많이.

2년 전, 박사학위 과정의 어느 학생이 내게 말했다. "저도 책을 쓰고 싶어요. 쓸 내용을 몇 년 동안 꾸준히 모으고 있어요. 그런데 도저히 못할 것 같아요." 왜 못할 것 같냐는 질문에 그녀는 바닥만 내려다보며 대답했다. "글 쓰는 게 너무 힘들어요. 저한테는 너무 어려운 일이에요. 저는 선생님처럼 글이 술술 써지지 않아요. 게다가 비평을 웃어넘길 자신도 없고요."

그런 말을 할 때 그녀가 수치심을 느끼고 있음을 알 수 있었다. 한편으로는 그녀에게 공감했지만 조금 짜증이 나기도 했다. "나도 글이 술술 써지진 않아요. 한 단어 한 단어 쥐어짜듯 써요. 글이 쉽게 써지는 날도 있지만 죽을 만큼 힘든 날도 있다고요. 그리고 내가 아는 모든 작가가 비평 때문에 괴로워해요." 노력하면 비평가들의 말에 어느 정도 적응할 수는 있지만 그래도 고통스럽기는 마찬가지다. 특히 사적인 부분까지 공격을 받으면 견디기 힘들다.

성공은 큰 노력 없이 쉽게 이뤄지는 거라고 믿을 때, 우리는 고생하고 애쓰는 자신을 수치스럽게 여기게 되고 완벽해지려고 애쓰는 사람들의 노력을 무시하게 된다. 자신을 괴롭히는 수치심 거미줄이 되는 동시에 다른 사람들의 수치심 거미줄이 되는 것이다.

가정을 돌보고 모성을 발휘하는 게 힘들 리 없다는 기대 때문에 타인의 노력을 무시하고 과소평가한 적 없는가? 결혼, 육아, 건강, 일, 모성, 이 모든 것은 제대로 하려면 엄청난 노력이 필요하다. 게다가 이 다섯 가지 분야 사이에 균형을 이루려면 인생을 걸어야 할 만큼 막대한 노력이 필요하다.

우리는 자신의 기대에 대해 현실점검을 해야 한다. 일주일에 명작 소설 하나를 줄줄 써내지 못한다고 해서 훌륭한 작가가 못 되는 건 아니다. '재능을 타고났다'는 말을 듣는 사람 모두 대개는 시간과 노력을 쏟아부어서 엄청나게 노력한다는 사실을 기억하기 바란다.

수치심을 자극하는 완벽에 대한 집착

인터뷰에서 여성들은 완벽하게 보이려고 애쓰거나 완벽하지 않은 모습을 감추려고 애쓰는 과정에서도 수치심을 느낀다고 말했다.

- 결혼 20년 차인데 아직 남편 앞에서 다 벗고 돌아다닌 적이 없어요. 단 한 번도 그렇게 해본 적이 없다는 게 수치스러워요.
- 나는 항상 남들한테 거짓말을 해요. 아버지가 6년째 수감 중인데 주위 사람들에게 아버지가 뉴저지에 살고 있다고 말하거든요. 아버지가 감옥

에 있는 것보다 내가 거짓말을 한다는 사실이 더 수치스러워요.

- 작년에 남편이 바람을 피웠어요. 제일 친한 친구한테도 그 사실을 말하지 못했어요. 모두 내 남편을 좋아하고 우리 부부가 아주 잘 어울리는 한 쌍이라고 생각해요. 남편이 바람피웠다는 사실을 알면 남편뿐만 아니라 나까지 이상하게 볼 게 뻔해요.

- 복학해서 학위를 끝마치고 싶지만 아이들도 돌봐야 하고 시간제 근무도 하고 있어서 내가 원하는 성적이 안 나올 것 같아요. 완벽하게 해내지 못할 거라면 차라리 안 하는 게 나을 거 같아서 복학을 못 하고 있어요.

자신이 추구하는 완벽함에 위협이 되는 사람들을 만날 때 우리는 수치심, 두려움, 비난의 도구를 사용한다. 우리는 남들이 도전하거나 우리를 비난할 때 또는 자신과 다른 선택을 할 때도 위협을 느낀다. 이런 일은 육아와 관련해서 많이 발생한다. 남들 눈에 자기가 어떤 부모로 보이는지 그리고 자기 아이가 어떻게 보이는지, 이 두 가지를 기준으로 완벽함의 수준을 정하기 때문에 육아 문제가 복잡해진다. 다음에 소개할 사례들이 보여주듯이 우리는 남들에게 보여주고 싶은 '부모/육아 이미지'에 해가 될 행동을 아이가 하면 그 행동을 막기 위해 수치심, 두려움, 비난을 사용할 가능성이 아주 크다.

- 남편과 내가 아이를 낳지 않겠다고 하자 부모님은 기절할 듯이 놀라셨어요. 그리고 계속 물었어요. "도대체 뭐가 문제냐?" "너희가 우리한테 어떻게 이럴 수가 있어?" 엄마는 이런 말까지 했어요. "이건 우리 집안의 수치야. 다들 너희한테 뭔가 문제가 있다고 생각할 거야." 부모님을 설득

하기가 쉽지 않을 거라는 예상은 했지만, 이 정도로 힘들 줄은 상상도 못 했어요.

- 내 파트너의 아버지는 딸에게 동성애자라고 소리 지르는 걸로 잔소리를 시작해요. 그녀를 '사내자식'이라고 부르기도 하고 '존경받는 집안의 수 치'라고 말하기도 해요. 그리고 내 앞에서 이렇게 말해요. "사내자식 흉 내를 내는 것도 모자라서 유색인종 여자 애인까지 데리고 다니는구나." 그분은 인종차별주의자가 아니에요. 고학력에 정유회사 이사인 50대 남 자예요. 그런데 수치심이 미친 짓을 하게 만드는 것 같아요.

- 내 남편은 아들한테 굉장히 엄해요. 아이한테 엄청난 부담감을 주기도 해요. 남편은 아들이 공부도 잘하고, 학교 야구부에서 최고의 선수가 되 기를 원해요. 남편의 욕심을 꺾으려고 노력해봤지만, 번번이 실패해요. 아들이 얼마나 스트레스가 심한지 눈에 보여요. 야구부의 다른 선수 엄 마들과 이 문제에 관해서 이야기하곤 했는데 이제는 그만뒀어요. 야구부 아이들이 내 남편을 냉정하고 불공평한 아빠라고 말한대요. 다른 엄마들 은 내 남편과 내가 아들의 인생을 망친다고 생각하고요. 나는 어떻게 해 야 할지 모르겠어요. 그래서 그냥 아무 말도 안 해요.

그리고 심한 경우에는, 완벽하지 않은 모습을 감추려고 자신과 자신이 아끼는 사람들을 위험으로 몰고 가기도 한다.

- 임신했을 때 친구들 모두 이렇게 말했어요. "지금껏 한 번도 경험하지 못 한 사랑을 느끼게 될 거야. 그건 정말 놀라운 경험이야." 하지만 첫아이 를 낳고 나는 극심한 우울증에 시달려서 아이한테 아무런 사랑도 느끼지

못했어요. 그저 슬프고 무기력하고, 임신하기 전으로 돌아가고 싶은 마음뿐이었어요. 갓 태어난 자기 아이를 보며 그런 생각을 한다는 사실이 너무 수치스러웠어요. 이런 생각까지 들었어요. '세상에, 나는 아주 나쁜 엄마가 되려나 봐. 결국 내 아들도 미치고 나도 미칠 거야.' 남편도 나한테 질렸어요. 아마 괴물과 결혼했다고 생각할 거예요. 남편은 어떻게 해야 할지를 몰랐어요. 시어머니는 계속해서 "문제가 있어. 쟤는 정상이 아니야"라는 말만 되풀이했어요. 두 달 동안 완전히 지옥 속에서 살았어요. 너무 수치스러워서 병원에도 갈 수 없었어요. 그러다 증상이 너무 심해져서 아무것도 할 수 없는 지경에 이르자 가족들이 나를 입원시킬까 봐억지로 힘을 내서 병원에 갔어요. 나를 진찰한 여의사가 출산 후에 우울증을 겪는 여성들도 있으며 이런 증상은 호르몬 때문이라고 설명했어요. 그녀는 내가 평소에는 사랑이 넘치는 사람이라 해도 그런 증상을 겪을수 있다고 말했어요. 약을 처방받았고 두 달 만에 정상으로 돌아왔어요. 그 당시를 돌이켜보면 내 인생의 암흑기였던 것 같아요.

• 내 몸을 혐오한다는 사실이 수치스러워요. 내 몸이 너무 싫어서 차라리 병이라도 걸렸으면 좋겠다 싶을 정도예요. 정말 아주 심각한 병에 걸렸으면 좋겠어요. 죽기는 싫지만 15~20kg 정도 살이 빠질 수만 있다면 아무리 아프고 괴로워도 괜찮아요. 자기 몸을 그 정도로 싫어한다는 게 상상이 가요? 나는 내 몸을 수치스럽게 여기면서 동시에 이런 생각을 한다는 것 자체가 수치스러워요.

• 내 딸은 약물중독이고 중학생인 내 아들은 학교에서 퇴학당했어요. 아이키우는 거밖에 하는 일이 없는데 두 아이 모두 실패했으니 그건 나 자신이 실패했다는 뜻이에요. 친구들은 계속해서 딸이 치료를 받아야 한다고

말하지만 나는 뭘 어떻게 해야 할지 모르겠어요. 남편한테도 아직 말하지 못했어요. 이런 사실을 알면 남편은 아마 폭발할 거예요. 딸은 음주운전까지 해요. 만약 딸의 차를 빼앗는다면 남편은 그 이유를 알아내려고 할 거예요.

슈퍼우먼 증후군에서
벗어나는 법

수치심 회복탄력성의 네 가지 요소(수치심 촉발제 파악하기, 비판적 인식 실천하기, 손 내밀기, 수치심 말하기)를 적용하면 완벽주의에서 벗어날 수 있다. 완벽주의 때문에 고생했던 내 경험담을 사례로 이야기하겠다.

딸아이를 임신했을 때 몇몇 노트북 컴퓨터 광고에 재택근무를 하는 젊은 엄마가 등장했다. 한 광고는 토끼 모양의 귀여운 슬리퍼를 신고 노트북 컴퓨터 앞에서 일하는 엄마와 옆에서 방글방글 웃으며 엄마를 바라보는 아기의 모습을 보여줬다. 아기도 엄마와 잘 놀고 직장 동료들도 엄마를 칭찬하는 것으로 광고가 끝났다.

그 광고를 본 후 날마다 그 장면이 머릿속에서 맴돌았다. 나도 그 광고 속 엄마처럼 되고 싶었다. 세련된 티셔츠에 44사이즈 요가 팬츠를 입고 포니테일 스타일을 한 채, 혼자서도 잘 노는 아이 곁에서 노트북 컴퓨터로 멋지게 일도 하고 집안일도 완벽하게 해내는 나를 상상했다. 다시 말하자면, 이 광고를 만든 광고대행사 직원이 일을 아주 잘한 것이다. 나는 그 광고의 타깃이었고, 그들이 던진 미끼를 덥석 물다.

딸아이가 생후 2개월이던 어느 날, 내 꿈은 현실이 되었다. 나는 '지역 공동체 평가 프로젝트'를 담당할 연구원 후보로 뽑혔다. 그 일로 오후 1시에 지역공동체 대표 두 사람과 전화 면접을 하게 되었다. 나는 모든 걸 완벽하게 준비했다. 정오에 수유를 마쳤고 아기는 12시 55분까지 잘 잤다. 약속한 오후 1시, 전화벨이 울렸다. 예상질문에 대한 답도 모두 생각해두었고, 만일의 경우에 대비해 송신음성 소거기능도 확인하고, 헤드셋도 준비해두었다. 모든 게 완벽했다. 1시 5분까지는…….

면접이 시작되고 5분쯤 지났을 때, 아기가 울기 시작했다. 처음엔 칭얼거리는 정도였는데 조금 지나자 자지러질 듯 울었다. 소리가 어찌나 큰지 면접관 두 사람 모두 별일 없냐고 물었다. 나는 얼른 대답했다. "아무 문제 없습니다. 계속해주세요." 그들이 프로젝트에 관해 설명하는 사이 나는 헤드셋을 착용하고 음성 소거 버튼을 누른 후 아기에게 갔다. 아기 침대에 갔을 즈음 내 티셔츠 앞자락은 모유로 흠뻑 젖어 있었다. 아기 침대는 엉망이었다. 똥이 기저귀 밖으로 새서 위아래 옷이 다 젖어 있었다.

그 순간, 휴대전화에서 "브라운 씨 듣고 있어요?"라는 소리가 들렸다. "물론이죠, 듣고 있어요. 프로젝트에 대해서 깊이 생각해보려고 메모하던 중이었어요. 프로젝트 기금 마련 계획에 대해서 말씀해주시겠어요?"

위기는 무사히 넘겼다. 메모해야 할 중요한 내용을 두 사람이 설명하는 사이 나는 한 손으로 음성 소거 버튼을 누르고 아기를 팔에 안은 후 옷을 벗기고 물티슈로 닦아낸 다음 발가벗은 아기를 내 방으로 데려왔다.

아기는 여전히 울고 있었고 내 티셔츠에서는 말 그대로 모유가 뚝뚝 떨어지고 있었다. 티셔츠에서 한쪽 팔을 빼고 수유쿠션을 배에 둘러 아이한테 젖을 먹이기 시작했다. 아기가 조용해지자마자 나는 다시 면접에 집중했다. 간신히 조리 있게 몇 마디 했는데 지옥문이 열리고야 말았다.

극심한 스트레스에 내 몸이 반응하기 시작했다. 갑자기 배가 아프고 설사가 쏟아질 것 같았다. 허리엔 수유쿠션, 등엔 티셔츠를 매단 채로 눈물을 줄줄 흘리면서 실수하지 않으려고 엉덩이에 힘을 잔뜩 준 채 펭귄처럼 뒤뚱거리며 방 안을 걸어 다녔다. 그리고 최대한 정중하게 연구원 자리를 포기하겠다고 면접 담당자에게 말했다. 전화를 끊은 후 그 자리에 앉아 아기를 안고 펑펑 울었다. 완벽한 워킹맘에 대한 꿈을 접어야 하는 나의 무능력함이 수치스러웠다. 연구원 자리를 포기한 것도 수치스러웠지만 발가벗은 채 내 품에 안겨 있는 아기를 내려다보자 내가 아이까지 실망시킨 것 같아 더 괴로웠다.

그로부터 몇 주 후 남편 스티브와 친구 돈이 수치심에 대해 배운 것을 이 경험에 적용해보라고 제안했다. 그때 일을 돌이켜 생각해보면서 그날의 수치심을 '방글방글 웃는 아기 옆에서 귀여운 슬리퍼를 신고 노트북 컴퓨터로 일하는 워킹맘 광고에 더 이상 속지 말자'는 다짐으로 바꿀 수 있었다.

이제는 처음 아기를 낳은 엄마들이 아기를 데리고 재택근무하는 것에 대해 물어보면 나는 그 사건에 대해 들려준다. 그러면 그들은 이렇게 묻곤 한다. "아기의 스케줄에 맞춰서 업무일정을 짤 수는 없나요?" "전화 받기 전에 아기가 대소변을 보게 할 수는 없나요?" 그러면 나는 친절하게 대답해준다. "그런 건 광고에서나 가능한 일이랍니다."

이 상황에 수치심 회복탄력성의 네 가지 요소를 적용해서 나는 다음과 같은 교훈을 얻었다.

나는 '남의 도움 따위 받지 않아도 모든 일을 여유롭고 완벽하게 해내는 워킹맘'이 되고 싶었다. 내가 어쩌다 그런 허황된 꿈을 꾸게 되었는지는 잘 모르겠다. 어쩌면 어린 시절 우리 가족의 모습에서 조금 영향을 받았을지도 모르겠다.

우리 엄마는 내가 10대 후반이 될 때까지 전업주부였다. 대신 학급 봉사활동, 걸스카우트 학부모 대표, 수영팀 봉사활동, 카풀 관리 등등 많은 활동을 했다. 나도 그런 엄마가 되려고 했는데, 거기에 직장도 포함해야 했다. 엄마가 하던 일을 똑같이 하면서 정시근무도 했고 거기에 더해 대학원도 졸업했다.

내게 '포기'는 허용되지 않는 일이었다. 혼자서 모든 걸 다 해낼 수 없는 사람들이나 하는 행동이라고 생각했다. 나는 그들과는 다른 부류라고 생각했다. 광고에 나오는 완벽한 엄마가 내게 더 어울리는 모습이라 생각했다.

| 비판적 인식 실천하기 |

여자들에겐 모든 걸 혼자 다 해낼 수 있다는 기대가 있다. 바로 '슈퍼우먼 증후군'이다. 그동안 무수히 노력하고 많은 교훈을 얻었으면서도 나는 아직도 나 혼자 모든 것을 다, 그것도 동시에 다 할 수 있다고 종종 생각할 때가 있다. 여성들이 직장에서 평등한 대우를 받으려고 애쓰는 과정에서 슈퍼우먼 증후군이 생겨났고 여전히 존속하고 있다고 생각한다.

일과 엄마 역할을 동시에 다 해내려는 욕구는 엄마 역할을 중요하지도 않고 보상도 없는 쉬운 일로 간주하는 것과 관련이 있다. 현실은 그와 엄연히 다른데 말이다. 엄마 역할은 내가 지금껏 했던 그 어떤 일보다도 어렵다. 다만 공식적으로 평가받지 못하고, 인정받지 못하고 보수가 따르지 않을 뿐이다.

또한 '직장에 복귀할 것인가 아니면 전업주부로 남을 것인가'를 여성의 선택 문제로 보는 시각도 관련이 있다. 그러면서 스스로 슈퍼우먼의 삶을 선택해서 너무 많은 책임을 떠안고 사는 여성들을 비난하곤 한다. 하지만 세상에는 혼자서 '모든 것을 다' 하지 않으면 자식을 굶겨야 하는 여성도 많이 있다.

내 경우에는 사회의 암시를 해석하기 위해 비판적 인식을 실천한다. 사람들이 우리의 선택에 대해 이야기할 때, 우리는 이유도 모르면서 수치심을 느끼곤 한다. 다음은 여성에게 수치심과 자기회의를 불러일으키는 모순적인 사회의 암시들이다.

- 얼마를 버느냐가 당신의 가치를 결정한다.
- 아이 기르기는 쉽다. 그것 말고 또 뭘 하는가?
- 진짜 직업을 가져야 한다. 자신이 마음대로 쓸 수 있는 돈과 정체성이 있어야 한다.
- 여자는 집에 있어야 한다. 집이 여자의 직장이다.
- 당신이 능력 있는 사람이라면 집안일과 회사 일 둘 다 잘할 수 있다.

| 손 내밀기 |

외모, 가족, 육아, 모성, 일과 관련해서 문제가 생기면 나는 유대감 네

트워크에 100% 의지한다. 그들을 통해서 조언, 길잡이, 지지, 피드백, 인정, 칭찬도 받는다. 때로는 그냥 손을 잡고 위로해주거나 아이를 봐주는 도움을 받기도 한다. 나는 많은 노력을 기울여서 단단한 유대감 네트워크를 만들었다. 내가 그들에게 의지하는 만큼 그들도 나에게 의지한다. 우습게 들릴 수도 있지만, 나는 서로 주고받을 수 있는 관계를 원한다. 남이 나에게 공감해주는 게 아주 큰 선물인 만큼 내가 남에게 공감해주는 것 역시 큰 선물이다. 공감을 주고받으면서 나는 더 나은 사람이 되고 수치심 회복탄력성도 높일 수 있다.

외모, 가족, 육아, 모성, 일에 대한 나의 수치심 거미줄은 주로 미디어와 나 자신이다. 이 문제를 해결하려고 애쓰고 있지만 나는 여전히 잡지와 영화에 취약하고 쉽게 영향을 받는다. 그래서 이런 문제들에 대해서 비판적 인식을 실천하고 유대감 네트워크의 사람들과 대화를 나누면서 주의를 기울이고 조심한다. 친구와 가족이 수치심을 불러일으킬 때도 있는데, 특히 육아와 일에 대해서 그런 일이 자주 발생한다.

| 수치심 말하기 |

수치심 말하기의 목표가 자신이 느끼는 감정을 표현하고 원하는 걸 요구하는 법을 배우는 것이라면, 나는 점점 좋아지고 있다고 생각한다. 특히 감정 표현은 확실히 좋아졌다. 하지만 내가 원하는 것을 요구하는 일은 아직도 어렵다. 특히 도움이나 지지를 원할 때는 더 어렵다.

인터뷰하면서, 많은 여성이 도움이나 지지의 요청하기를 어려워한다는 걸 발견했다. 여성들은 주로 남을 보살피고 도움을 주는 역할에 익숙하다. 도움을 받기에 익숙하지 않을뿐더러 도움을 받아서는 안 된다고 생각하는 경우도 많다. 그러다가 아무도 도와주지 않으면 화가 나거나 상처를 받는다. 우리는 생각한다. '내가 지금 얼마나 힘든지 안 보이나?' '왜 쟤는 아무것도 안 하는 거야?' 이런 생각은 상대를 비난하고 수치심을 주는 상황으로 빠르게 돌변한다. 도움이 필요하지만 도움을 청할 생각은 하지 않는다. 그러곤 도움을 받지 못해 화를 낸다. 나를 도와주지 않을 사람에게 도움받을 생각을 했다는 것만으로도 우리는 수치심을 느낀다.

완벽함을 꿈꾸면
남는 건 실패뿐

수치심 말하기에 익숙해질수록 그 말 뒤에 숨은 힘과 의미가 더 분명해진다. 수치심 회복탄력성이 높은 여성들은 같은 일로 수치심을 느끼며 고통받는 여성들과 다른 언어를 사용한다. 예를 들어, 외모, 가족, 육아, 모성, 일에 대해서 이야기할 때, 수치심 회복탄력성이 높은 여성들은 '완벽함'보다는 '성장'에 대한 말을 더 많이 했다. 그녀들의 이런 식으로 말한다.

- 저는 _____ 에서 더 나아지기를 원해요.
- 제가 _____ 하는 방법이 개선되기를 바라요.
- _____ 는 좀 더 적게 하고 _____ 를 더 많이 하고 싶어요.
- 내 목표는 _____ 이에요.
- _____ 에서 최선을 다하는 사람으로 보이고 싶어요.

- _____ 을 위해 노력하는 사람으로 보이고 싶어요.

완벽함 대신 성장을 선택하는 순간 수치심 회복탄력성이 커진다. 성장이나 개선은 완벽함보다 훨씬 더 현실적인 목표다. 이룰 수 없는 목표를 버리는 것만으로도 우리의 수치심 민감성은 줄어든다. '나는 이러이러해야 한다'는 생각은 자신의 실제 모습을 외면하고, 자신의 실제 능력과 한계도 무시하게 만든다. 완벽함에서 시작하면 더 이상 올라갈 곳이 없다. 내려갈 수밖에 없다.

'부모님이 나를 완벽한 딸이라고 생각하면 좋겠다'고 생각하면 우리에게 남은 건 실패뿐이다. 완벽함은 이룰 수 없는 목표다. 게다가 남들이 나를 어떻게 생각하는지는 내 마음대로 할 수 없다. 남들이 나에게 거는 기대와 내가 나에게 거는 기대 모두를 다 해내기란 불가능하다.

목표가 성장이고 '이것을 개선하고 싶다'라고 말하면 현재의 자신에서 시작할 수 있다. '부모님과의 관계를 바꾸고 싶다'는 목표와 '부모님이 나를 완벽한 딸이라고 생각하면 좋겠다'는 목표는 완전히 다르다. 나와 인터뷰한 많은 여성이 '완벽한 딸'이 되려는 목표를 버리고 난 다음부터 부모님과의 관계가 얼마나 좋아졌는지를 이야기해주었다. 이런 변화는 외모, 모성, 육아에 있어서도 똑같이 일어났다.

완벽하지 않아도 괜찮다고 자신을 다독이고, 자신이 불완전하더라도 가치 있는 존재라고 생각하고, 자신을 인정해주고 소중하게 아껴주는 사람들과 유대감 네트워크를 형성하면 변화할 가능성이 훨씬 더 커진다.

이 책을 시작하게 만든 문장으로 되돌아가보자. '수치스럽게 만들거나 무시한다고 해서 아이들의 행동을 변화시킬 수 있는 것은 아닙니다.' 이 말은 자기혐오를 해도 살을 뺄 수 없고, 자신을 수치스럽게 만들어도 더 나은 부모가 될 수 없고, 자신이나 가족을 무시해도 원하는 모습으로 변할 수 없다는 뜻이다. 실패자로 만드는 건 사람을 변화시키는 데에 전혀 효과가 없다. 변할 수 있다는 믿음을 수치심이 파괴하기 때문이다.

수치심 회복탄력성이 높은 여성들은 '완벽해지려고 노력하기'를 목표로 세우지 않았다. 수치심 회복탄력성을 키우려면 현실적인 목표를 설정해야 한다. '나는 참을성 없는 사람으로 보이고 싶지 않다'는 말은 '참을성을 길러서 절대 화내지 않는 사람이 되고 싶다'라고 말하는 것과 같다. 둘 다 완벽함을 목표로 한다.

'좀 더 참을성을 기르고 싶다'처럼 '성장하는 목표'에 대해 물어보는 과정에서 나는 그 여성들에게서 그 목표에 대한 생각을 들을 수 있었다. 그리고 그들의 대답을 바탕으로 그들의 수치심 회복탄력성 수준과 자신의 목표를 이루기 위한 구체적인 계획을 짜는 능력 사이에서 직접적인 연관성을 찾아냈다.

예를 들어, 내 친구 셰릴은 부모로서 자신의 목표가 '재미있고, 강인하고, 친절하고, 아는 것 많고, 참을성 있고, 사랑이 넘치는 부모'라고 했다. 그러면서 이 모든 걸 이루는 게 비현실적이라는 것을 자신도 안다고 했다. 목표를 이루기 위해 어떻게 하느냐는 내 물음에 셰릴은 자신 있게 설명했다. "일단 잠을 자. 내가 잘 쉬어야 더 좋은 부모가 될 수 있어. 쉬운 일은 아니지만 나는 아들들이 기분 좋도록 계획을 잘 지키려고 노력해. 육아서도 많이 읽고 좋은 충고는 따르고 그렇지 않은 건 따르지 않아. 다른 부모들에게서 좋은 점을 발견하면 그것에 대해 물어봐. 남편과 나는 육아 워크숍에도 참가해. 그리고 다른 엄마들과도 꾸준히 연락해. 소아과 의사도 나와 가치관이 같아. 내가 원하고 필요로 하는 도움을 줄 수 있는 사람을 만나기까지 여러 번 바꿨어. 내 일에도 한계를 정했어. 누군가 내 육아방식에 대해 비난할 때는 내 편이 되어주는 친구들을 만나서 이야기를 나눠. 내 마음을 채울 수 있는 시간을 만들어서 나 자신을 돌보려고 노력해. 내 마음이 텅 비어버리면 남에게 베풀어줄 수가 없잖아."

성장 목표가 완벽함을 꿈꾸는 것보다 더 힘들게 느껴질 수도 있다. 완벽해지려고 할 때는 너무 자주 실패해서 오히려 실패를 당연하게 여기고 실패에 익숙해진다. 그러다 보면 완벽해질 거라는 막연한 믿음에 기대서 목표를 이루기 위해 노력하는 일을 외면하게 된다. '오늘부터 건강식을 먹고 운동을 시작할 거야'보다는 '12월까지는 살을 뺄 거야'라고 말하는 게 훨씬 더 쉽다. '이번 주에는 신용카드를 전혀 사용하지 않을 거야'보다 '빚이 없으면 훨씬 더 살기 좋을 거야'라고 말하는 게 훨씬 더 쉽다. 성장 목표를 이루기 위해 현실적인 계획을 짤 때는 6개월 뒤로 책임을 미루지 말고 오늘, 내일, 모레 이렇게 하루하루에 대해 스스로 확인하고 책임져야 한다.

완벽함과 관련한 수치심 회복탄력성 수준이 최고인 여성들은 대단히 현실적인 목표와 그 목표를 이루기 위한 확고하고 측정 가능한 전략을 가지고 있었다. 예를 들어, 10년 이상 섭식장애로 고통받은 한 여성은 막연하게 '날씬해지겠다는 목표' 대신 일주일 단위로 세운 현실적인 '건강 목표'를 통해 섭식장애와 폭식증으로 인한 수치심을 이겨냈다고 말했다. 이제 그녀는 '날씬하게' 보이기보다 '건강하게' 보이기를 원하며, 그렇게 하기 위해 일주일에 다섯 번 30분씩 운동하고 건강한 식단으로 바꿨다고 했다.

현실적인 목표설정을 통한 성장하기의 장점 중 하나로 '모 아니면 도', 다시 말해 '성공 아니면 실패'로 결과가 양분되지 않는다는 것을 들 수 있다. 더 좋은 부모가 된다는 목표를 세우고 한 달에 육아 관련 기사 한 개를 읽고 자신이 존경하는 육아기술을 가진 부모들과 대화한다는 두 개의 합리적인 세부계획을 세운다고 가정해보자. 세부계획을 전부 다 지키지 않는다 해도 우리는 더 좋은 부모가 되는 법을 배우고 성장할 수 있다. 육아 관련 기사를 읽지 않아도 다른 부모한테서 육아기술을 배우면 우리는 성장할 수 있다. 어쩌면 육아 관련 기사를 읽는 것보다는 다른 부모들과 이야기하는 것이 더 많은 도움이 될 수도 있다. 성장을 위한 목표를 세우고 그 목표를 이루기 위한 측정 가능한 세부계획을 세우면 그 세부계획을 지킬 때나 지키지 못할 때 모두 배우고 성장할 수 있다. 하지만 완벽함을 목표로 한다면 우리는 결국 실패할 것이고, 그 실패를 통해서는 아무것도 배울 수 없고 변화할 수도 없다. 수치심에 더 취약해질 뿐이다.

실수는 성장에 꼭 필요한 과정이다

완벽해지려다 실패했다고 좌절하는 대신 실수를 통해 배우는 능력은 '되돌아가기going back'에 꼭 필요한 핵심이다. '되돌아가기'는 수치심 연구에서 대단히 중요한 개념이다.

외모, 모성, 육아, 일, 가족 문제에 대해서 수치심 회복탄력성이 높은 여성들은 성장하고 변화하는 데에 늦은 때는 절대 없다고 믿는다. 실수했다고 해서 자신이 실패자가 되는 것은 아니며, 실수나 불완전함은 장애물이 아닌 성장에 필요한 과정이라고 말한다. 또한 유대감 네트워크 안에

'되돌아가기' 전략을 사용한 사람이 존재하는 게 큰 도움이 된다고 강조했다. 특히 변하고 성장하려는 의지가 있는 부모에게서 많은 영향을 받았다고 했다.

그와 대조적으로, 같은 문제에 대해 반복적으로 수치심을 느끼는 사람은 실패의 경험이 영원히 잊히지 않으며 유대감과 힘이 파괴됐다고 생각했다. 그들 역시 수치심 회복탄력성이 높은 여성들처럼 외부의 힘에 영향을 받았다. 하지만 유대감 네트워크가 아니라 수치심 거미줄에 있는 사람들에게서 영향을 많이 받았다. 그들은 실수를 영원히 잊을 수 없고, 완벽함을 포기하고 성장을 택하는 것이 불가능하다고 말했다. 그들은 이런 생각을 부모나 가족한테서 배웠다고 했다.

'되돌아가기'가 수치심 회복탄력성에서 중요한 이유는, 이것이 실수와 실패를 극복하고 변화와 성장으로 나아갈 수 있게 만들기 때문이다. 또한, '되돌아가기'는 유대감 네트워크를 통해 공감을 형성하려는 노력에 영향을 미친다. 우리는 실수로부터 교훈을 얻어야 하고 주위에 그런 일을 하려는 의지가 있는 사람들이 있어야 한다. 그렇기에 '되돌아가기'가 필요하다.

부모가 자녀에게 미치는 영향력은 그 무엇보다도 강력하다. 인터뷰한 여성들은 나이가 열여덟 살이든 예순여덟 살이든 상관없이 '되돌아가기'를 통해 지속적으로 자녀와의 관계를 개선하려는 부모의 의지로부터 깊은 영향을 받았다. 이런 현상은 모든 문제에 걸쳐 나타나는데, 특히 '완벽주의'와 관련된 항목에서 분명하게 나타났다. 기대와 지지를 말하는 모든 목소리 중에서 부모의 목소리가 가장 큰 영향력을 발휘했다.

부모가 자녀에게 완벽함에 대한 기대를 주입하면, 자녀는 완벽함에 대한 목표를 성장과 개선을 위한 목표로 바꾸기가 굉장히 어렵다. 특히 부모가 기대를 강요하기 위한 수단으로 수치심을 이용할 경우에는 더더욱 그렇다. 반면에 완벽함 대신 성장을 추구하며 '되돌아가기'의 모범을 보여준 부모 밑에서 자란 여성들은 부모에게 깊은 유대감과 공감을 느꼈다.

부모가 '미안해' 또는 '그것 때문에 네가 어떻게 느꼈을지 이해해'라고 말하는 것이 어떤 영향을 미치는지 설명할 때 인터뷰 참가자들이 느끼는 감정은 글로 표현하기가 쉽지 않다. 자녀가 느끼는 아픔을 부모가 알아차리고 구차한 설명이나 변명을 늘어놓지 않고 공감해주면 자녀는 글로 표현하기 힘들 만큼 놀라운 치유를 경험하게 된다.

반대로, 어른이 될 때까지 부모한테서 완벽함을 요구받은 여성들은 계속해서 수치심 때문에 고통받거나 부모의 계속되는 기대에 맞서서 힘겹게 수치심 회복탄력성을 길러야 했다.

딸에게 "세상에, 너 아직도 뚱뚱하구나!"라고 말하던 엄마의 이야기를 다시 떠올려보자. 만약 그 말 때문에 너무 수치스럽다는 딸의 말을 듣고서 그 엄마가 '너를 수치스럽게 만들거나 마음 아프게 할 생각은 아니었어. 정말 미안하구나. 난 너와 더 가까워지고 싶어. 사랑해'라고 말했다면 어떻게 되었을까. 그런 몇 마디 말로 두 사람의 관계가 완전히 달라지지는 않겠지만 치유를 위한 좋은 시작은 될 수 있다. 이 엄마도 딸에게 자신이 그런 행동을 한 이유에 대해 '난 단지 네 건강이 걱정 돼서 그런 거야'라고 설명하고 싶었을지 모른다. 하지만 제대로 '되돌아가기'를 하려면 변명보다는 우선 자신이 야기한 고통을 인정하고 관계를 회복하고 싶다는 마음을 표현해야 한다.

내 경우에는 부모님이 '되돌아가기'를 실천할 의지를 보여준 것에 크게 영향을 받았다. 나는 아이를 낳기 전까지는 부모님이 잘하지 못했다고 생각하는 모든 일을 완벽하게 해내고 싶었다. 하지만 아이를 낳고 난 지금은 우리 부모님만큼이라도 할 수 있기를 바랄 뿐이다. 최근 육아에 대해 아버지와 이야기를 나눌 기회가 있었다. 아버지는 내게 이렇게 말했다. "완벽한 부모는 없어. 아이를 잘 키웠는지 확인할 수 있는 방법은 네 아이가 커서 너보다 더 좋은 부모가 되는지 그리고 그 과정에서 네가 아이를 도와줄 의지가 있는지 보는 것뿐이란다."

나는 그 말에 대해 오랫동안 생각했다. 자신의 선택을 되돌아보려는 의지가 있는 부모를 지켜보는 것은 자녀에게 막대한 영향을 미친다. 그리고 훗날 여러분의 자녀가 완벽한 부모에 대해 묻는 날을 상상해보는 것은 더 큰 영향을 미친다.

'되돌아가기'의 가장 큰 장애물은 공감과 관련 있다. 성장이 아니라 완벽함이 목표라면 '되돌아가기'를 할 가능성은 없다. '되돌아가기'를 하려면 상당한 수준의 '자기공감self-empathy'이 필요하기 때문이다. 자기공감이란 자신의 행동을 이해하고, 연민을 느끼고, 비판 없이 자신의 경험을 맥락 속에서 이해하는 능력을 말한다. 나는 자신의 행동에 대해 깊이 생각하고 공감할 수 있는 이런 능력을 '기반 다지기grounding'라고 부른다.

있는 그대로의 나를 받아들이는 힘

현재 자신이 어떤 모습이고 앞으로 어떤 모습이 되고 싶은지, 그리고 그렇게 되기 위해 어떻게 해야 하는지 알기 위해서는 자기수용 능력이 필요하다. 객관적으로 자신의 능력과 상황을 잘 인식하여 자신의 욕구, 결점, 감정, 충동 등을 받아들이는 것이 자기수용인데, 이를 위해 필요한 것이 바로 '기반 다지기'다.

'기반 다지기'는 도움을 요청하기 위해 손을 내밀거나 자신이 어떤 상태고 앞으로 어떻게 되고 싶은지 살펴볼 때 필요한 안정감을 준다. 스스로에게 자신이 있어야 자신과 자신의 결정에 대해 변명하고 핑계를 대려는 생각에서 벗어날 수 있다. 자기혐오 대신 자신에게 연민을 느끼게 된다. '기반 다지기'는 남들에게 인정받고 소속감을 얻기 위해 남들이 기대하는 대로 무조건 따르려는 것도 막아준다.

인터뷰하면서 나는 외모 문제로 비슷한 사연을 가진 여성 두 명을 만났다. 둘 다 10대부터 20대 초반까지 굉장히 뚱뚱했다. 하지만 인터뷰가 진행되던 시점에 30대 중반이었던 두 여성은 아주 날씬했고 어린 딸들을 두었다.

첫 번째 여성은 과거의 자신을 아주 경멸했다. 그녀는 말했다. "나는 보기 흉할 정도로 뚱뚱했어요. 내가 그런 꼴을 하고 살았다는 게 믿기지 않을 정도예요." 그녀는 뚱뚱한 여자들을 혐오한다고 말했다. 자기 어머니는 굉장히 날씬한데 늘 자신에게 체중 문제로 잔소리를 했다고 말했다. 딸이 둘인 그녀는 아이들이 먹는 음식을 일일이 확인했고, 첫째 딸(인터뷰 당시 일곱 살이었다)은 벌써 다이어트도 시작했다. 그녀는 딸이 학교 친구들한테 뚱뚱하다는 말을 듣는 것보다는 자신한테서 그 말을 듣는 게 더 낫다고 했다. 나는 이 여성이 지금은 날씬해졌지만, 여전히 체중과 관련된 수치심에 시달리고 있음을 느낄 수 있었다. 그녀는 자기수용을 하지 못하고 수치심에 사로잡힌 것 같았다.

두 번째 여성은 25년 동안 체중 때문에 괴로워했다고 말했다. 그녀는 어려서부터 뚱뚱했고 30세가 되어서야 살을 뺐다고 했다. 뚱뚱했던 과거의 자신을 어떻게 생각하느냐는 내 질문에 그녀는 이렇게 대답했다. "그것도 내 모습 중 하나죠. 그렇게 뚱뚱했던 시절에 나는 결혼을 했고 아이도 낳았어요. 20대 때 어머니가 돌아가셨어요. 남들처럼 좋은 일도 있고 나쁜 일도 있었어요." 그녀는 딸과 아들이 아직 너무 어려서 자신의 뚱뚱했던 모습을 기억하지 못하기 때문에 옛날에 찍은 동영상과 사진을 보면 아이들이 뚱뚱한 엄마 모습에 대해 안 좋은 소리를 할 때도 있다고 말했다. "내 옛날 사진을 보며 놀리면 내 마음이 아프다고 아이들한테 설명했어요. 그리고 겉모습으로 사람을 판단하면 안 된다고 가르쳐주곤 해요. 아이들은 나를 사랑하고 나를 훌륭한 엄마라고 생각해요. 나는 아이들한테 뚱뚱한 겉모습만 보면 그 안에 있는 다른 좋은 점을 못 보게 된다고 말해줬어요. 이제 내 아이들은 친구들의 외모에 대해 함부로 말하지 않는답니다." 이 여성은 자신의 외모에 대해 진정한 자유와 힘을 보여줬다. 그렇게 되는 데 친구들과 가족들의 지지가 큰 힘이 되어주었다. 그녀는 단단한 기반 다지기를 통해 자기수용 능력을 갖게 된 것이다.

미디어는 왜 '평범함'을 무시할까?

완벽함과 관련된 자기파괴적인 집착 중 하나는 '셀럽 따라 하기' 문화다. 우리는 미친 듯 잡지를 뒤적이며 자기가 사랑하거나 혹은 싫어하는 셀럽에 대한 모든 것을 찾아낸다. 누가 살을 뺐는지, 집은 어떻게 꾸미는지, 무엇을 먹는지, 개한테 어떤 사료를 주는지 등 셀럽의 일거수일투족을 궁금해하고 그들처럼 먹고, 입고, 가지고 싶어 한다.

셀럽을 따라 하는 건, 그렇게 하면 완벽함에 좀 더 가까워질 수 있다고 믿기 때문이다. 뿐만 아니라 셀럽을 따라 하면 그들처럼 '쿨해질 수 있다'고 믿는다. '쿨한 것'은 아주 중요하다. 10대 청소년들은 또래집단에서 멋지게 보이기 위해 육체적으로, 정서적으로 엄청난 위험을 감수하기도 한다. 그런데 안타깝게도 성인이 된 후에도 '쿨함'의 중요성은 줄어들지 않는다. 18세부터 80세에 이르는 여성들이 유행에 뒤처진다는 말을 들으면 괴롭다고 말했다. 그들은 유행에 뒤처지지 않기 위해 애쓰다가 인생이 바뀐 경험에 대해 솔직하게 털어놓았다. 불행히도 돈이 지배하는 자본주의 사회에서 엄청난 돈을 벌어들이는 대기업들이 '완벽함'과 '쿨함'을 아무나 가질 수 없는 고귀한 것으로 만들어버렸다. 그래서 아무리 애를 써도 우리는 원하는 만큼 완벽해지지도 못하고 쿨해지지도 못한다.

메리 파이퍼Mary Pipher 박사는 저서 『각자의 피신처The Shelter of Each Other』에서 미디어가 우리에게 가하는 실질적인 위협에 대해 지적했다. 그녀는 미디어 때문에 실제보다 훨씬 다양성이 부족한 새로운 공동체가 형성되고 있다고 설명한다. "우리는 셀럽을 알지만 그들은 우리를 모른다. 새로운 공동체는 과거처럼 서로를 잘 아는 마을이 아니다. 겨울 아침에 우리 자동차의 배터리가 방전되어도 TV 토크쇼 진행자가 나와서 도와주지 않는다. 아버지가 직장에서 실직했다고 아마존 회장이 먹을 것을 사다 주지도 않는다. 인간 대 인간의 관계가 아닌 미디어 속 허상과의 관계는 새로운 형태의 외로움을 가져온다."

셀럽에 대한 집착은 완벽함과 외로움(이 둘은 양립하는 경우가 많다)을 불러일으킬 뿐만 아니라, 자신의 삶을 그들의 삶과 비교하게 만든다. 셀럽의 일거수일투족을 하나도 빠뜨리지 않고 보여주는 프로그램을 보다 보면 의식적으로든 무의식적으로는 자신의 삶과 그들의 삶을 비교할 수밖에 없다.

남녀 모두를 대상으로 한 조사에서 많은 참가자가 자신의 '보잘것없고 지루한 삶'에 대해 수치스럽게 느낀다고 말했다. 극히 소수의 예외를 제외하고 대부분 자신의 삶을 TV나 잡지에 나오는 셀럽의 모습과 비교했다. 메리 파이퍼 박사는 새로운 미디어 공동체 속에서 벌어지는 이런 현상에 대해 다음과 같이 설명했다. "미디어 공동체는 현실보다 다양성이 부족하다. 이런 공동체에서 일어나는 문제는 현실 속 사람들이 만나는 문제와 다르다. 학부모 회의, 시 쓰기, 박물관 견학, 피아노 연습, 식사 배달 봉사 같은 일상적이고 흔한 일은 무시된다. 평범하게 생긴 사람들은 찾아볼 수 없다. 미디어는 돈이 되는 이야기만 좋아한다. 그래서 다양하고 복잡한 현실이 끼어들 자리가 없다."

요즘은 평범함이 두려움과 수치심의 이유가 되고 있다. 중년 이상의 많은 여성들이 자신의 삶을 돌아보면서 특별한 일 하나 없이 너무 평범하게 살았다며 서글퍼한다. 우리는 사람의 가치를 대중적 인지도를 기준으로 평가하는 경향이 있다. 인기와 돈을 기준으로 사람의 가치를 정하곤 한다.

우리 사회는 나서지 않고 조용하고 평범하게 열심히 살아가는 사람들을 쉽게 무시한다. '평범함'을 '지루함'과 동일시하거나, 심지어는 '평범함'을 '무의미함' 또는 '무가치함'과 동일시하기도 하는데, 이는 매우 위험한 발상이다. 이렇게 자기 삶을 무가치하게 여기는 사회현상은 '특별한'

삶을 살기 위해서라면 무슨 짓이든 하는 것을 당연하게 받아들이는 결과를 불러왔다.

이런 사회에서는 스테로이드와 호르몬제의 힘으로 성적을 올리는 운동선수들이 영웅 대접을 받는다. 직원들은 퇴직금도 복지혜택도 못 받는데 수십억 달러의 연봉을 받는 기업가가 부러움의 대상이 된다. 어린 소녀들은 스타들이 섭식장애를 숨긴 채 알려주는 날씬하고 아름다워지는 비법을 SNS를 통해 친구들과 주고받는다. 어린아이들은 과도한 학습량과 방과 후 활동 그리고 획일적인 시험 때문에 극도의 스트레스에 시달린다.

이런 모습들을 보면서 한 가지 궁금증이 생긴다. 특별한 삶을 위해서 대체 얼마나 많은 것을 희생해야 하는 걸까? 수치심 회복탄력성이 있으면 문화적 압력을 두려워하고 그 앞에서 쉽게 무너지는 이유를 파악할 수 있다. 특히 우리 삶의 일부가 되어버린 미디어 공동체를 좀 더 제대로 이해하기 위해서는 비판적 인식이 꼭 필요하다.

우리가 취약성을 두려워하는 이유

불완전함과 평범한 삶처럼 우리를 인간답게 만드는 것들을 인정하고 받아들인다면, 자신의 '취약성'도 포용할 수 있게 된다. 그런데 이것은 아주 어려운 일이다. 우리는 취약한 것을 두려워하기 때문이다. 3장에서 이야기했듯 우리는 취약성을 나약함과 동일시하며, 우리 사회는 나약함을 그 무엇보다도 혐오한다.

자신의 취약성 때문에 걱정하는 여성들의 이야기를 듣다 보니 비슷한 말이 반복적으로 나왔다. "남들한테 내 이야기를 했다가 약점이라도 잡힐까 봐 하고 싶지 않아요." 타인에게 자신의 두려움이나 취약성을 털어놓았다가 나중에 그것 때문에 공격이나 모욕을 당한다면 말도 못 할 정도로 마음이 아플 것이다.

수치심 연구를 위한 인터뷰 전체를 통해서 찾아낸 개념이 하나 있다. 나는 이 개념에 '취약성 숙취vulnerability hangover'라는 이름을 붙였다. 취약성 숙취는 취약성에 대한 두려움과 직접적으로 관련이 있으며, 안타깝게도 대부분의 사람이 이것을 경험한다. 친구, 동료, 가족과 함께 있을 때 우리는 유대감에 대한 강한 욕구를 느낀다. 두려움을 느끼면서도 중요한 무언가를 나누고 싶은 마음에 자기도 모르게 마음속 이야기를 털어놓는다. 마음 깊이 숨겨두었던 취약성까지 모든 것을 다 이야기한다. 그런데 한 시간 뒤, 또는 하루나 일주일 뒤에 후회가 쓰나미처럼 밀려온다. '미쳤나 봐, 내가 그런 이야기를 왜 했을까? 그 사람이 내 가족에 대해 뭐라고 생각하겠어? 다른 사람한테 말하면 어떡하지?' 이런 게 취약성 숙취다.

수치심 회복탄력성을 기르기 시작할 때는 누군가에게 손을 내밀고 자신의 경험을 이야기하고 싶은 욕구가 아주 커질 수 있다. 그래서 별로 가깝지 않은 사람한테까지 마음을 털어놓는 경우가 생긴다. 강의시간에 취약성 숙취에 대해 이야기하면 많은 사람이 고개를 끄덕이며 '나도 그 기분 알아요, 정말 싫어요'라는 표정을 짓는다. 속마음을 털어놓을 때 우리는 자신이 적당한 때에 적당한 상대에게 적당한 방식으로 이야기한다고 생각한다. 하지만 실제론 잘 알지도 못하는 사람한테 예고도 없이 자신의 취약한 모습을 갑자기 고백하는 경우가 많다.

해리엇 러너는 이에 대해 멋진 조언을 했다.[1] "자신의 취약성에 대해 이야기하고 싶을 때는 상대가 그 이야기를 들을 자격이 있는 사람인지 충분히 시간을 들여서 확인하고 자신이 그런 민감한 이야기를 하고도 불안해하지 않을 수 있는지를 생각해보는 것이 좋다. 우리는 상대가 우리의 고통을 무시하고 과소평가하거나, 반대로 지나치게 관심을 보이는 것을 원하지 않는다. 자신의 취약성 때문에 무시당하고, 동정받고, 험담의 주인공이 되는 것도 싫고, 민감한 사연이 자신에게 불리하게 이용되는 것도 원치 않는다."

우리는 또한 취약성이 우리의 기대와 실망으로 인한 고통과 관련되어 있기 때문에 두려워한다. 몇 년 전에 인터뷰했던 엘리자베스는 기대하던 승진을 하지 못했을 때 느꼈던 수치심에 관해 이야기했다. "그 승진이 나한테 얼마나 중요한지 모든 사람에게 이야기했기 때문에 수치스러웠어요. 남편, 아이들, 이웃들, 엄마, 동료들……, 주위 사람 모두한테 말했거든요. 꼭 승진할 거라고 장담한 건 아니에요. 그저 승진을 얼마나 원하는지 솔직히 말했을 뿐이에요. 승진에 실패한 것이 슬프고 실망스러운 정도가 아니라 수치스러웠어요."

누가 여러분에게 자신의 희망을 이야기한다면 연민과 유대감을 실천할 기회로 삼아보자. 만약 엘리자베스가 이런 말을 들었다면 큰 힘을 얻었을 것이다. "승진 시험에 지원한 것도, 승진을 얼마나 간절히 바라는지 솔직하게 말하는 것도 모두 용기 있는 행동이야. 그런 네가 친구인 게 자랑스러워."

엘리자베스의 사연에서 볼 수 있듯이, 우리의 기대, 취약성, 두려움은 서로 복잡하게 얽혀 있다. 어떤 기대를 할 때 우리는 그 일이 어떻게 이루어질지 머릿속으로 그려본다. 기대를 정할 때 우리는 자신의 모습뿐만 아니라 주변 사람들이 어떻게 반응할지도 생각해본다. 그리고 기대했던 반응이 나오지 않으면 우리는 수치심을 느낀다. '체중을 6kg 줄이면 나는 ○○하게 보일 거야.' '아버지한테 내 기분이 어떤지 말하면 아버지는 이해하실 거야.' '아이들을 위해 내가 이런 일을 해주면 아이들이 굉장히 고마워할 거야.' 이런 기대가 깨지면 조금 실망하고 말 때도 있지만 대부분은 수치심을 느끼게 되는데, 특히 취약성과 두려움이 끼어들 때면 수치심을 피할 수 없다.

인터뷰 참가자인 켈리는 시어머니와 함께 있을 때마다 기대와 두려움 때문에 수치심을 느꼈다고 솔직하게 말했다. 켈리는 시어머니가 자신의 육아방식과 남편을 대하는 태도에 대해 굉장히 비판적이고, 자신이 전업주부라는 것도 못마땅하게 여겼다고 말했다. 켈리는 시어머니의 방문을 몇 주 혹은 몇 달 전부터 준비하곤 했다. 아이들과 남편을 대하는 모습에서도 시어머니 마음에 드는 상황을 만들기 위해 상당한 노력을 기울였다. 하지만 시어머니가 올 때마다 계획은 엉망이 되었다. 시어머니는 여전히 모든 것을 못마땅하게 여겼고 며느리인 켈리가 자신에게 잘 보이기 위해 미리 계획을 짰다는 것까지 다 알아차렸다.

우리가 아무리 애를 써도 상대의 반응은 우리 마음대로 할 수 없다. 체중을 6kg 빼고 친구들의 반응을 살피려고 동창회에 갔는데 친구들이 살이 빠진 것에 대해 아무 반응도 보이지 않는다면 기분이 어떨까? 조금 실망할 수도 있지만 심하게 수치심을 느낄 수도 있다.

켈리는 결국 시어머니의 반응을 예상하고 준비하는 일을 그만뒀다. 남편과 처음으로 시어머니에 대해 솔직하게 이야기하고 나자 켈리는 시어머니에 대해 조금 무덤덤해졌다. 그 덕분에 켈리는 시어머니를 상대하는 새로운 전략을 짜게 됐다. 시어머니를 초대하는 횟수도 줄이고, 준비도 그전과 다르게 했다. 시어머니 마음에 들기 위해 모든 것을 완벽하게 준비하는 대신, 가족과 친구들에게 의지하기로 했다.

켈리는 수치심 회복탄력성을 기른 예로 내게 이 이야기를 들려주었다. 그녀는 자신이 변해야만 상황이 바뀌리라고는 전혀 예상하지 못했다고 말했다. 그녀는 시어머니가 변해야만 상황이 달라질 거라고 생각했다. 나는 그것이 기대의 문제점이라고 생각한다. 기대는 대개 비현실적이고 엉뚱한 사람을 대상으로 한다. 이제부터는 우리의 두려움을 파악하고 기대에 대한 현실점검을 해보는 훈련을 살펴보자.

잘못된 기대에서 벗어나는 법

산부인과 병원의 출산 준비교실에서 활용하는 '희망카드 작성'은 자신이 가진 기대를 현실점검해볼 수 있는 아주 좋은 훈련법이다. 출산을 앞둔 부모들은 열 장의 카드에 출산에 대해서 바라는 것들을 각각 하나씩 적는다. 단, 모든 가족이 아기와 산모의 건강을 바라기 때문에 그 기대는 제외한다. 이때 산모들은 대개 '자연분만을 하고 싶다', '하반신 마취를 하고 싶지 않다', '분만유도제를 사용하고 싶지 않다', '가족들이 제시간에 와주면 좋겠다', '집게분만을 하지 않으면 좋겠다', '출산 즉시 아기에게 모유수유를 하고 싶다', '간호사가 친절하면 좋겠다' 등의 희망을 적는다. 이 희망카드는 출산에 대해 산모들이 머릿속으로 그린 그림을 묘사한다.

열 장의 카드를 다 쓰고 나면 글씨가 보이지 않도록 카드를 뒤집고 섞은 다음 산모들에게 다섯 장만 고르라고 한다. 선택한 다섯 장만 이루어지고 나머지 다섯 장은 이루어지지 않는다고 말한 후 산모들에게 질문한다. '열 장 중에서 다섯 장의 내용만 현실로 이루어진다는 것을 받아들일 준비가 되었습니까?'

나는 이 훈련법이 단순히 출산뿐만 아니라 우리 삶에 큰 도움을 준다고 생각한다. 그래서 훈련의 범위를 넓혀서 '인생 희망카드' 훈련법을 만들었다. 인생에 대해 많은 기대를 하면서 그 기대가 모두 이루어져야만 자신의 가치가 높아진다고 생각하면 수치심에 사로잡히기 쉽다. 인생 희망카드를 통해 자신의 취약성과 두려움을 알아두면 수많은 기대에 대해 현실점검을 할 수 있다.

인생에 대한 기대와 취약성에 대한 두려움을 알아보기 전에 우선 많은 여성이 빠지는 오해에 관해 이야기해야 할 것 같다. 우리는 특별한 일이 일어나면 삶이 달라질 거라고 믿도록 사회화되어왔다. '남자친구만 생기면 모든 게 좋아질 거야, 결혼만 하면 문제가 다 해결될 거야, 아이만 생기면 다 괜찮아질 거야……' 하지만 특별한 일이 일어나면서 모두 해결된 것처럼 보였던 문제들은 그 일이 일어난 기쁨이 사라지는 즉시 처음보다 훨씬 더 힘들고 심각하게 느껴진다.

나와 인터뷰를 한 50대 후반의 한 여성은 친구들과 가족들이 만류했는데도 분노조절 치료를 받겠다는 약속을 믿고 폭력을 일삼는 남자친구와 결혼했다고 말했다. 그런데 첫아들이 태어난 후 남편의 폭력이 더 심해졌다. 그녀는 세상에 자기 혼자뿐인 것 같았다고 말했다. "다른 사람들 말은 전혀 안 들었어요. 결혼하거나 아기가 생기면 남편이 변할 거라고 굳게 믿었기 때문이에요. 너무 힘들었지만 부모님과 친구들 경고를 내가 무시했기 때문에 그 누구에게도 도움을 청할 수 없었어요. 결국 남편한테 맞아서 코와 팔이 부러지고 나서야 사실을 털어놓았어요. 그건 가족들한테 숨길 수 없었거든요."

우리는 언제든지 변할 수 있고 성장할 수 있다. 그렇지만 특별한 일이 항상 우리가 원하는 변화와 성장을 가져다주지는 않는다. 질투가 심한 남자친구는 결혼하면 오히려 더 불안해하면서 더 심하게 질투할 수 있다. 자녀에게 완벽함을 기대하는 엄마는 아이가 잘하면 잘할수록 점점 더 많은 완벽함을 요구할지도 모른다. 사이가 나쁜 형제자매는 부모님을 돌봐야 하는 상황이 오면 누가 모실 것인가를 두고 더 크게 다툴 수 있다. 특별한 일에 대한 잘못된 기대가 어긋나면 상황이 더 나빠지기 마련이다. 우리가 마음대로 할 수 없는 일이 실현되어야 자기 가치가 높아진다고 생각하면 오히려 자기 가치가 위험해진다. '결혼만 하면 우리 관계는 더 좋아질 거야.' 이런 생각을 하고 결혼했는데 사이가 더 나빠지고 상황이 악화되면 엄청난 수치심이 생길 수 있다.

불완전함과 평범한 삶처럼 우리를 인간답게 만드는 것들을 인지하고 받아들이려면 먼저 자신의 두려움과 취약성을 받아들여야 한다. 자신의 두려움을 이해하는 것은 수치심 회복탄력성을 기르는 과정의 한 단계다. 뿐만 아니라 사람들과 유대를 이루고 충만한 삶을 살아가기 위해 필수적인 인간관계를 형성하는 데 꼭 필요한 것이기도 하다.

8장.

비난의 문화에서
상처받지
않는 법

'이건 네가 잘못했어!', '이건 다 내 잘못이야!', '네 탓이야!', '내 탓이야!' 우리는 누가 잘못했는지 누구 탓인지 따지는 일에 집착한다. 자신이든 다른 사람이든 책임을 지는 것은 좋은 일이다. 하지만 '책임감'과 '비난'은 완전히 다르다. 책임감과 비난의 차이는 죄책감과 수치심의 차이와 비슷하다. 죄책감과 마찬가지로, 책임감은 대부분 잘못된 것을 바로잡고 새롭게 만들고자 하는 의지에서 비롯된다. 자신의 행동과 그로 인한 결과에 대해 책임을 진다는 뜻이다.

반면, 비난은 한없이 무거운 두려움과 수치심을 벗어던지고 싶을 때 이용한다. '너무 힘들어, 누구 탓을 할까? 그래, 너 때문이야! 네가 나빠. 이게 다 너 때문이야.' 자신의 행동에 대해 자신이나 남에게 책임을 묻는 것은 변화와 문제해결을 기대한다는 뜻이다. 하지만 비난은 수치심과 마찬가지로 마음을 닫는 것이고 변화에 아무런 도움도 안 된다.

아이 앞에서 참을성을 잃고 화낸 것 때문에 수치심을 느끼고 자신을 나쁜 엄마라고 비난한다면 수치심만 더 깊어질 뿐이다. 하지만 내 행동에 책임을 져야겠다고 마음먹으면, 아이에게 사과하고 수치심에서 벗어나 자신이 되고자 하는 부모가 될 방법을 찾을 수 있다.

남을 비난할 때도 마찬가지다. 20대의 엄마 매기는 여섯 살 난 아들이 트램펄린에서 떨어져 팔목이 부러졌을 때 큰 수치심을 느꼈다고 말했다. 친구 다나가 응급실에 도착하자 매기는 그녀에게 안겨 울음을 터뜨렸다. "나 정말 나쁜 엄마야! 매튜의 저 가는 손목이 부러지다니 믿을 수가 없어. 아이를 잘 지켜봐야 했는데 그러지 않았어." 그러자 다나가 말했다. "보호용 펜스를 샀어야지. 이런 일이 생길 수 있다고 내가 전에 말했잖아." 친구의 말에 매기의 수치심은 더 깊어졌다. 다나는 매기를 비난하느라 그녀에게 연민을 실천할 기회를 놓쳤다.

매기와 다나의 이야기에서는 비난이 아주 뚜렷이 보인다. 하지만 언제나 그런 것은 아니다. 겉으로 드러나지 않게 은밀하게 비난하는 경우도 많다. 심지어 자신이 비난한다는 사실도, 왜 비난하는지도 모를 때도 있다. 예를 들어, 차를 몰고 가던 중에 타이어 바람이 빠졌다. 이럴 때 무심코 '내가 뚱뚱해서 이런 일이 생겼을지 몰라'라고 생각한다면 자기도 모르는 사이에 자신을 비난한 것이다. 모르는 사이 신용카드 한도를 초과해버렸다. 이럴 때 '사용한도를 잘 확인해야 했는데'라고 생각하는 대신 '내가 멍청해서 이렇게 된 거야'라고 생각한다면 이건 자신을 비난하는 것이다.

비난의 문화는 서서히 우리 삶에 스며든다. 우리는 끊임없이 자신과 남들을 비난한다. 앞에서 언급했던 '분리'와 '벽 쌓기' 모두 비난의 문화가 만들어낸 부산물이다. 8장에서는 비난과 관련된 네 가지 개념, '분노anger',

'투명인간 취급invisibility', '전형화와 꼬리표 붙이기stereotype and labeling', '따돌리기exclusion'를 살펴보려고 한다. 수치심 회복탄력성의 네 가지 요소를 이용하면, 비난에서 벗어나 연민을 실천할 수 있다.

분노하는 사람들이
점점 많아지는 이유

비난하고 잘못 찾기에 집착하는 것은 '분노'라는 감정 때문이다. 수치심과 비난의 문화에서는 분노하는 사람들을 쉽게 찾아볼 수 있다. 토론 프로그램에 나온 정치인들은 소리 지르기 시합이라도 벌이는 듯 서로 호통치기 바쁘다. 차를 몰고 짧은 거리를 가는 중에도 옆 차 운전자와 서로 욕하고 삿대질하기 일쑤다. 공공장소에서 처음 만나는 사람한테 마구 화를 내고 서비스센터 직원한테 화풀이하는 일이 일상에서 다반사로 벌어진다.

분노는 수치심, 모욕감, 스트레스, 불안, 두려움, 슬픔 같은 여러 감정과 저마다 다른 다양한 경험들에 의해 일어난다. 수치심으로 인한 고통으로부터 자신을 보호하기 위해 비난하고 분노한다.

수치심 학자 준 탱니와 론다 디어링은 사람들이 수치심을 느낄 때 자신을 보호하기 위해 '테이블 뒤엎기turn the tables' 전략을 쓴다고 설명했다. 이들은 연구를 통해 우리가 타인을 비난할 때 '독선적인 분노self-righteous angry'를 느끼는 것을 발견했다. 분노는 힘과 권위의 감정이기 때문에 화를 내면 통제력을 되찾은 것처럼 느끼기 쉽다. 수치심이 들면 자신이 쓸모없고, 무기력하고, 무능하다고 느끼기 때문에 통제력을 되찾는 것은 중요하다. 탱니와 디어링이 설명한 '테이블 뒤엎기' 전략은 3장에서 다룬 단절 전략 중하나인 '맞서기'와 비슷하다. '맞서기'는 수치심을 이용해 수치심에 맞서 싸우는 공격적인 전략이다.

나는 인터뷰를 하면서 헤어 나올 수 없을 만큼 강력한 수치심에서 벗어나기 위해 분노와 비난을 이용하는 여성을 많이 만났다. 그녀들은 분노를 이용한 것을 후회했다. 수치심에서 벗어나려고 분노를 이용하면 '나한테 문제가 있어서 사람들과 관계를 맺을 가치가 없다'는 생각만 더 커질 뿐이다.

탱니와 디어링은 이렇게 말한다. "수치심 때문에 생긴 분노가 인간관계에 심각한 문제를 일으킬 수 있다는 것은 말할 필요도 없다. 수치심에서 비롯된 분노의 대상이 된 사람은 '전혀 예상하지 못한 분노'에 당황하기 쉽다. 상대가 왜 화를 내는지 전혀 이해하지 못하기 때문에 '도대체 왜 이러는 거야?'라는 생각만 들 뿐이다. 수치심으로부터 자신을 지키기 위한 비난과 분노는 자기 자신과 상대 중 한쪽 혹은 양쪽 모두 멀어지게 만들거나, 적대감을 불러일으켜 서로를 비난하게 만든다. 어느 경우든, 인간관계를 망치는 결과를 가져오기 쉽다."

분노는 '나쁜' 감정이 아니다. 사실, 분노를 느끼고 적절히 표현하는 것은 인간관계를 쌓는 데 있어 중요하다. 하지만 수치심 때문에 상대에게 버럭 화를 내는 것은 '분노를 느끼는' 것이 아니다. 자신이 느낀 수치심을 '분노로 위장'한 것일 뿐이다. 게다가 수치심에서 비롯된 분노와 비난은 웬만해서는 긍정적인 방식으로 표현되지 않는다. 수치심으로 감정이 격해지고 괴로워지면 분노 본능이 폭발해 타인에게 분풀이를 하게 된다. 자신의 수치심 연막이 분노와 비난이라면 그 사실을 잘 알아야 한다. 수치심을 느낄 때 감정을 가라앉히고 침착하게 대처할 방법을 찾아야 한다.

인터뷰한 많은 여성이 분노를 가라앉히는 방법으로 '깊이 심호흡하기'를 언급했다. 나도 수치심을 느낄 때 자주 사용하는 방법이다. 화가 난 상황에서 빠져나가는 것도 효과적이다. 이성적으로 판단하고 반응하려면 흥분을 가라앉힐 '타임아웃time out'이 필요하다. 타임아웃을 하려면 많은 훈련이 필요하다. 만약 이미 분노하고 비난하는 반응을 해버렸다면, 자신을 되돌아보고 잘못된 것을 바로잡을 용기도 필요하다.

보잘것없는 존재라는 느낌은 어디에서 오는가?

수치심을 '약점을 들키는 것'이라고 생각한다면 수치심에서 벗어나기 위해 분노와 비난을 무기로 사용하는 것도 이해가 간다. 많은 사람이 약점을 들키거나 들킬까 봐 두려울 때 수치심을 느낀다. 그래서 놀림받거나 비난받을 이유가 되는 약점을 숨기려고 죽을힘을 다한다. 무시당할지 모른다는 두려움이 자기 생각을 말하지 못하게 막고, 완벽하게 보이고 행동하고 싶다는 욕구가 집 밖에 못 나가고 이불 속에 숨어 있게 만든다.

그런데 우리는 '내가 보는 나'나 '남이 보는 나'에 대해서 수치심을 느낄 뿐만 아니라 '보이지 않는 나'에 대해서도 수치심을 느낄 수 있다. 수치심의 이면이라고 할 수 있는 이것은 때로는 수치심보다 더 알아채고 이름 붙이기 어렵다. 그래서 나는 이것을 '투명인간 수치심shame of invisibility'이라고 부른다.

지난 몇 년 동안 사회복지학 대학원생을 대상으로 여성문제를 강의했는데, 매 학기마다 한 번씩 '매거진 데이'라는 수업을 진행했다. 우선 학생들에게 제일 좋아하는 패션잡지를 가져오게 한다. 그러면 최소 150개의 다양한 잡지가 강의실 바닥에 쫙 깔린다. 수업이 시작되면 나는 학생들에게 가위, 풀, 종이를 나눠준다. 첫 번째 과제는 한 시간 동안 잡지들을 뒤져서 옷차림, 장신구, 머리 모양, 메이크업, 팔, 다리, 발, 신발 등 이상적으로 생각하는 모습을 오려서 콜라주를 만드는 것이다.

첫 번째 시간이 끝날 무렵이면 대부분 콜라주 작업을 끝마치는데 많은 학생이 아주 세세한 부분까지 작업하곤 한다. 이 수업을 하면서 가장 눈에 띄는 점은 학생들이 잡지 속 여성들의 사진에서 자신이 이상적으로 생각하는 부분을 굉장히 빨리 찾아내서 싹둑싹둑 가위질한다는 것이다. '이 여자의 눈, 코, 입, 머리 모양은 마음에 드는데 머리카락 색은 마음에 안 들어.' '이 여자 팔은 너무 말랐는데 허벅지는 마음에 들어.' 학생들은 잡지 속 모델들의 몸을 해체해서 완벽하게 재조립한다.

그다음 과제는 자신과 최대한 비슷한 모습을 찾아 콜라주를 만드는 것이다. 자신과 비슷한 체형(팔, 다리, 엉덩이), 옷차림, 머리 모양 등을 찾아내야 한다. 이 과제를 시작하고 15분 정도 지나면 학생들은 짜증을 내며 더 이상 찾기를 포기하는 경우가 많다. 두 번째 콜라주를 들어보라고 하면 신발 사진만 붙였거나 머리 모양 사진만 붙인 경우도 있다. 여기까지 수업을 진행한 다음 나는 학생들에게 물었다. "여러분은 어디 있죠? 이 잡지들은 여러분이 돈을 주고 산 겁니다. 여러분이 좋아하는 잡지죠. 그런데 이 잡지들 속에 여러분이 있나요?"

이 질문에 대한 대답은 간단하다. 하지만 우리에게 엄청난 수치심을 불러일으킬 수 있다. 우리는 이 잡지 안에 없다. 왜냐하면 우리 문화가 우리를 중요하게 여기지 않기 때문이다. 이상적인 모습과 거리가 멀수록 우리는 덜 중요한 존재가 된다.

잡지 수업의 마지막 과제는 '투명인간(존재감 없는 사람) 취급당하는 기분이 어떤가?'라는 질문에 대답하는 것이다. 많은 여성이 자책한다고 대답했다. "내가 투명인간 취급을 당하는 것은 예쁘지 않기 때문이에요." "내가 투명인간 취급당하는 건 중요한 존재가 아니기 때문이에요." 비판적 인식의 질문을 하기 시작하면 학생들은 이런 식의 자기비난이 수치심을 불러일으키는 파괴적인 반응이라는 것을 깨닫게 된다.

투명인간 취급을 받으면 사람들로부터 단절되고 무력해지는 느낌을 받는다. 우리 문화에서 자신의 모습을 찾아볼 수 없을 때, 자신이 쉽게 지워질 수 있는 너무나 보잘것없고 중요하지 않은 존재라는 생각이 든다. 이런 느낌 속에서 우리는 엄청난 수치심에 빠진다.

노화, 트라우마, 고정관념에 대한 인터뷰를 통해서, 나는 이런 문제들이 투명인간 취급과 관련 있다는 것을 알게 되었다. 인종, 성적 지향과 같은 정체성 문제도 마찬가지였다. 인터뷰 참가자들의 경험담과 생각을 통해 나는 우리를 무시하고 하찮게 여기게 만드는 주요한 메커니즘이 '전형화'라는 것을 알게 되었다.

개성을 짓밟는
전형화와 꼬리표 붙이기

우리는 매일같이 '전형화'를 사용하지만, 먼저 개념정의를 하고 이야기를 이어가는 게 도움이 될 것 같다. 전형화란 특정 집단에 속한다는 이유로 사람들을 지나치게 일반화하고 엄격하게 정의 내려 판단하는 것을 말한다.[1] 악의적이거나 편견을 심화하려는 의도가 아니라면 전형화가 문제될 것 없다고 생각할 수도 있다. 그저 상대를 빠르게 파악하려는 것뿐이라고 말이다.

- 저 사람은 그런 거 안 먹을 거야. 건강식만 먹잖아.
- 저 사람이 어떻게 생각할지 잘 모르겠어. 보수당 지지자잖아.
- 저 엄마한테 물어보지 마. 치맛바람 장난 아니잖아.

내 경우에는 신발과 관련해서 전형화를 자주 사용한다. '구두를 신는 사람'과 '슬리퍼를 신는 사람'과 같이 말이다.

언뜻 보기엔 상대에게 해가 될 게 없는 생각 같다. 하지만 이런 생각도 모르는 사이에 수치심을 불러일으킬 수 있다.

- 저 사람은 중국계인가 봐. 공부 잘하잖아.
- 저 사람은 인도 사람일 거야. 굉장히 무례하잖아.
- 저 사람은 너무 답답해. 그래서 내가 나이 든 사람들 싫어하잖아.
- 저 사람이 저러는 건 몇 년 전에 강간당했기 때문일 거야.

- 이 정도로 상처받진 않을 거야. 다 들어주는 분이잖아.

- 저 사람 화난 건 아니야. 흑인이라서 그러는 거지.

- 저 여자, 남자친구가 파키스탄 사람이잖아. 그러니까 부모님이 반대할
  거야.

정말 해가 되지 않을까? 이런 말은 상대에게 상처를 주고 수치심을 불러일으킨다. 안타깝게도 우린 이런 식의 전형화를 매일 한다. 자기 마음대로 정한 기준에 따라 사람들을 구분한다. 그리고 이를 근거로 그들의 고통을 비난하고 연민을 실천할 책임에서 벗어나려 한다. "당신의 고통을 이해하고 싶지 않아요. 그런 고통을 겪게 된 건 당신 책임이니까요."

긍정적이든 부정적이든, 전형화는 개인과 집단의 마음에 상처를 입힌다. 연구에 따르면, 긍정적인 전형화는 결점을 찾아볼 수 없는 이상적인 이미지를 심어주고, 부정적인 전형화는 모욕하고 비웃는 이미지를 심어준다.[2] 하지만 어느 쪽이든 상대를 자기 마음대로 구분하고 분류하는 것은 마찬가지다.

조직개발과 다양성 전문가 미셸 헌트 Michelle Hunt 는 전형화에 대해 이렇게 썼다.[3] "나는 남들의 시선에 의해 분류되기를 원치 않는다. 도저히 참을 수 없다. 평생에 걸쳐 지금처럼 복잡하고 다양한 모습을 가진 나로 성장해왔는데, 그런 나를 '페미니스트' 혹은 '흑인 여자'라는 단편적인 모습만으로 분류한다는 것은 불쾌한 일이다. 나를 그렇게 멋대로 구분하고 같은 부류에 속하는 다른 사람들과 똑같이 걷고, 말하고, 생각하리라 판단해버린다. 이는 오늘날 다양성 문제가 당면한 위험 중 하나이다. 다양성에 대한 논쟁은 분류를 줄이는 게 아니라 확대하고 있다. 나는 나만의 개성을 존중

받고 싶다. 나만의 개성을 장점으로 인정받고 싶다."

　나는 전형화와 투명인간 취급에 대한 여성들의 이야기에서 두 가지 문제를 발견했다. 하나는 '속삭이는 꼬리표whispered-labels'다. 등 뒤에서 조용히 속삭이면서 그 사람에 대해 꼬리표를 붙이는 것이다. "그냥 애 엄마잖아, 암 환자였대, 학대받으며 자랐대, 조울증이래, 알코올중독 치료받았대, 남편이 자살했대, 치매 걸렸대, 페미니스트래, 남편한테 맞고 산대, 차에서 먹고 잔대, 외동이래, 보조금으로 생활한대, 동성애자래, 몇 년 전에 성폭행당했대……."

　누군가에 대해 "저 사람 외동이래"라고 말할 때 단순히 사실을 전달하기 위해 그런 말을 했다면 상처가 되지 않을 것이다. 하지만 그 사람의 행동에 대해 설명하기 위해 그렇게 말했다면, 즉 '저 사람은 외동이라서 자기중심적이야'라는 뜻으로 말했다면 '꼬리표 붙이기'를 한 것이다. 그것은 상처를 주는 전형화가 될 수 있다.

　전형화와 꼬리표 붙이기는 사람들과 교류하고 유대감을 형성하는 능력을 방해한다. 상대가 특정한 집단에 속한다는 것을 염두에 두고 만나면 그 사람에 대한 고정관념이 생길 수밖에 없다. 그러면 그 사람의 다른 모습이나 다른 개성을 알 기회를 놓치게 된다. 꼬리표는 사회공동체의 고착화된 기대에 부응하는 '결과가 정해진' 싸움이며 결국에는 존재감을 사라지게 만든다. 한 인터뷰 참가자는 이렇게 말했다.

　"내가 레즈비언이라는 것을 사람들이 알게 되었을 때 가장 힘든 점은 그들이 나에 대해 멋대로 생각한다는 거예요. 레즈비언이라는 사실 하나만으로도 나에 대한 모든 것을 다 안다고 생각하죠. '너는 동성애자니까 이렇게 살아왔을 거야'라는 고정관념으로 나를 보는 거예요. '남자한테 학대받은 적이 있을 것이다, 남자를 증오할 것이다, 남자처럼 굴고 운동을 좋아할 것이다'라고 생각해요. 내가 행동하고, 옷 입고, 투표하고, 돈 쓰는 방식 모두 내가 레즈비언인 것과 관련이 있다고 생각해요. 동성애자들도 저마다 개성이 있고 다양하다는 사실을 몰라요. '어머, 당신은 이성애자로 군요. 더 말 안 해도 당신이 어떤 사람인지 짐작이 가요.' 이런 말은 아무도 안 하잖아요. 성적 지향이 정치성향, 종교, 믿음, 가치관, 외모, 성격을 규정하지는 않아요. 나는 상대가 이성애자라고 해서 상대에 대해 다 안다고 생각하지 않아요. 그러니까 다른 사람들도 내가 레즈비언이라는 사실을 알았다고 해서 나에 대해 다 안다고 속단하지 않았으면 좋겠어요."

전형화와 관련된 두 번째 문제는 비방이다. 이것은 사회공동체의 전형화에서 비롯된다. 헤픈 여자, 창녀, 쓰레기, 수다쟁이, 남자 잡아먹을 여자, 미친년, '호들갑쟁이', 노이로제 환자, 레즈비언, 이기적인 얼음마녀 등등 상처를 주는 꼬리표는 셀 수 없을 정도로 많다. 호모나 퀴어queer(성소수자를 이르는 포괄적인 단어—옮긴이)도 경우에 따라 경멸적인 표현이 될 수 있다. 사회공동체의 기대에서 벗어나는 순간 어김없이 이런 꼬리표들이 달린다. 너무 쉽게 이런 꼬리표를 붙이기 때문에 이게 얼마나 상처를 주는 말인지 인식하지 못한다. 꼬리표 붙이기를 통해 전형화가 강화된다는 사실도 간과한다. 정체성을 이유로 모욕하는 것은 개인과 집단에 대한 철저한 무시다.

솔직히 우리 중에 전형화를 통해 타인을 평가해본 적 없거나 꼬리표 붙이기를 해보지 않은 사람은 아마 없을 것이다. 전형화를 부추기는 이유 중 하나로 '예외 취급exception factor'을 들 수 있다. 우리는 다수가 어떤 부류에 속할 때 전형화를 지지하지만, 자신에게 부합하지 않으면 무시해버리려는 경향이 있다. 예를 들어, '페미니스트라고 하면 무조건 어떠할 것이다'라는 고정관념을 받아들이지만 누군가 나서서 "나는 페미니스트이지만 그렇지 않다"라고 말하면 그 여자를 예외로 치면서 전형화 자체는 유지한다. "물론 당신은 그러지 않죠. 나는 다른 페미니스트 이야기를 하던 거예요." "진정해요. 당신은 당연히 다르죠." 이런 식으로 말이다.

'예외 취급'이 유대감을 형성하고 수치심 회복탄력성을 기르려는 우리 노력에 얼마나 방해가 되는지를 사례를 통해 살펴보자.

- 나는 서른두 살이고 두 아이 엄마예요. 지역사회 일에 참여를 많이 해서 현재는 동네 공동체 모임의 부회장이에요. 대학교에 다닐 때 학생회 활동을 하면서 술을 많이 마셨어요. 졸업 후에 내가 알코올중독이라는 걸 깨닫고 금주 모임에 나가게 되었어요. 현재는 8년째 술을 끊고 회복 중이에요. 사람들은 알코올중독자라면 나이 많고, 능글맞고, 부도덕한 사업가를 떠올리기 때문에 나한테 "참 특이한 알코올중독자"라고 말하거나 "당신 정말로 알코올중독자예요?"라고 물어보기도 해요. 알코올중독에서 회복 중인 사람 중에는 나 같은 사람도 많다고 설명해도 좀처럼 믿으려고 하지 않아요. 사람들은 나를 예외적인 존재라고 말하는 게 나에 대한 칭찬이라고 생각하지만 그런 말을 들으면 나는 수치스럽고 마음 아파요. 그렇게 잘 알지도 못하고 생각이 좁은 사람들 때문에 알코올중독에 대해 말하기가 힘들어요.
- 어느 날 단짝친구와 내 남자친구 매트에 대해 이야기하게 되었어요. 친구는 내가 아버지한테 성적 학대를 당한 것을 매트한테 말할 생각이냐고

물었어요. 나는 비슷한 이야기를 나눈 적도 있고 언젠가는 전부 다 털어놓을 생각이라고 대답했어요. 그러자 친구가 기겁하더라고요. 친구는 이렇게 말했어요. "안 하는 게 좋을 거야. 상황이 안 좋아질 수도 있잖아." 그 말이 무슨 뜻이냐고 물었더니 친구는 매트가 더 이상 나와 잠자리를 같이하지 않으려고 할 수도 있고 내가 그를 속였다고 생각할 수도 있고, 심하면 내가 결혼 후에 아이들한테 내가 당한 것과 똑같은 짓을 할까 봐 겁나서 나와 결혼하지 않으려고 할 수도 있다고 말했어요. 그 말에 나는 충격을 받았고 마음이 아팠어요. 성적 학대를 받았기 때문에 내가 이상하고, 난잡하고, 내 아이에게 성적 학대를 할 사람이라고 생각하느냐고 친구에게 물었어요. 그러자 친구가 이렇게 말했어요. "나는 네가 그런 사람이 아니라는 걸 알지. 하지만 다른 사람들은 성적 학대를 받은 사람들에 대해 그런 식으로 생각할 수도 있어." 그 말이 얼마나 내 마음을 아프게 했는지 그리고 그녀에 대한 내 마음을 얼마나 바꿔놓았는지 친구는 절대 모를 거예요.

자신을 또는 남들을 전형화해도 되는 사람은 없다. 그런데 자신이나 자신이 속한 집단에 대해서는 마음대로 표현해도 된다고 생각할 때가 있다. '나는 여자니까 다른 여자들에게 '여자니까'라는 꼬리표를 붙여도 돼. 나는 레즈비언이니까 다른 레즈비언들에게 '레즈비언이니까'라는 꼬리표를 붙여도 돼'라는 식으로 생각하는 것이다.

5년 전 나는 '용인된 전형화permitted stereotype'를 확인하기 위한 훈련법을 개발했다. 훈련을 마무리할 때 나는 학생들에게 자신이 속한 정체성 집단 세 개를 적어보라고 한다. 그런 다음 각각의 집단과 관련된 전형화와 꼬리표를 적어보라고 한다. 마지막으로 각각의 집단에 있는 다양한 구성원들의 특징을 설명하기 위해 사용할 수 있는 전형화를 적어보도록 한다.

이 훈련을 받는 학생들 대다수가 여성이기 때문에 자신들이 속한 첫 번째 정체성 집단으로 '여성'을 꼽았다. 여성과 관련된 전형화에 대해서는 이른바 뒷담화라고 하는 남의 험담하기, 거짓말쟁이, 배신자, 남을 교묘하게 이용한다, 히스테리, 노이로제 같은 꼬리표를 적었다. 학생들 다수가 다른 여자에 관해 설명할 때 이런 꼬리표를 사용한 적 있다고 빠르게 인정했다. 나는 학생들에게 이렇게 말했다. "나는 남의 뒷담화를 좋아하지도 않고, 거짓말쟁이나 배신자도 아닙니다. 내가 남을 교묘하게 이용하거나 히스테리를 부리고 노이로제 반응을 보인다고도 생각하지 않고요. 여러분이 그러는 것도 보지 못했습니다. 여러분은 다른 여자들에 대해 말할 때 그런 꼬리표들을 사용한다고 대답했는데 왜 우리 중에는 그런 꼬리표에 부합하는 사람이 없는 걸까요? 뒷담화를 좋아하고, 배신하고, 거짓말하고, 사람들을 이용하고, 노이로제에 걸린 미친 여자들은 대체 어디 있는 걸까요?"

이런 말을 하면 보통 학생들 사이에서 열띤 토론이 벌어진다. 그리고 "그건 우리는 예외이기 때문이에요"라는 말이 나온다. 자신이 전형화의 대상이고 자신에게 그런 꼬리표가 붙은 경우에는 자신과 같은 부류의 다른 사람에게 꼬리표를 붙여도 된다고 말한다. 예를 들어, 내가 뚱뚱하면 뚱뚱한 다른 사람을 뚱보돼지라고 불러도 된다. 인종이나 문화가 다른 사람이 쓰면 욕이 되는 표현을 같은 인종, 같은 문화권 사람한테는 마음대로 써도 된다는 식이다. 같은 부류의 사람은 전형화하고 꼬리표 붙이기를 해도 된다는 생각은 그들은 물론이고 자신에게까지 수치심을 불러일으키는 행위임을 우리는 너무 자주 잊는다.

나이 듦에 대한
고정관념

남녀 모두를 대상으로 한 최근 한 워크숍에서 한 여성이 수치심 촉발제에 대해 이렇게 발표했다. "수치심 촉발제와 그에 대한 인식을 살펴보고 나서야 나이 먹는 것 때문에 괴로운 게 아니라, 나 자신과 능력, 몸에 대한 근거 없는 믿음 때문에 괴롭다는 걸 알게 되었어요. 내 몸이 나를 배신한 게 아니라 내가 가지고 있던 고정관념이 나를 배신한 거였어요."

인터뷰 참가자들은 실제로 나이를 먹는 것보다 '노화에 대한 전형화된 인식'이 더 견디기 힘들다고 말했다. 미디어 분석가인 마티 캐플런Marty Kaplan은 광고주와 TV 제작자들이 50세 이상 남녀에게는 관심이 없다면서 이렇게 말했다. "일부 TV 제작자들은 50세 이상 시청자들을 혐오하기까지 한다. 시청률 조사에서 50세 이상이 시청하는 것으로 조사된 프로그램에는 광고주들이 절대 광고를 맡기지 않는다."

연구를 통해 발견한 노화에 대한 부정적인 전형화와 각각에 대한 특징은 다음과 같다.[4]

- **낙담** – 겁이 많다, 우울하다. 희망이 없다. 외롭다, 소외당한다
- **은둔** – 고지식하다, 말수가 적다, 소심하다
- **괴팍** – 불평이 많다, 융통성이 없다, 편견이 심하다, 남의 일에 참견한다, 고집불통이다
- **가벼운 장애** – 남에게 의지하려고 한다, 잘 다친다, 동작이 느리다, 쉽게 지친다

- **심각한 장애** – 허약하다, 의사표현이 불분명하다, 말이 앞뒤가 안 맞는다, 노망 증세를 보인다
- **취약함** – 겁이 많다, 호기심이 없다, 감정표현을 안 한다, 건강염려증에 걸렸다, 구두쇠, 남을 의심한다, 피해의식이 있다

반면, 같은 연구에서 발견한 노화에 대한 긍정적인 전형화와 각각에 대한 특징은 다음과 같다.

- **인생의 황금기** – 활동적이다, 모든 일에 준비가 되어 있다, 생기가 넘친다, 사람들과 잘 어울린다, 건강하다
- **완벽한 할아버지, 할머니** – 재미있다, 자상하다, 행복하다, 사랑이 넘친다, 지혜롭다
- **시골 노인** – 검소하다, 옛것을 소중히 한다, 강하다
- **보수적인 사나이** – 감성적이다, 과거를 소중하게 여긴다, 애국심이 강하다, 신앙심이 깊다

위의 내용을 보면 누구나 아는 사람들이 떠오를 것이다. 그래서 전형화가 위험한 것이다. 전형화된 이미지에 너무 잘 들어맞으면 거기서 벗어나는 모습은 무시해도 된다고 생각한다. 길에서 완벽해 보이는 할머니를 보면 몸에 멍 자국이나 매 맞은 자국이 있어도 쉽게 알아차리지 못할 것이다. 그런 사람은 자신을 '완벽한 할머니'로 보는 주위의 시선에 맞추느라 자신에게 벌어지는 현실에 대해 말하지 못하게 된다. '보수적이고 남자다운' 아버지는 그 이미지를 지키기 위해 두려움이나 괴로움을 가족에게 털

어놓지 못한다. 아래 사례처럼 인생의 황금기를 보내는 할머니는 행복하기 때문에 놀림거리가 되어도 개의치 않으리라고 멋대로 판단할 수도 있다.

- 자식들과 손주들은 나만 보면 춤춰달라고 말해요. 내가 춤을 잘 춰서가 아니라 춤추는 내 모습이 웃기기 때문이에요. 내가 춤을 출 때 "잘한다, 더 해봐요!"라고 말하기도 해요. 그런 말을 들으면 나는 마음이 아파요. 가족들은 나를 늙은 코미디언쯤으로 생각해요. 그저 늙은 사람일 뿐, 감정이 있는 한 사람의 여자로 보지 않아요. 나도 할 줄 아는 게 많고 재미있는 사람인데 말이에요. 가족들이 나를 웃음거리로 삼는 게 수치스러워요. 가족들이 나를 많이 사랑한다는 건 알아요. 하지만 가끔 아주 무례하게 굴 때가 있어요.

전형화는 비난과 무시의 한 형태이며 비난과 무시는 수치심을 불러일으키는 주요한 요소다. 비난 대신 유대감과 연민을 실천하고 싶다면 언제 어떻게 왜 전형화를 하는지 주의를 기울여야 한다.

'피해자'라는 틀에
가두는 시선

수치심을 불러일으키는 많은 암시는 완벽주의와 관련 있다. 그런데 트라우마의 경우, 전형화는 불완전함과 관련 있다. 훼손되거나 영원히 상처입었다는 낙인과 자기 트라우마는 스스로 책임져야 한다는 비난 위에서 생긴다.

트라우마에서 회복 중인 여성들과 인터뷰하면서 그들이 트라우마와 관련된 전형화 때문에 트라우마를 극복하는 것 외에 또 다른 문제에 직면했음을 알게 됐다. 그들은 트라우마에 대해 질문하고 그들을 트라우마 생존자라고 규정하는 사람들로 인한 수치심을 견뎌내야 했다. 사람들은 트라우마를 겪은 여성들에게 "정말 그렇게 힘들었어?"라거나 "그 남자하고 뭐하던 중이었어?" 같은 질문을 던진다. 트라우마 생존자의 이야기에 귀를 기울이고 이해해주려고 노력하는 대신 그들의 경험을 비난하고 무시한다.

트라우마를 겪은 사람들의 정체성을 규정할 때에도 전형화가 이용된다. 대부분의 사람들이 트라우마를 극복할 수 있는 사람과 극복할 수 없는 사람에 대해 강한 선입견을 품고 있기 때문이다.

전문직 여성들을 대상으로 강연을 마치고 책 사인회를 하는데 한 여성이 책 네 권을 가지고 내게 왔다. 그녀는 눈물을 흘리면서 말했다. "책 하나는 제 것이고 나머지는 제 여동생과 그 아이의 두 딸한테 줄 거예요. 몇 달 전에 제 조카가 대학교에서 강간을 당했어요." 그녀는 크게 심호흡을 한 후 말을 이었다. "아주 예쁘고 똑똑한 애였어요. 멋진 미래가 기다리고 있는 아이였죠."

그 말을 듣는 순간 나는 가슴이 철렁 내려앉으며 이런 생각이 들었다. '어머 어떡해! 그 아이가 자살했구나.' 하지만 여동생의 두 딸에게 책을 주겠다던 말이 떠올랐다. 이 여성이 한 말은 조카가 강간을 당하기 전에는 예쁘고 똑똑한 아이였다는 뜻이었다. 나는 남들 시선은 아랑곳하지 않고 조카 때문에 내 앞에서 울면서 서 있는 그녀가 자신이 무슨 말을 하는지 그리고 그 말이 조카를 얼마나 수치스럽게 만드는지 알고 있는 걸까 하는 생각이 들었다.

우리 대부분은 이 여성처럼 판단하고 가정하곤 한다. '그 여자는 절대 예전 모습으로 돌아가지 못할 거야'라거나 '그 여자 이제 완전히 끝났어'라는 말을 쉽게 한다. 또한 트라우마를 근거로 어떤 사람의 행동을 설명하려 든다. 알리시아의 경우가 바로 그렇다.

나와 인터뷰할 당시 알리시아는 톰과 2년째 사귀던 중이었다. 그녀는 두 사람의 관계에 대해 '슬픈 끝이 보인다'라고 말했다. 그 이유를 묻자 알리시아는 인터뷰하기 몇 달 전에 톰에게 자신이 어린 시절 친모와 계부에게 학대를 당했으며 그 때문에 할머니 밑에서 자랐다는 사실을 고백했다고 대답했다. 그녀는 톰이 연민 어린 태도로 격려해주었지만 이제는 자신이 화를 내거나 흥분할 때마다 '학대받고 자란 어린 시절' 탓을 한다고 말했다.

알리시아는 톰이 자신을 '학대받고 자란 사람'으로 규정하고 자신의 모든 행동을 학대받은 어린 시절과 관련짓는다고 말했다. "심지어 우리가 처음 만나 데이트하던 때를 떠올리며 '네가 그때 그 영화를 왜 그렇게 싫어했는지 이제 이해가 되네'라고 말하기도 했어요." 알리시아는 며칠 전 동료들 앞에서 상사로부터 심하게 질책받은 일로 퇴근하고 집에 돌아가자마자 엉엉 운 적이 있다. 그러자 톰이 '직장에서 비난받는 걸 못 견디는 건 어린 시절에 부모한테 학대받았기 때문이야'라고 말했다고 했다. 알리시아는 톰에게 동료들 앞에서 비난받는 걸 좋아할 사람은 아무도 없다고 설명하고서 이렇게 물었다. "이제 내가 평범한 사람으로 안 보이는 거야?"

톰이 무슨 뜻인지 알아듣지 못하자 알리시아는 더 이상 그와 같이 살지 않기로 결심하고 집에서 나가라고 했다. 알리시아는 말했다. "내가 학대받으며 자란 건 사실이에요. 수치스러운 일이지만 그때 나는 아무것도 할 수 없는 어린아이였어요. 30대가 된 지금까지 남들이 그때 일을 가지고 나를 판단하는 건 원치 않아요. 학대받고 자란 아이가 아닌 지금의 내 모습을 봐주면 좋겠어요."

성적 학대나 강간 피해자들은 자신을 피해자라는 틀에 가둬두려는 시선이 가장 수치스럽다고 말한다. 물론 그들이 당한 사건은 평생 잊지 못할 만큼 끔찍하다. 그렇지만 그들이 겪은 일에 대한 사회공동체의 반응 그리고 그에 수반되는 정체성 상실과 '보통 사람'이 될 수 있는 권리를 상실하는 것 역시 사건 그 자체만큼 고통스럽다. 사건 그 자체보다 더한 수치심을 불러일으키는 경우가 많다.

- 아버지한테 그런 짓을 당했으니 그 일을 어떻게 받아들이겠어?
- 그 여자는 망가졌어. 절대 예전과 같을 수 없어.
- 그런 일을 겪었으니 정신이 온전할 리 없어.
- 더 이상은 예전처럼 좋은 ○○○으로 돌아갈 수 없을 거야.

자신의 감정, 생각, 행동이 과거에 겪었거나 혹은 현재에 겪는 고통 때문이라고 생각될 때가 있다. 하지만 그렇지 않을 때도 분명 있다. 그런데 어느 순간부터 '어떤 사람이어야 한다', '어떻게 보여야 한다', '무엇을 해야 한다' 등 우리를 향한 기대를 믿기 시작하면서 문제가 일어난다.

게다가 우리는 그런 기대를 거부하는 데 두려움을 갖는다. 그런 기대를 거부하면 주위로부터 버림받고 거부당하는 고통을 겪을 수 있다는 증거들도 계속 접한다. 그러면 그런 기대를 받아들이게 되고 그 기대는 감정의 감옥이 되어 우리를 가둬버린다. 수치심이라는 간수가 지키는 감옥에 갇히게 되는 것이다.

누군가를 험담해야 안심하는 사람들

수치심과 비난에 대해 여성들과 이야기할 때 빠지지 않고 등장하는 것이 남들과 어울리지 못하거나 따돌림당하는 고통이다. 많은 여성이 '험담하기', '따돌림', '모함'을 심각한 수치심의 원인이라고 말했다.

- 겉으로는 다른 이웃들과 비슷해 보이지만 사실 점점 멀어져가는 부부 사이 때문에 너무 힘들어요. 아이들도 문제가 많아요. 남들 보기에 행복한 척하려고 애쓸수록 수치심이 심해져요. 가끔은 솔직하게 우리 사정을 다 털어놓고 싶어요. 하지만 여자들이 남의 험담을 잔인할 정도로 심하게 한다는 걸 잘 알기 때문에 절대 남들한테 우리 속사정을 털어놓을 수 없어요.
- 아들 팔을 움켜잡고 화난 눈으로 아들을 노려보며 소리를 지르려는 순간 다른 엄마가 나를 보고 있는 걸 봤어요. 너무 수치스러웠어요. 이런 엄마가 되고 싶지 않았지만 스트레스가 쌓이면 도저히 참지 못하고 폭발할

때가 있어요. 그런 순간을 다른 엄마들한테 들키면 너무 창피해요. 그 사람들한테 '나 원래 이런 사람 아니에요. 나도 정말로 좋은 엄마예요. 내가 항상 이러는 건 아니라고요'라고 소리치고 싶어요. 내가 화내는 걸 본 엄마들은 분명 다른 사람들한테 내가 정신 나간 여자라고 소문낼 게 뻔해요.

• 승진하기 전에는 부서 동료들과 친했어요. 퇴근 후나 주말에 같이 어울리기도 했어요. 그런데 승진한 뒤로 나는 '윗사람들하고 수상한 짓을 해서 승진한 여우 같은 년'이 되어버렸어요. 나는 회사 사람 그 누구와도 데이트한 적 없어요. 동료들도 그런 사실을 잘 알고 있어요. 이런 오해를 받지 않게 하려면 여자를 승진시킬 때는 다른 부서로 이동시키는 게 좋을 것 같아요.

험담하기와 따돌림 문제에 대해 이해하기 위해 인터뷰 내용을 반복해서 읽다가 나는 이런 행동들과 내 딸이 초등학교에서 겪는 일 사이에 유사성이 있다는 생각을 했다. 어린아이들을 관찰해보면 우리 자신에 대해 많은 것을 알 수 있다. 대부분의 어린아이는 정말 솔직하다. 눈에 보이는 게 전부다. 다른 사람들의 기대를 충족시키기 위해 자신의 경험을 숨기고, 거르고, 조작하는 법도 아직은 모른다. 아이들이 왜 그런 행동을 하는지 어른들 눈에는 뻔히 다 보이기 때문에 그 동기를 연구하면 겉치레와 위장 속에 숨겨진 우리 자신의 동기를 좀 더 잘 이해할 수도 있다.

가장 두드러지는 유사점은 험담하기와 괴롭힘 사이에서 찾을 수 있다. 이 두 가지 행동 모두 고통스러운 따돌림의 형태이다. 대부분의 경우, 아이들이 다른 아이들을 괴롭히는 것은 증오심이나 사악함 때문이 아니라

'소속감에 대한 욕구' 때문이다. 대부분의 괴롭힘은 집단으로 이루어진다. 집단에 대한 충성심을 증명하고 집단에서 인정받기 위해 남들을 괴롭히거나 따돌리는 경우가 많다.

그런데 집단에 소속된 성인들에게서도 똑같은 역학관계가 나타날 때가 종종 있다. 인정하고 싶지는 않지만, 다른 사람들과 유대감을 쌓고 인정받기 위해 특정한 사람을 험담하거나 비난하는 일이 자주 일어난다. 서로 아는 사람에 대해 흉을 보면 갑자기 상대와 가까워지는 느낌이 들 때가 있다. 할 이야기가 없으면 함께 누군가의 험담을 하는 게 마치 새 친구를 만드는 통과의례 같다.

직장에서는 정말로 소문을 믿어서라기보다는 그 자리에 같이 있는 동료들과 친해지기 위해서 휴게실에 모여 남의 험담을 하기도 한다. 옹기종기 모여서 비밀스러운 정보를 주고받고 배심원처럼 판결을 내린다. 휴게실에서 떠날 때는 '저 사람들은 내 친구야. 저 사람들은 나를 좋아하고 나도 저 사람들을 좋아해'라는 생각에 발걸음이 가벼워진다.

하지만 시간이 지나면서 '저 사람들이 내 험담도 하면 어떡하지?'라는 생각이 들면서 마음이 무거워진다. 다른 사람들과 함께 험담했던 여자가 찾아와 다정하게 말을 건네거나, 함께 진행 중인 프로젝트에 대해 질문이라도 하면 '이 사람이 내가 험담한 걸 알고 있을까'라는 의문도 생긴다. '자신에 대해 험담한 걸 알면 어떤 기분이 들까'라는 생각에 잠깐 미안한 마음이 들기도 하지만 잊어버리려 애쓴다.

대부분의 경우 그런 미안한 마음은 쉽게 사라지지 않고 다시 찾아온다. 그러면 자신에게 화가 나기 시작한다. '내가 왜 그런 말을 했을까? 뒤에서 남의 험담이나 하는 짓 정말 싫어하는데.' 이런 생각이 들면 가벼웠던 발걸음은 무거워지고 마음은 불안해진다.

험담하기가 심각한 따돌림이 맞냐며 "이게 정말 수치심을 느껴야 하는 일인가요, 아니면 죄책감만 조금 느껴도 되는 일인가요?"라고 질문하는 사람들이 많다. 이 질문에 대해서는 여러 가지 대답을 할 수 있다. 우선, 명확하게 해야 할 것이 있다. 남의 험담을 하는 경우가 있고, 그 험담의 대상이 되는 경우가 있다. 남의 험담을 하는 행위가 수치심을 불러일으킨다고는 말 못 하겠다. 개인차가 있는 일이기 때문이다. 인터뷰했던 여성 중 많은 수가 소속감을 얻고 싶어서 험담했기 때문에 수치스럽다고 말했다. 그리고 험담이 타인에게 연민을 느끼지 못하게 만들기 때문에 수치스럽다고도 말했다. 이들과 달리 험담을 죄책감 문제라고 생각하는 이들도 있었다. 이 여성들은 험담을 '하고 나면 기분이 나쁜 습관 같은 것'이라고 말했다. 나 역시 험담을 한 후에 수치심을 느낄 때도, 죄책감을 느낄 때도 있다. 험담한 이유와 종류, 그 후의 기분에 따라 달라지는 것 같다.

반면, 험담의 대상이 되는 것은 항상 수치스럽고 극도로 고통스럽다. 사람들이 등 뒤에서 수군거리는 이야기는 내가 원하지 않는 모습을 그대로 반영하기 마련이다. 내가 방을 나가자마자 남은 사람들이 나의 제일 안좋은 면을 마치 전부인 양 수군거리는 것은 상상만 해도 너무 두렵다. 인터뷰 참가자 중에 이런 일을 경험한 여성이 있어서 소개하겠다.

로리는 자신의 단짝 친구 멜라니를 통해 내 인터뷰에 참여했다. 도시 근교의 대규모 주택가에 사는 로리는 친구가 많았다. 남편 회사에서 시간제 근무도 하고 지역활동도 활발히 한다. 멜라니는 로리에 대해 육아에 헌신하는 좋은 엄마이며 이웃 사람들, 학교 친구들과도 잘 어울리는 사교성 좋은 친구라고 말했다.

로리와 이웃의 여덟 가족은 매달 돌아가면서 포틀럭 파티(참석자들이 각자 음식을 준비해 오는 파티_옮긴이)를 열었다. 이웃집에서 포틀럭 파티를 하던 날 로리는 '상상하기 힘든 최악의 수치스러운' 일을 경험했다.

로리는 이웃 엄마들과 함께 주방에 있었다. 남편들은 마당에 있고 아이들은 침실과 자기들만의 비밀 장소에 있었다. 로리가 말했다. "막내딸이 오더니 언니 캘리가 피자는 안 먹고 컵케이크만 두 개 먹었다고 알려줬어요. 나는 화가 나서 캘리를 찾으러 주방에서 나갔어요. 왜 식사를 안 하느냐고 혼을 내고 주방으로 돌아가다가 주방 문 바로 앞에 떨어진 컵케이크 부스러기를 주우려고 허리를 숙였어요. 바닥에 떨어진 부스러기를 줍고 있는데 주방에서 친구들이 속삭이는 소리가 들렸어요. '저 엄마는 자기 딸들한테 너무 심하게 굴어.'"

그러자 다른 사람이 동의했다. "맞아. 애들이 안 먹으면 얼마나 화를 내는지 몰라. 정작 자기는 뼈가 앙상할 정도로 비쩍 말랐잖아. 자기도 그러면서 아이들한테 대체 뭘 기대하는 거야?" 또 다른 사람은 이렇게 말했다. "그러게 말이야. 저 사람은 완벽주의자야. 혹시 거식증 환자 아니야?"

로리는 처음에 그 사람들이 자기 이야기를 하는 줄도 몰랐다. 그런데 주방에 들어가서 사람들의 얼굴을 보자마자 그 이야기의 주인공이 자기라는 것을 깨달았다.

로리는 내게 말했다. "나는 입이 딱 벌어진 채 그 자리에 가만히 서 있었어요. 소리를 지르며 밖으로 뛰쳐나가야 하는 건지 아니면 그냥 울어야 하는 건지 판단이 서지 않았어요." 한참 만에 그중 한 여자가 말했다. "미안해, 로리. 별 이야기 아니었어." 그러자 다른 여자도 끼어들어 말했다.

"정말이야. 우리가 잘못했어. 좀 걱정이 돼서 그랬던 거야. 우리 모두 자기를 얼마나 좋아하는지 잘 알잖아."

로리는 거기 있던 사람들을 둘러보며 "괜찮아. 그런데 난 이만 돌아갈게"라고 말하고 아이들과 남편을 데리고 곧장 집으로 돌아갔다.

로리는 주말 내내 집에서 꼼짝도 하지 않았다. 그날 주방에 있던 여자 중 한 사람인 쉴라가 전화해달라는 메시지를 두 번 남겼다. 하지만 로리는 전화하지 않았다. 월요일 아침, 로리는 남편에게 아이들을 학교에 데려다주라고 했다. 그날 오후 일찍 이웃 엄마들 세 명이 로리의 집으로 찾아왔다. 로리는 마지못해 현관문을 열어주었지만 집 안으로 들어오라고 하지는 않았다. 세 사람은 현관문 앞에 선 채로 사과했다. 로리가 말했다. "그 사람들은 내가 자기들 이야기를 엿들은 게 안타까웠고 그 말이 내 마음을 아프게 한 게 미안하다고 했어요. 하지만 자기들이 한 말에 대해서는 사과하지 않았어요."

2주 후, 로리는 멜라니에게 그날 일을 털어놨다. 로리가 말했다. "멜라니한테 그날 일을 말하는 것도 수치스러웠어요. 내 친구들이 나에 대해 그런 식으로 생각한다는 걸 멜라니가 아는 게 창피했어요." 로리는 세 사람이 찾아와서 사과했고 쉴라는 자동응답기에 전화해달라는 메시지를 다섯 번이나 남겼다는 것도 멜라니에게 말했다.

멜라니는 로리를 위로한 후 쉴라한테 전화해보라고 권했다. 이틀 뒤, 쉴라한테서 다시 전화가 왔다. 로리는 쉴라의 이름을 확인하고 전화를 받았다. 쉴라는 굉장히 미안해했다. 직접 말하지 않고 몰래 험담한 것을 사과했다. 쉴라는 로리에게 이렇게 말했다. "우린 네 친구야. 네 건강이 걱정되면 너한테 직접 말하거나 아니면 아예 아무 말도 하지 말았어야 했어.

네 뒤에서 험담해서는 안 되는 거였어. 그 사람들이 네 이야기를 할 때 말리지 못한 것도 미안하고 네가 주방에 들어왔을 때 사실대로 말하지 못한 것도 미안해."

로리와 쉴라는 한 시간 동안 대화를 했다. 로리가 말했다. "나는 계속 울었어요. 내가 어떻게 다른 사람들 얼굴을 보고 예전처럼 대할 수 있겠느냐고 쉴라에게 몇 번이고 묻고 또 물었어요." 로리는 쉴라에게 왜 다른 여자들하고 같이 오거나 자동응답기에 사과의 말을 남기지 않았느냐고도 물었다. 쉴라는 자기 혼자 직접 사과하는 게 옳다고 생각했다고 설명했다. 그녀는 로리에게 말했다. "그 사람들하고 같이 어울리려다 보니까 이런 말도 안 되는 일에 끼어들게 된 거야. 그리고 네가 남편에게 이 일에 대해서 말했는지 안 했는지 몰라서 자동응답기에 사과의 말을 남기지 않았어. 너무 창피해서 다른 사람한테는 이 일에 대해 말할 수 없을 것 같았거든."

이런 대답을 듣고 나자 로리는 한결 기분이 좋아졌다. 쉴라는 솔직했다. 자동응답기에 사과의 말을 남기지 않은 이유에 대해 말할 때는 조금 화가 나기도 했지만 쉴라가 이 일이 로리한테 얼마나 수치스러운 일인지 이해한다는 건 확실히 알 수 있었다.

쉴라와 로리는 함께 아이들을 데리러 가기로 했고, 쉴라는 로리가 다시 다른 사람들과 어울릴 수 있도록 도와주기로 했다. 로리는 내게 말했다. "많은 부분이 예전으로 돌아간 것 같아요. 하지만 똑같아질 수 있을 거라고는 생각하지 않아요. 쉴라와 나는 더 가까워졌지만 우리 모임은 사이가 더 멀어진 거 같아요. 나는 확실히 예전과 똑같아질 수 없을 것 같아요. 그 일은 정말 마음이 아팠어요. 뒤에서 남 이야기를 하는 게 상대방에게 그렇게 큰 상처를 줄 수 있을 거라고는 상상도 못 했어요."

험담하기가 상처를 주고 수치심을 불러일으킨다는 데 대해 아직도 의심을 품고 있다면 이 사례가 답이 되었을 거라고 본다. 이웃 사람들이 자신에 대해 험담하는 걸 참고 견딜 수 있는 사람은 아마 없을 것이다.

따돌림과 험담에
말려들지 않는 법

따돌림과 험담의 상황에서 빠져나오기란 결코 쉽지 않다. 친구나 동료들과 함께 있는데 누군가에 대한 험담이나 공격이 시작된다면 어떻게 해야 그 일에 끼어들지 않을 수 있을까? 유대감이 위험해질 수 있는 상황이기 때문에 결코 쉽지 않은 일이다.

2년 전, 나는 유대감의 촉매제로 따돌림과 경쟁에 의존하지 않고도 여성들과 유대감을 지켜갈 수 있는 다양한 기술들을 실험했다. 상당히 효과적인 기술도 있었고, 아닌 것도 있었다. 대상을 다른 사람으로 바꾸는 기술도 자주 사용하지만 그리 효과적이지 않다.

예를 들어, 누군가 "그 여자 진짜 못됐어. 그런 여자가 승진했다니 정말 말도 안 돼. 혹시 상사랑 이상한 관계 아닐까?"라는 말을 했다고 치자. 이럴 때 "성공한 여자는 무조건 못됐고, 성공하기 위해 상사와 이상한 관계라는 생각을 한다는 게 더 말도 안 되는 짓이야. 그건 모욕적인 편견이야. 그런 생각을 퍼뜨리는 건 모든 여자를 욕 먹이는 짓이야!"라고 반응한다면, 말을 꺼낸 상대를 수치스럽게 만드는 셈이 된다.

처음 비판적 인식을 연구할 때는 타인을 수치스럽게 만든 사람들에게 공개적으로 책임을 물어야 한다고 생각했다. 하지만 누군가를 궁지로 모는 것은 좋은 생각이 아님을 곧 깨달았다. 아무리 정당한 이유가 있더라도 수치심을 불러일으키거나 의도적으로 남들 앞에서 창피를 주는 것은 옳지 않다.

그다음으로 내가 택한 방법은 '가르치고 설교하는' 접근법이었다. 수치심을 불러일으키는 것보다는 조금 덜 극단적인 방법이지만 이것 역시 효과적이지 않았다. 이 방법대로라면 앞의 상황에서 이렇게 대답해야 한다. "나는 그 여자 험담 안 할 거야. 그건 모든 여자를 흉보는 짓이야. 우리는 서로를 지지해줘야 해." 하지만 이런 접근법을 쓰면 험담하는 자리에서 빠져나올 때 험담의 대상이 자신으로 바뀔 가능성이 높다.

상처가 되거나 혐오스럽다고 생각되는 말을 들으면, 나는 그 말에 대한 느낌을 상대에게 솔직하게 표현한다. 이 방법은 상대와 일대일로 이야기할 때 문제가 되는 발언에 대한 내 기분을 제대로 전달하는 데에 효과적인 것 같다. 여럿이 함께 있는 상황에서 험담이나 공격이 시작될 때 효과적인 방법이 두 가지 있다. '심사숙고_reflecting'와 '방향전환_redirecting'이다. 이 방법은 끼어들지 않으면서 상대를 생각하게 만드는 데에 아주 효과적이다.

'심사숙고'는 대화 중에 진실을 살펴보게 만드는 질문이나 말을 하는 방법이고 '방향전환'은 비난에서 공감으로 대화의 방향을 바꾸는 방법이다.

- 그 여자 진짜 못됐어. 그런 여자가 승진했다니 정말 말도 안 돼. 혹시 상사랑 이상한 관계 아닐까?

  심사숙고 〉〉 난 그 여자에 대해 잘 몰라.

  ⋯➡ 이 말은 '우리가 그 사람에 대해 얼마나 잘 알고 있지?'라는 질문을 제

기한다. 이런 질문은 표적으로 삼는 사람에 대해 잘 알지 못한다는 것을 깨닫게 만들거나 최소한 그런 험담이 사실을 근거로 하는 건 아니라는 걸 알려준다.

• 그 여자가 자기 딸 손을 때려서 애가 쥐고 있던 장난감을 떨어뜨렸다는 게 믿어지니?

심사숙고 〉〉 나는 그 상황을 처음부터 끝까지 보지 못했어. 그래서 무슨 일이 벌어졌는지 정확히 몰라.

⋯⋯ 이 말은 '우리가 그 상황에 대해 얼마나 잘 알고 있지?'라는 질문을 제기한다. 아마 대부분은 아이한테 한두 번 화낸 것을 가지고 나쁜 부모라고 욕먹는 게 불공평하다고 말할 것이다.

• 그 여자 너무 못됐어. 그러니 남편한테 버림받는 것도 당연해.

심사숙고 · 방향전환 〉〉 나는 그 여자 남편이나 둘의 결혼생활에 대해 잘 몰라. 그리고 나는 그 여자 좋아한단 말이야. 우리가 그 사람을 도와줄 일은 없을까?

⋯⋯ 이렇게 말하면 어떤 일이 벌어지고 있는지 우리는 모르며 험담을 하는 대신 도와주어야 한다는 뜻을 전할 수 있다.

• 수지는 완전 정신병자 같아. 그 사람하고 같이 일해봤어?

심사숙고 〉〉 응, 두 번 정도. 그런데 난 그 사람이 그렇게 행동하는 거 본 적 없는데.

⋯⋯ 이렇게 말하면 너는 그렇게 생각할 수 있지만 나는 그 생각에 동의하

지 않는다는 뜻을 전할 수 있다.

- 보니가 아직도 임신하려고 노력 중이래. 너무 집착하는 것 같아. 진짜 이
상해.

  심사숙고·방향전환 〉〉 얼마나 힘들지 상상도 못 하겠어. 정말 많이 힘들
  것 같아.

  ⋯⋯→ 이 말은 그 사람을 도와주어야지, 비난해서는 안 된다는 뜻을 전한다.

수치심 회복탄력성으로
비난 극복하기

비난에 대한 수치심 회복탄력성이 높은 인터뷰 참가자들은 전형화와
투명인간 취급에 대해 이해하고 대처하기 위해 유대감 네트워크에 많이
의존했다. 한 집단에서 없는 사람 취급당하고 무시당하더라도 또 다른 집
단에서 힘을 얻고 지지를 받을 수 있다. 많은 여성이 인종, 민족, 육체적 능
력, 직장에서의 직위, 종교, 성적 지향, 계급, 외모, 나이, 성별, 삶의 경험
등 자신과 같은 정체성을 공유하는 유대감 네트워크의 구성원들로부터 얻
는 힘에 대해 언급했다.

대부분의 여성이 존재감과 기본적인 인권을 인정받을 수 있도록 함께
애써주는 집단의 힘이 얼마나 대단한가를 경험한다. 그렇게 도와주는 집
단은 공식적인 노년층 단체, 인종 단체, 전문가 단체, 여성단체, 육체 및 정
신적 질병과 중독, 트라우마에 맞서 싸우는 단체 등 다양하다. 지역공동체

나 육아공동체 같은 비공식적 집단에서도 힘을 얻을 수 있다. 정체성을 공유하는 사람들과 유대감을 맺는 것은 전형화와 투명인간 취급에 시달리는 상황에서 벗어날 수 있는 아주 좋은 방법이다.

개인적인 차원에서 투명인간 취급, 전형화와 꼬리표 붙이기에 대해 주의를 기울일 수 있는 방법이 두 가지 있다. 첫째는 내가 학생들에게 내주는 훈련법이다. 자신의 정체성을 어떻게 생각하는지 파악하고 자신과 같은 집단 구성원들을 전형화해서 바라볼 수도 있음을 인정하는 것이 중요하다. 둘째로는 자신을 대상으로 하는 전형화를 파악해야 한다. 교육자이자 학자인 메리 브리커-젠킨스Mary Bricker-Jenkins 박사가 개발한 '문제제기 대화법'을 통해 그 전형화를 분석하는 방법이 있다.[5] 브리커-젠킨스 박사는 스스로에게 다음과 같이 질문하기를 제안한다.

1. 나는 누구인가?
2. 누가 그렇게 말하는가?
3. 그런 꼬리표로 누가 이득을 보는가?
4. 그런 꼬리표가 나 자신에게 이득이 되지 않는다면 무엇을 어떻게 바꿔야 할까?

수치심 회복탄력성이 높은 인터뷰 참가자들은 변화의 중요성을 거듭 강조했다. 투명인간 취급은 은밀히 이루어지며 전형화는 잘못된 생각을 불러온다. 이런 문제를 알아차리지 못하거나 동조자가 되면 변화를 이룰 수 없다.

한 여성은 노화에 대해 이렇게 말했다. "차라리 나이 드는 것에 대한 개념을 바꾸는 데에 시간과 에너지, 돈을 쓰는 게 낫겠어요. 젊어지는 데 시간, 에너지, 돈을 쓰는 건 어차피 이기지도 못할 싸움을 하는 거나 마찬 가지예요. 하지만 연령 차별주의에 맞서 싸우면 적어도 자신뿐만 아니라 다른 사람들을 위해서 조금이라도 변화를 이끌어낼 수 있잖아요."

이번 장은 애니의 사례로 마무리하려고 한다. 애니는 수치심 연구를 위한 인터뷰 참가자 중 한 사람이다. 대학 3학년 때 강간을 당한 애니는 수치심 회복탄력성 훈련에서 응답한 것처럼 대학 캠퍼스에서 데이트 강간 피해를 본 젊은 여성들에게 손을 내밀면서 엄청난 수치심 회복탄력성을 길렀다.

| **수치심 촉발제** | 남들이 나를 평범하고, 건강하며, 폭행을 당하기 전과 똑같은 사람으로 봐주기를 바란다. 나를 비난하지 않기를 바란다.

| **비판적 인식** | 시간을 되돌려서 이미 벌어진 일을 없던 일로 만들 순 없다. 하지만 주위 사람들이 내 뒤에서 나에 대해 수군거리거나 내가 더 이상 행복하지 않을 거라고 지레짐작하는 짓만 하지 않아도 상황이 나아질 것 같다. 내가 겪은 고통을 이해해달라는 게 쉽지 않은 부탁이 라는 건 나도 안다. 하지만 그 일이 내 전부인 양 생각하지는 말아줬으 면 좋겠다.

| **유대감 네트워크** | 내 상담사, 후원 모임, 나처럼 성폭력을 당한 여자 대학생들, 부모님, 언니, 오빠, 남자친구, 단짝친구

| **원치 않는 정체성** | 나를 망가지고, 예전과 똑같을 수 없고, 정신적으로 충격을 너무 심하게 받아서 당장이라도 미쳐버릴지 모르는 사람으로 보지 않았으면 좋겠다.

| **비판적 인식** | 어떤 면에서는 달라졌다는 것을 부정하지 않겠다. 하지만 이게 지금의 나고 이게 정상이다. 나는 큰일을 겪었고 그 일에서 벗어나려고 노력 중이다. 친구들이 나를 멀리하거나 친구들과의 관계가 달라지는 건 원하지 않는다. 내가 하는 말이나 행동이 모두 내가 당한 성폭력 때문이라고 생각한다면 그건 나를 더욱 깎아내리는 짓이다.

| **수치심 거미줄** | 친구들, 성폭력 피해자에 대한 고정관념, 엄마 친구들, 이모와 사촌들.

9장.

남들의
시선과 평가로부터
자유로워지는 법

　나는 수치심 연구를 유대감의 힘과 단절의 위험성에 대한 연구라고 설명하곤 한다. 단절은 수치심, 두려움, 비난의 원인이면서 동시에 결과이기도 하다. 단절은 분리, 타인 비판, 비난, 분노, 전형화, 꼬리표 붙이기 등 다양한 형태로 나타난다. 그런데 이런 것보다 훨씬 더 고통스럽고 혼란스러운 단절의 형태가 있다. 바로 '자기 자신으로부터의 단절'이다. 남들이 어떻게 생각하는가에 영향을 많이 받고 남들이 바라는 대로 되고 싶은 욕구가 지나치면 '자기감'을 잃게 된다. 존재의 근거인 '진짜 나_authenticity'를 잃어버리는 것이다. '진짜 나'야말로 모든 의미 있는 변화를 가능하게 하는 밑바탕이기 때문에 그것을 잃는 것은 고통스러운 일이다.

　9장에서는 '진짜 나'에 대해서 알아보고 용기, 연민, 유대감을 실천하기 위해서 이것이 필요한 이유를 살펴보려고 한다.

'진짜 나'를 보여주지 못하게
방해하는 것들

'진짜 나'란 무엇인가? 뭐라고 규정하긴 어렵지만, 눈앞에 있는 내가 '진짜 나'라는 것은 안다. '진짜 나'로 존재할 때, 우리는 뼛속까지 그걸 느낄 수 있다. 정직하고, 진실하고, 진심 어린 사람, 우리는 그런 사람에게 끌린다. 마음이 따뜻하고 현실적인 사람을 좋아한다. 있는 그대로 말하고 그 때문에 자신이 웃음거리가 되는 것도 마다하지 않는 사람 곁에 있고 싶어 한다.

우리는 '진짜 나'로 사는 사람을 존경하고, 자신도 '진짜 나'로 살고 싶어 한다. 반쪽짜리 진실, 솔직하지 않은 관계, 두려움 때문에 입을 다무는 상황을 좋아하지 않는다. 누구나 자신이 누구이며 무엇을 믿는지 정확히 알고 싶어 하고 그것을 남들에게 당당히 말할 수 있기를 바란다. 그래서 나는 '내가 나인 것을 편하게 느끼고 싶다'라는 말을 좋아한다.

하지만 수치심은 진짜 내 모습을 남들에게 보여주지 못하게 방해한다. 진실하고자 하는 노력을 가로막는다. 남들이 나를 어떻게 생각하는지를 자기 마음대로 통제하려는 사람이 자신의 진짜 모습을 보여줄 수 있을까? 남들이 듣고 싶어 하는 말만 하면서 내 생각을 솔직하게 말할 수 있을까? 주위 사람들이 화내지 않게, 나를 무시하지 않게 하려고 기분을 맞춰주다 보면 내가 옳다고 믿는 것은 언제 말할 수 있을까?

사회복지 교육전문가 딘 H.헵워스Dean H. Hepworth, 로널드 H. 루니Ronald H. Rooney, 제인 로슨Jane Lawson은 '진짜 나'를 이렇게 정의했다.[1] "자연스럽고, 진심 어리고, 참되고, 마음에서 우러나고, 개방적이고, 진실된 태도로 자기 자신을 남들과 공유하는 것." 나에게 결점이 있어서 유대감을 맺을 가치가 없다고 생각하면 남들에게 진짜 내 모습을 보여줄 수 없다. 내가 어떤 사람인지에 대해 또는 내가 믿는 것에 대해 수치심을 느낀다면 '진짜 나'가 될 수 없다.

수치심은 수치심을 낳는다. 남들의 시선에 신경 쓰느라 '진짜 나'를 숨기고 희생하면 자신을 쇠약하게 만드는 위험한 악순환에 빠지게 된다. 수치심 또는 수치심에 대한 두려움은 '진짜 나'로부터 멀어지게 만든다. 그래서 남들이 듣고 싶어 하는 말만 하고, 말을 해야 할 때 입을 다물어버린다. 그 결과, 솔직하지 못하고, 자기 생각을 숨기고, 자신이 해야 할 역할을 하지 못했다는 생각에 또다시 수치심에 빠져들게 된다. 다음의 사례에서도 수치심의 악순환을 찾아볼 수 있다.

- 나는 가끔 남들이 바라는 대로 말해요. 진보적인 친구들과 있을 때는 진보주의자인 척하고, 보수적인 친구들과 있을 때는 보수주의자인 척해요. 나는 남들을 화나게 만들 말을 하는 게 두려워요. 그래서 분위기에 어울리는 말만 해요. 이런 내가 천박하고 거짓되게 느껴져요.
- 일본계 미국인인 나는 동양 여성을 향한 편견을 자주 느껴요. 똑똑하고, 열심히 일하고, 성취욕이 높은 '완벽한 민족'으로 바라보는 사람도 있고, 성적인 면에서 편견을 가진 사람도 있어요. 동양 여성에 대해 성적으로 지나치게 관대하고 순종적이라는 이미지를 가지고 있죠. 그런데 이런 추측과 고정관념에 부딪히면 내 인격이 무시당하는 것처럼 느껴져요. 가끔은 정말로 항의하고 싶지만 수치스러워서 그렇게 못해요. 내 생각을 좀 더 자유롭게 표현하고 싶지만, 용기가 안 나고 두려워요.

- 뉴스와 신문을 열심히 챙겨 봐요. 정치와 세상 돌아가는 일에 관심이 많 거든요. 내 생각과 입장에 대해 잘 생각하고 말하려고 노력하는데 늘 이 야기가 다 꼬여버려요. 누가 내 의견에 반대하면 나는 당황하기 시작해 요. 그래서 아예 이야기를 그만둬버리거나 정말 궁지에 몰렸다 싶을 때 는 소리 지르고 흥분해요. 어느 쪽이든 바보처럼 보이는 건 마찬가지에 요. 그런 내가 싫어요. 나는 왜 내 생각을 제대로 말하지 못해 연습까지 해야 하는 걸까요?

- 지난 2년 동안 나는 세 가지 언어를 사용했어요. 직장에서는 '백인의 언 어'를 사용해요. 집에서는 어렸을 때처럼 편하게 말해요. 최근에 교회에 서 새 친구들을 사귀었는데 그들은 내가 편하게 쓰는 언어가 '흑인답지 못하다'며 나를 멀리했어요. 그래서 그들에게 '백인 흉내 내는 사람'으로 보이지 않으려고 '충분히 흑인다운' 언어를 쓰기 시작했어요. 백인 사회 에서 '진짜 내 모습'을 감추는 것도 싫지만, 나와 같은 사람들이 있는 공 동체 안에서 다른 구성원들에게 인정받기 위해 내 모습을 감추는 나 자 신이 더 싫어요.

인터뷰에 참여한 여성들은 자기 생각 말하기와 관련해서 사회공동체 로부터 다음과 같은 암시와 기대를 받는다고 설명했다. '진짜 나'가 되려 면 '자연스럽고, 진심 어리고, 참되고, 마음에서 우러나고, 개방적이고, 진 실된 태도로 자기 자신을 남들과 공유'해야 한다는 걸 고려하면, 다음과 같은 기대에 맞춰 행동하고 생각하면서 '진짜 나'를 지키는 게 얼마나 어 려운 일인지 알 수 있다.

- 남들을 불편하게 만들어서는 안 된다. 하지만 솔직해야 한다.
- 혼자 옳은 척해서는 안 된다. 하지만 당당해야 한다.
- 남들을 화나게 하거나 상처를 주어서는 안 된다. 하지만 자기 생각은 말해야 한다.
- 공격적이어서는 안 된다. 하지만 직설적으로 말해야 한다.
- 잘 알고 많이 배운 것처럼 말해야 한다. 하지만 다 아는 척해서는 안 된다.
- 경청하는 것처럼 말해야 한다. 하지만 과하게 반응해서는 안 된다.
- 남들이 선호하지 않거나 논쟁거리가 될 만한 이야기를 해서는 안 된다. 하지만 다수에게 반대할 용기는 있어야 한다.
- 너무 열정적으로 보여서는 안 된다. 하지만 너무 의욕이 없는 것처럼 보여서도 안 된다.
- 너무 감정적으로 흥분해서는 안 된다. 하지만 너무 무심하게 보여서도 안 된다.
- 사실과 숫자를 인용할 필요는 없다. 하지만 틀리면 안 된다.

겉으로 보기에 이것들은 완전히 모순적이고 지극히 주관적이다. '공격적'이라거나 '감정적'이라는 상태의 기준이 무엇인가? '너무 열정적'이거나 '너무 의욕이 없는' 건 또 어떤 상태인가?

이런 규칙은 여성들에게 '진짜 나'를 지키면서 기대를 따르도록 강요하는, 융통성 없는 성역할 구분을 바탕으로 만들어졌다. 이 중 하나의 규칙만 어겨도 부정적인 꼬리표가 붙고 전형화의 틀에 갇혀버린다. 자기 의견을 주장하면 '드센 고집쟁이'라는 꼬리표가 붙는다. 잘못된 것을 따지거나 바로잡으려고 하면 '자기 혼자 다 아는 척해서 아무도 곁에 있고 싶어

하지 않는 여자'라는 꼬리표가 붙는다. 남들이 불편하게 여기거나 금기시하는 것을 솔직하게 말하면 '괴짜'라는 꼬리표가 붙는다. TV 토크쇼에서 여자 두 명이 열띤 정치 토론을 펼치면 '잘 알지도 못하는 여자들이 시끄럽게 떠든다'며 무시한다. 반면에 남자 두 명이 똑같은 상황에서 정치 토론을 펼치면 '중요한 문제에 대한 열띤 토론'이라는 평을 받는다. 여성에게 '원치 않는 정체성'을 덮어씌우는 이런 사회적 암시와 기대를 잘 살펴보면 수치심이 '진짜 나'를 얼마나 약화시키는지 쉽게 이해할 수 있다. 남들 생각에 지나치게 신경을 쓰다 보면 사실을 솔직하게 말할 수 없다.

이쯤에서 '정상'이라는 개념을 살펴볼 필요가 있다. '정상적인 사람으로 보이고 싶다'는 욕구 때문에 우리는 '진짜 나'를 포기할 때가 있다. 특히 외톨이나 아웃사이더가 되었다고 느끼게 만드는 수치심 촉발제와 관련해서 이런 일이 흔히 발생한다.

정상과 비정상의 기준은 무엇인가?

수치심은 남들과 다르다고 느끼게 만든다. '나만 이런가'라는 생각이 들게 만든다. 인터뷰를 진행하면서 여성들에게서 이런 말을 정말 많이 들었다. "내가 정상이었으면 좋겠어요."

미디어는 정상에 대한 기준을 쏟아낸다. 특히 성과 육체, 정신건강에 대한 내용이 많다. 최근 한 잡지 표지에 실린 기사 제목이 좋은 예다. "당신의 성생활은 정상적인가? 모두들 어떻게 하는지 자세히 들여다보자."

이런 걸 볼 때마다 '나 혼자만 이상하고 비정상적인가'라는 생각이 들면서 생기는 수치심을 떨쳐버리기 위해 우리는 남들이 정상이라고 말하는 것을 따라 하게 된다. 진실하고 솔직한 건 중요하지 않다.

인터뷰하면서 나는 '정상'을 추구하느라 사람들이 숫자에 집착한다는 것을 발견했다. 남편과 일주일에 몇 번 성관계를 갖는 것이 정상인가? 스물다섯 살 싱글 여성이라면 몇 명의 남자와 성관계를 해본 것이 정상인가? 얼마나 많은 커플이 이런 행위를 할까? 내 또래 여성 중에 이 약을 복용하는 사람은 몇 명이나 될까? 이런 진단을 받은 여성이 몇 명이나 될까? 나 같은 경우가 얼마나 많이 있을까? 나는 성적 욕구가 되돌아올 때까지 얼마나 걸릴까? 다음 진료 예약일까지 체중을 얼마나 빼야 의사가 잔소리를 안 할까? 제발 누가 정확한 수치로 답 좀 해주세요!

마케팅 전략 때문에 혹은 금기시된 것이라 많은 사람 입에 오르내리지 않아서 정확한 정보를 얻을 수 없을 때 우리는 정상의 기준을 더 알고 싶어 한다. '정상'이 되어야만 남들에게 인정받고 함께 어울릴 기회가 많아지기 때문이다.

성과 건강에 관해 이야기할 때 유독 '다른 여자들은 뭐라고 말했어요?'라거나 '다른 사람들도 저하고 비슷하게 말했나요?' 같은 질문이 많았다. 미디어가 쏟아내는 정상의 기준과 기대가 위험한 이유는 현실적인 모습에 '비정상'이라는 꼬리표를 붙여서 정상이 되고 싶어 하는 여성들의 욕구를 악용하기 때문이다. 수많은 광고가 이렇게 말한다. "지치고 기진맥진한 상태라면……", "성생활이 만족스럽지 않다면……", "자녀의 안전이 걱정된다면……", "피부가 이런 상태라면……."

물론 간섭과 약물치료가 아주 효과적인 경우도 있다. 그렇지만 대다수의 광고가 정상이 되고 싶은 욕구를 악용해서 여성들의 취약성을 먹이로 삼는다. 뿐만 아니라 '남들보다 성생활을 적게 하거나' '건강하지 않은' 사람은 외롭고 슬프다는 이미지를 보여주면서 인정받고, 소속되고 싶은 인간적인 욕구까지도 악용한다. 한때 고통받던 사람이 광고가 소개하는 약이나 화장품을 사용하고 난 후 가족과 친구들에게 둘러싸여 행복하게 웃음 짓는 모습이 마지막 장면에 등장한다.

성과 건강에 관해 이야기하는 것을 금기시하는 사회공동체의 암시와 기대는 여성들에게 엄청난 수치심을 안겨준다. 기대를 충족시키지 못하는 건 자기에게 문제가 있기 때문이라고 생각한다. 침묵해야 한다는 압박감을 느끼면 타인에게 손을 내밀지도 못한다. 외톨이가 된 것 같고, 비밀과 침묵으로 수치심을 더 키우고, 결국은 수치심 연막에 갇히게 된다.

- 결혼 전엔 성관계를 싫어하시 않았어요. 아니, 좋아한다고 생각했어요. 그런데 결혼해서 아이를 낳은 지금은 남편과 끊임없이 전쟁하는 기분이에요. 성관계를 거부할 수만 있다면 뭐든 할 거예요. 아픈 척할 수도 있고, 일부러 싸움을 걸 수도 있어요. 뭐든 다 할 거예요. 내가 정말 하고 싶은 건 침실로 들어가 문을 걸어 잠그고 나 혼자 있는 거예요. 남편은 내가 정상이 아니래요. 남편 말처럼 나한테 문제가 있다는 생각이 들 때도 있지만 다른 아이 엄마들 이야기를 들어보면 정상인 거 같기도 해요.
- 내가 우울증 진단을 받은 건 아무도 몰라요. 내 파트너도 몰라요. 그녀는 내가 계속 이상하게 행동하는 게 폐경기를 겪고 있기 때문이라고 생각해요. 우울증에 걸렸다고 말하는 순간 사람들은 그것 때문에 모든 게 잘못

되었다고 비난할 거예요. 신뢰할 수 없고 불안정한 사람이 되는 거죠. 사람들이 나를 약한 사람으로 보거나 내 인생 하나 책임지지 못하는 사람으로 보는 건 정말 싫어요.

• 나는 결혼생활에서 성관계 문제가 제일 힘들어요. 우리 부부는 둘 다 그게 문제라는 걸 알지만 도저히 입 밖으로 말을 꺼낼 수가 없어요. 다른 부부들도 이런 문제를 겪는다는 걸 알면 위안이 되긴 하겠지만, 그렇다고 해서 나아지는 건 하나도 없어요. 나는 즐거운 성생활은 포기했어요. 성관계에 대해 생각하기만 해도 긴장이 돼요. 나는 육체적 느낌과 감정적 느낌을 모두 잃어버린 것 같아요.

수치심과 관련된 고통스럽고 버거운 모든 감정을 느끼면, 우리는 자신이 어디에 있는지 또는 무엇을 원하는지 제대로 평가할 수 없다. 그러면 굉장히 힘든 상황이 펼쳐진다. 어떻게 해야 성과 건강에 대한 수치심에서 벗어나고 수치심 회복탄력성을 기를 수 있을까? 이 질문에 대답하기 위해서는 성과 건강에 대한 수치심 회복탄력성이 높게 나타난 여성들이 사용하는 전략을 몇 개 살펴보아야 할 것 같다.

성과 건강에 관해 솔직해지기

성과 건강에 대한 수치심 회복탄력성을 개발한 여성들도 네 가지 수치심 회복탄력성 요소를 모두 연습했다. 특히 성과 건강에 대해 침묵하고 비밀로 해야 한다는 기대에서 비롯된 취약성을 인식하는 데에 주력했다. 네 가지 수치심 회복탄력성 요소와 직접 관련이 있는 다양한 전략을 통해 이 여성들은 서로 모순되고 갈등하는 암시와 기대 속에서 자신의 목소리에 귀를 기울였다. 공감능력을 길러 명확하게 생각하고 자신의 욕구를 평가했으며, 유대감과 힘, 자유를 얻기 위해 무엇을 할지 결정했다.

성과 건강에 대해 여성들과 처음으로 이야기를 시작할 때 나는 '정상이 되고 싶다'와 '정상에 대해 모르거나 관심 없다'라는 생각의 차이가 수치심 회복탄력성보다는 자신감의 차이에서 비롯된다고 생각했다. 그런데 이야기하면 할수록 수치심 회복탄력성이 높은 여성들의 자신감이 타고난게 아님을 깨달았다. 그들은 수치심 회복탄력성을 높이기 위해 네 가지 요소를 적용하며 계속 노력했다. 이들과의 인터뷰에서 나타난 패턴을 다음과 같이 요약해보았다.

성생활, 내 몸, 육체건강과 정신건강에 대한 나의 진짜 감정과 생각을 알려면, 그걸 가로막는 모든 사회적 암시와 기대를 인지하고 걸러낼 줄 알아야 한다. 내가 어떤 사람이어야 하고 무엇을 해야 하고 어떻게 해야 하는지에 대해 지나치게 신경 쓰고 걱정하면, 진짜 내가 어떤 사람이고 어떤 사람이 되고 싶은지 알 수 없다. 내게 어떤 사람이 되라고 요구하는 기대와 암시가 어디서 오는지 알아야 그것들을 이해하고 맞설 수 있다. 성과 건강에 관해 이야기하고 싶은데 솔직하게 대화하려는 사람들이 거의 없다. 그래서 나는 내가 손을 내밀 수 있는 사람들과 유대감을 쌓아야만 한다. 내 삶에서 중요한 부분들을 포기하지 않으려면 내 감정과 욕구에 관해 이야기할 수 있어야 한다. 나는 어떤 것이 정상인지 모른다. 그저 진실한 내 모습을 찾고 싶을 뿐이다.

이 패턴을 잘 살펴보면 수치심 회복탄력성 요소가 어떤 역할을 하는지 알 수 있다.

| **수치심 촉발제 파악하기** | 내가 어떤 사람이어야 하고 무엇을 해야 하고 어떻게 해야 하는지에 대해 지나치게 신경 쓰고 걱정하면, 진짜 내가 어떤 사람이고 어떤 사람이 되고 싶은지 알 수 없다. 내게 어떤 사람이 되라고 요구하는 기대와 암시가 어디서 오는지 알아야 그것들을 이해하고 맞설 수 있다.

| **비판적 인식 실천하기** | 성생활, 내 몸, 육체건강과 정신건강에 대한 진짜 감정과 생각을 알려면, 그걸 가로막는 모든 사회적 암시와 기대를 인지하고 걸러낼 줄 알아야 한다.

| **손 내밀기** | 성과 건강에 관해 이야기하고 싶은데 솔직하게 대화하려는 사람들이 거의 없다. 그래서 나는 내가 손을 내밀 수 있는 사람들과 유대감을 쌓아야만 한다.

| **수치심 말하기** | 내 삶에서 중요한 부분들을 포기하지 않으려면 내 감정과 욕구에 관해 이야기할 수 있어야 한다. 나는 어떤 것이 정상인지 모른다. 그저 진실한 내 모습을 찾고 싶을 뿐이다.

수치심은 중독을 부른다

이제 중독과 수치심 사이의 복잡한 관계에 대해 살펴보자. 자신의 모든 것이 가짜고 남들과 다르다는 생각 때문에 생기는 고통과 불편함에서 벗어나고 싶을 때 중독에 빠지기 쉽다. 음식, 술, 약물, 성관계, 인간관계까지, 마음의 안식을 얻기 위해 우리는 무엇에든 중독될 수 있다.

테렌스 리얼Terrance Real은 저서 『나는 말하고 싶지 않다I Don't Want to Talk About It』에서 중독과 수치심의 관계를 이렇게 말했다. "소금물이 갈증을 부르듯 중독은 수치심을 부른다." 저자는 여러 사례와 경험담을 통해 수치심과 중독이 떼려야 뗄 수 없는 관계라고 설명한다. 이 둘은 서로 아주 닮았다. 둘 다 단절감과 무력감을 느끼게 만든다. 중독 상태가 되면 아예 폐쇄적으로 되거나 아니면 과잉행동을 하기 쉽다. 중독은 우리를 외롭게 하고 아웃사이더처럼 느끼게 만든다. 결국 중독에 대해 감추고 침묵하게 된다.

많은 사람이 중독을 '남자들의 문제'라고 생각하지만, 요즘은 그렇지 않다. 최근 실시된 알코올과 약물중독에 대한 연구에 따르면, 10대 소녀들이 또래 소년들보다 더 일찍 술을 마시기 시작하고 더 많이 마시는 것으로 나타났다.[2] 20대 여성들은 과거보다 술을 더 많이 마시고 또 취할 정도로 마시는 것으로 나타났다. 여성들은 기분이 좋아지고 싶을 때, 자신감이 필요할 때, 긴장을 줄이고 부끄러움을 떨쳐버리고 싶을 때 술을 마신다고 답했다. 미국 국립약물남용연구소National Institute on Drug Abuse의 노라 볼코우Nora Volkow 박사는 술을 가리켜 '사회적 윤활유'라고 부른다.

내 과거를 돌아보면 '사회적 윤활유'라는 표현이 딱 들어맞는 것 같다. 다른 사람들과 마찬가지로 나도 고등학생 때 친구들과 어울리기 위해 술을 마시기 시작했다. 대학생이 된 후에는 담배와 맥주가 친구들과 어울리기 위해 꼭 필요한 칼과 방패였다. 파티나 술집에 갈 때는 이 두 가지 무기가 항상 손에 있었다. 하지만 내가 사람들과 어울리기 위해 술과 담배에 의존한다고는 한 번도 생각해보지 않았다. 내가 아는 사람들 모두 나처럼 했고, 내가 동경하는 사람들도 나처럼 했다. 1980년대에는 담배 광고에 나오는 여자 모델처럼 반항적인 게 멋있어 보였고, 담배와 술이 당연한 듯 등장하는 영화에 열광했다.

우리 집안에 알코올중독 내력이 있다는 걸 알게 된 건 대학원에 진학하고 난 후의 일이다. 어린 시절, 우리 집에는 술이 별로 없었고, 술 취한 사람의 모습도 많이 보지 못했다. 전공 연구를 위해 개인 가족사를 연구하다가 먼 친척 중에 알코올중독으로 인생을 망친 사람들이 많다는 것을 알게 되었다. 뿐만 아니라, 내가 사람들과 어울리기 위해 술에 의존한다는 사실도 확실히 알게 되었다. 대학원을 졸업하면서 나는 술과 담배를 모두 끊었다. 운 좋게도 나에게는 금주와 금연을 도와줄 정보와 수단이 있었고, 그 과정을 도와줄 사람들도 곁에 있었다. 나는 술과 담배를 끊은 것이 내 인생에서 제일 잘한 일 중 하나라고 생각한다. 하지만 나와 달리 술과 담배 때문에 훨씬 더 '밑바닥'으로 떨어진 여성들도 많다. 그들은 연인이나 배우자, 직업, 자유, 아이를 잃었다. 많은 여성의 경우, 알코올 문제가 성폭력, 폭력 그리고 다른 약물중독으로 이어진다.

수치심이 중독에 미치는 영향 또는 중독이 수치심에 미치는 영향을 좀 더 정확히 이해하려면 이 둘이 서로 어떻게 연결되는지부터 알아야 한다. 나는 직관적으로는 이 둘 사이에 연관성이 있다는 걸 알 수 있었지만, 그 연관성을 정확히 이해하지는 못했다. 수치심과 중독은 서로 복잡하게 얽혀 있어서, 그 시작과 끝을 파악하기가 힘들다. 그래서 나는 수치심과 중독이 서로 어떻게 영향을 미치는지 알아내기 위해, 이 둘의 관계를 파헤치는 최근 연구를 참고하기로 했다.

나는 2장에서 준 탱니와 론다 L. 디어링의 저서 『수치심과 죄책감』을 소개했다. 그들은 수치심과 죄책감에 대해서도 많은 연구를 했지만, 최근 발간된 학회지 「중독행위Addictive Behaviors」에 중요한 기사를 기고하기도 했다.[3] 이들의 연구결과를 내가 정리해서 전달하기보다는 본인들에게서 직접 듣는 것이 훨씬 더 도움이 될 것 같아서 나는 디어링 박사에게 연구내용과 그 내용이 여성에게 미칠 수 있는 영향에 관해 설명해달라고 요청했다.

나　저서를 읽고 수치심과 죄책감이 서로 뚜렷이 구별되는 별개의 감정이라는 데 대해 박사님과 제 생각(수치심은 '나는 나쁘다'는 감정이고 죄책감은 '내가 나쁜 짓을 했다'는 감정)이 같다는 것을 알게 되었습니다. 책에서 사용한 수치심 경향성과 죄책감 경향성이라는 용어는 정확히 어떤 의미인가요?

디어링　수치심 경향성과 죄책감 경향성은 그 두 가지 감정을 경험하는 개인의 성향을 지칭하는 것입니다. 주어진 상황에서 어떤 사람은 수치심을 느끼는 반면 다른 사람들은 상황에 관계없이 수치심을 덜 느끼기도 합니다. 이때 수치심으로 반응하는 사람을 수치심 경향이 있는 사람이라고 칭합니다. 다른 예를 들자면, 슬플 때 우는 경향이 있는 사람이 있는가 하면, 똑같이 슬프지만 그 슬픔을 울음으로 표현하지 않는 사람도 있습니다. 이럴 때 우는 사람을 우는 경향이 있는 사람이라고 표현할 수 있습니다. 사람들은 누구나 자신이 슬플 때 우는 경향이 있는지 없는지 잘 압니다. 우리는 조사 도구를 이용해서 피실험자들에게 일상의 다양한 상황을 제시하고 다양한 반응 중에 어떤 반응을 할 가능성이 높은가를 질문합니다. 이에 대한 답을 통해 각 개인의 수치심 경향성과 죄책감 경향성을 파악할 수 있습니다. 대부분의 경우 둘 중 하나의 감정으로 반응할 가능성이 더 크기 때문에 수치심 경향성과 죄책감 경향성이 모두 있는 경우보다는 둘 중 한 가지만 있다는 결과가 나올 때가 더 많습니다.

나 　박사님은 기사에 중독을 불러오는 요소들에 관해 쓰셨습니다. 특히, 중독과 관련된 '고정적 요소 static factor'와 '유동적 요소 dynamic factor'의 차이를 이해하는 것이 중요하다고 말씀하셨는데요. 이해하기 쉽게 설명해주시겠습니까?

디어링 고정적 요소는 바꿀 수 없는 요소를 말합니다. 예를 들어, 유전적 요소가 개인의 중독 가능성에 영향을 미친다는 것을 알지만 타고난 유전자는 바꿀 수가 없습니다. 반면에, 유동적 요소는 끊임없이 변하는(또는 변할 가능성이 있는) 것을 말합니다. SNS 같은 것이 유동적 요소가 될 수 있습니다. 우리는 누구와 어울릴지 선택할 수 있습니다. 예를 들어, 약물중독자와 어울릴 것인지 말 것인지도 스스로 선택할 수 있습니다. 수치심 경향성과 죄책감 경향성은 유동적입니다. 변할 가능성이 있다는 뜻이지요. 심리치료를 하면서 수치심 경향성은 줄이고 죄책감 경향성은 높여주려고 노력하고 있습니다.

나 　이 연구에서 박사님은 수치심 경향성과 알코올 및 약물 남용이 서로 확실히 관계가 있다는 것을 발견하셨습니다. 이런 연구결과에서 가장 중요한 점은 무엇이라고 생각하십니까? 그리고 이런 연구결과가 중독으로 고통받는 사람들에게 어떤 도움이 될 수 있을까요?

디어링 우선, 이 연구결과는 수치심 경향성에 대한 다른 많은 연구와 일치합니다. 다시 말하자면, 수치심을 느끼는 성향은 분노조절 장애, 우울증, 중독 등 부정적인 결과를 가져올 수 있습니다. 수치심 경향성이 있는 사람들은 수치심을 버리고 보다 더 건강한 감정적 반응, 즉 죄책감을 느끼는 방법을 배워야 합니다. 그런데 수치심 경향성을 줄이는 방법을 교육하기 위한 체계적인 연구는 아직 미흡한 상황입니다. 이런 교육을 위한 지원이 많이 필요합니다.

나 박사님은 죄책감 경향성이 알코올 및 약물 남용의 악화를 막는 효과가 있다는 사실도 발견하셨습니다. 이것이 무슨 뜻인지 설명해주시겠습니까?

디어링 죄책감 경향성이 있는 사람들은 행동에 초점을 맞춥니다. 예를 들어, 이런 사람들은 술을 잔뜩 마시고 난 다음 날 결근을 하게 되면 '계속 회사에 빠지면 해고당할지도 몰라'라고 생각하기 쉽습니다. 반면에, 수치심 경향성이 있는 사람은 자신을 결함이 있는 사람이라는 식으로 생각하기 쉽습니다. 당신도 짐작하겠지만, 결함 있는 자신을 바꾸는 것보다는 문제가 되는 행동을 바꾸거나 바로잡는 게 훨씬 더 쉽습니다. 따라서, 죄책감 경향성이 있는 사람은 이런 상황에서 자신의 행동을 어떻게 바꿔야 할지를 생각합니다. 예를 들어, 다음 날 회사를 가야 할 때는 전날 밤에 술을 마시지 않는다거나, 다음 날에 영향을 미치지 않을 정도로만 술을 마셔야겠다고 계획을 세울 수 있겠죠. 반면에, 수치심 경향성이 있는 사람은 자신에게 문제가 있다(결함이 있다, 쓸모없다 등)는 생각이 머릿속에 가득 차서 문제를 해결하지도 못하고, 같은 상황이 다시 벌어졌을 때 이전과 다르게 행동하지도 못합니다. 요약하자면, 수치심 경향성이 있는 사람은 감정에 발목을 붙잡히지만, 죄책감 경향성이 있는 사람은 앞으로 나아갈 수 있습니다.

나　수치심이 중독을 일으키는지 반대로 중독이 수치심을 불러일으키는지에 대한 질문을 자주 받습니다. 박사님은 어떻게 생각하십니까?

디어링　딱 잘라서 답할 수 있는 문제가 아니라고 생각합니다. 저는 둘 다 맞다고 봅니다. 수치심 경향성이 있는 사람은 남녀를 불문하고 중독에 빠져들 위험이 있습니다. 그런데 중독과 관련된 문제로 어려움을 겪기 시작하면 필연적으로 수치심이 따라오기 마련입니다. 예를 들어, 알코올중독에 걸린 사람이 있습니다. 그 사람에게 수치심 경향성이 있다면 술 때문에 비롯된 여러 문제들(직장에서의 문제, 가정에서의 문제, 인간관계에서의 문제 등)에 대해 수치심을 느끼고 '내가 나쁜 사람이어서 이런 문제가 생기는 거야'라는 생각하기 쉽습니다. 이런 식으로 수치심과 중독이 악순환을 이루면 변하기 힘들어집니다.

타인의 생각에
자신을 맞출 필요 없다

9장을 시작하면서 '진짜 나'는 자연스럽고, 진심 어리고, 참되고, 마음에서 우러나고, 개방적이고, 진실된 모습이라고 설명했다. 그렇다면 다른 사람들에게 '진짜 나'는 어떤 모습으로 보일까? '진짜 나'에 대해 말할 때마다 나는 친구 채즈가 생각난다. 오래 알고 지낸 그는 내가 아는 사람 중에 가장 진실한 사람이다. 그는 곁에 누가 있든, 어떤 상황이든, 늘 한결같다. 그를 아는 누구라도 아마 그에 대해 똑같이 말할 것이다. 누구와 있어도 자연스럽고 어색하지 않으며, 상대가 누구며 뭘 기대하든 상관없이 똑같은 가치관과 믿음에 따라 말하고 행동한다.

그런데 수치심 회복탄력성이 높은 여성들도 채즈와 똑같은 성향을 보여주었다. '곁에 누가 있든 상관없이 자신의 모습을 유지하는 것'이 '진짜 나'의 핵심이다. 그것이 바로 자연스럽고, 진심 어리고, 참되고, 마음에서 우러나고, 개방적이고, 진실된 태도의 결과물이다.

그렇다면 '진짜 나'와 수치심 회복탄력성은 어떤 관계가 있을까? 수치심 회복탄력성이 없으면 '진짜 나'를 유지하기가 매우 힘들다. 용기, 연민, 유대감을 실천하면 '진짜 나'로 존재하기 훨씬 쉬워진다. 인터뷰 참가자들은 '진짜 나'로 존재할 수 있도록 도와주는 사람들과의 유대감 형성이 중요하다고 입을 모았다. 생각이 같거나 종교가 같은 사람들이 도움이 될 때도 있지만 그건 필수조건이 아니다. 같은 믿음, 같은 가치관을 공유하는 것보다 진실하고자 하는 마음과 노력을 공유하는 것이 훨씬 더 중요하다.

• 언니와 아주 힘든 대화를 나눴어요. 언니는 내가 남들이 무엇을 원하고 어떤 말을 듣기 원하는지를 지나치게 신경 쓰기 때문에 나를 믿기 힘들었대요. "나와 생각이 달라도 상관없어. 나는 그저 네가 진실하길 바랄 뿐이야." 언니가 나를 그렇게 생각했다는 게 수치스러웠어요. 하지만 덕분에 내가 남들한테 솔직하지 못했다는 걸 알게 되었어요. 특히 나 자신

한테요. 언니와 그 대화를 나누고 두세 달 동안은 그 누구와도 대화할 수 없었어요. '이게 진짜 내 생각이 맞나?' 싶어 자신이 없었거든요. 1년이 지난 지금, 나 자신과 가족에게 훨씬 더 솔직해졌어요. 이제는 나도 진실한 사람이 된 것 같아요.

• 부모님을 만날 때, 종교에 대한 대화를 피하거나 거짓말을 했어요. 둘 다 기분 나쁘긴 마찬가지고, 늘 남편하고 저 사이에 갈등을 일으켜요. 부모님은 독실한 천주교 신자예요. 우리 부부를 볼 때마다 미사에 참석했는지, 아들에게 세례를 받게 할 건지 물어보시죠. 그러면 나는 그렇게 할 거라고 대충 둘러대고 대화를 끝내죠. 남편은 부모님께 우리가 감리교 신자라고 사실대로 말하고 싶어 해요. 하지만 그랬다가는 두 분 다 불같이 화를 내실 거예요. 남편은 내가 부모님들 기분을 맞춰주려고 거짓말을 할 때마다 불쾌하다고 말해요. 나와 비슷한 경험을 한 교회 친구들에게 이런 고민을 말했더니 좋은 충고를 많이 해줬어요. 결국 부모님께 사실을 말하고 내 뜻을 받아들이지 못하겠다면 종교에 대해서는 더 이상 서로 말하지 않는 게 최선일 것 같다고 설명했어요. 두 분 모두 굉장히 화를 내긴 하셨지만 내 선택을 존중해주셨고, 결국 잘 해결됐어요.

있는 그대로의 나를
사랑하는 법

수치심 연구를 하면서 여성들이 자신에게 지나치게 엄격하다는 사실을 알게 되었다. 많은 경우, 수치심 거미줄에 자기 자신이 포함된다. 타인과 미디어를 통해 학습한 기대를 자신에게 강요할 뿐이라고 하더라도 이 쨌든 여성들은 스스로 수치심을 느끼도록 몰아붙이는 경향이 있다.

따라서 여성들이 수치심 회복탄력성을 기르고 '진짜 나'로 살고 싶다 면, 먼저 자기 자신과 유대감을 이룰 수 있어야 한다. 자신에게 공감하고 자신을 이해할 줄 알아야 한다. 남들이 어떻게 생각하든 신경 쓰지 않고 살기 위해서는 많은 노력이 필요하다. 자기비난에서 벗어나려면 그보다 훨씬 더 많은 노력이 필요하다. 그러므로 '진짜 나'로 살기 위해서는 자기 수용, 자신과의 유대감, 자기공감능력이 필요하다.

자기공감능력과 자신과의 유대감을 키우려면, 자신의 단점과 한계뿐 만 아니라 자신의 장점과 능력을 파악하고 인정할 줄 알아야 한다. 많은 전문가가 '강점 관점strengths perspective'이라고 부르는 이 접근법을 활용한다. 사회복지학 전문가 데니스 샐리비Dennis Saleebey는 '능력, 재능, 역량, 가능성, 비전, 가치관, 희망의 관점에서 자신의 고통과 문제점을 들여다보는 것'을 강점 관점이라고 정의했다.[4] 그는 이렇게 말했다. "문제점을 외면하는 것 이 잘못인 것처럼 가능성을 외면하는 것 역시 잘못이다."

자신의 강점을 파악하는 효과적인 방법으로 '강점과 한계의 관계'를 살펴보는 것이 있다. 자신이 제일 잘할 수 있는 것과 제일 바꾸고 싶은 것 을 살펴보면 그 두 가지가 사실은 같을 때가 많다. 예를 들어, 나는 '진짜 나'를 지키기가 쉽지 않다. 나에 대해 매우 비판적이고 불만이 많을 때면 '진짜 나'에 대해 의심이 든다. 나는 나 자신이 매우 정치적이며 상황에 따 라 카멜레온처럼 태도를 바꾼다고 자주 느낀다. 일할 때는 이런 색이었다 가 집에 오면 다른 색으로 변한다. 이 동료들하고 같이 있을 때는 이렇게 말하다가 저 동료들하고 있으면 또 저렇게 말하기도 한다. 이런 나 자신이 살짝 솔직하지 못하다고 생각될 때도 있지만 어떤 때는 가식덩어리라고 생각되기까지 한다.

그렇지만 이런 내 모습을 강점 관점에서 바라보면 판단이 완전히 달라질 수 있다. 강점 관점에서 나를 보면 진실하지 못하고 카멜레온 같다는 생각이 드는 대신, 다양한 사람들과의 다양한 상황에 쉽게 적응하며, 경제부터 최신 어린이 TV 프로그램까지 다양한 주제로 대화를 나눌 수 있는 사람이라는 생각이 든다. 같이 어울리기 싫은 사람도 있고 이야기하고 싶지 않은 주제도 있지만 모순된 행동은 하지 않는다. 내가 맡은 역할과 책임이 너무 많고 각각의 역할을 맡을 때마다 다른 모습으로 변해야 한다는 사실이 힘들고 버겁기는 하지만 나는 꽤 잘 해내고 있다. 이것이 내 강점이라고 생각한다.

나는 내 '단점'이나 '한계'를 모두 살펴봤고, 강점도 찾았다. 이렇게 하는 것은 나의 문제점이나 변하고 싶은 부분을 외면하기 위해서가 아니라 자존감, 자기공감, 자신과의 유대감 관점으로 그것들을 살펴보기 위해서다. 이 과정에서 내가 배운 가장 중요한 교훈은 이것이다. '수치심에 사로잡혀 있을 때는 변할 수도 없고 성장할 수도 없다. 수치심을 이용해서 타인을 변화시키거나 성장시킬 수도 없다.'

내가 일하는 스타일을 예로 들어보자. 일할 때 모든 걸 통제하려고 하고 지나치게 긴장하는 내 모습을 수치스럽게 여길 수도 있다. 관점을 바꾸면, 책임감이 강하고, 믿음직하고, 일을 잘하기 위해 헌신하는 모습으로 해석할 수도 있다. 어느 쪽으로 보든 일과 관련된 문제가 사라지는 건 아니지만, 강점 관점에서 나를 보면 자신감을 갖고 내가 바꾸고 싶은 문제에 접근할 수 있다. 대책도 없이 무조건 잘될 거라고 안심하게 만드는 게 아니라 자신의 강점을 찾아내서 문제해결에 이용할 수 있도록 한다.

내가 딸아이에 대해 지나치게 걱정하는 것을 부끄러워할 수도 있지만, 관점을 바꿔 좋은 부모가 되기 위해 노력하고, 신중하고, 성실하고, 열성적인 엄마라고 생각할 수도 있다. 자존감의 관점에서 볼 때, 두려움에 대해 현실점검을 하고 내 딸의 안전과 행복을 위해 많은 일을 하고 있음을 인정한다면, 어떻게 하면 더 나은 엄마가 될 수 있을까를 생각하게 된다. 하지만 수치심과 단절의 관점에서 보면 내 행동을 제대로 평가할 수 없고 따라서 더 나은 행동을 이끌어낼 가능성이 줄어든다.

나는 새 학기를 시작할 때마다 학생들에게 각자 '강점 평가서'를 만들어보게 한다. 각자의 강점을 열 개에서 열다섯 개 정도 적어보라고 하는데, '사람들하고 잘 어울린다' 혹은 '잘 논다' 같은 건 인정하지 않는다. 학생들에게 자신의 한계나 성장에 필요한 부분에 대해서 말해보라고 하면, 소란스럽게 떠들며 내가 요구한 것보다 훨씬 더 많은 대답을 늘어놓는다. 이것이 인간의 본성이다. 우리는 자신의 단점에만 관심 있고 장점이나 강점은 당연한 것으로 여기고 신경 쓰지 않는다.

하지만 자신이 무엇을 잘하는지 아는 건 아주 중요하다. 자신의 강점을 알면 목표를 이루는 데에 그 강점을 이용할 수 있다. 예를 들어, 인터뷰 참가자 나탈리는 이렇게 말했다. "믿음에 대해서는 정답이라는 게 없잖아요. 그래서 나는 믿음에 대해서는 마음대로 말할 수 있어요. 틀린 말을 할까 걱정하지도, 남들이 나를 어떻게 생각할까 신경 쓰지도 않아요. 그냥 솔직하게 말해요. 하지만 정치나 사회문제에 대해서는 입을 다물게 돼요. 아는 게 부족하고 혹시 잘못 알고 있지는 않을까 하는 걱정이 들어서요."

나탈리가 정치나 사회문제를 말할 때도 '진짜 나'를 지키고 싶다면, 믿음에 대해 말할 때의 자기 모습을 떠올려보는 게 도움이 된다. 나탈리는 정치와 사회문제를 말할 때 '정답이 있다'는 생각의 프레임을 바꿀 필요가 있다. 옳은 답을 말하고 정확한 정보를 더 많이 아는 것을 목표로 하는 대신, 자기 생각을 솔직하게 표현하는 것으로 목표를 바꾸는 것도 도움이 된다.

자신의 믿음과 가치관을 표현하고 그에 따라 행동하려는 우리를 방해하는 사회공동체의 기대에 대해 현실점검 질문을 하면 수치심 회복탄력성을 키우고 자신의 강점을 파악하기가 더 쉬워진다.

- 이런 기대가 얼마나 현실적인가?
- 내가 이 기대를 한꺼번에 다 충족시킬 수 있을까? 나는 정말로 그렇게 하고 싶은가?
- 이런 모습이 진실한 한 사람 안에 다 존재할 수 있을까?
- 이런 기대를 다 충족시키면 내가 더 진실해질까, 아니면 그 반대일까?
- 지금 내가 상상하는 모습은 진짜 내 모습일까, 아니면 남들이 내게 원하는 모습일까?

인터뷰 참가자들에게 유대감 네트워크에 속하는 사람과 수치심 거미줄에 속하는 사람을 어떻게 결정하느냐고 물었다. 그러자 80%가 '함께 있을 때 있는 그대로의 나를 보여줄 수 있는 상대는 유대감 네트워크에 속하는 사람이다'라고 대답했다. '있는 그대로의 나를 보여준다'는 것은 '진짜 나'의 핵심이며 수치심 회복탄력성을 통해 누릴 수 있는 최고의 선물이다.

10장.

변화를 만드는
'함께'의 힘

　2006년 4월, 나는 여성단체 FMF에서 주최하는 시상식 만찬회에 참석했다. 이날 만찬회는 노벨평화상을 수상한 네 명의 여성, 시린 에바디Shirin Ebadi, 리고베르타 멘추 툼Rigoberta Menchú Tum, 베티 윌리엄스Betty Williams, 조디 윌리엄스Jody Williams의 업적을 기념하기 위한 자리였다. 만찬회의 마지막 순서에 여성 인권운동가 마비스 레노Mavis Leno가 무대에 올라왔다. 그녀는 열광하는 참석자들을 바라보며 말했다. "우리 모두 세상을 바꿀 수 있습니다." 나는 크게 심호흡을 하고 그다음에 나올 말을 기다렸다.

　어떻게 말해야 짧은 한두 문장으로 '세상을 바꾸고 싶다'고 생각하게 만들 수 있을까? 책임감을 들먹이거나 판에 박힌 말로 가르치려드는 대신 정말로 세상을 바꿀 수 있다는 믿음을 갖게 만들려면 어떻게 해야 할까? 대부분의 사람은 목숨 바쳐 세계평화를 지키는 일 같은 건 하지 않는다. 자신에게 세상을 바꿀 힘이 있다고 믿지도 않는다. 우리 대부분은 자신이 먹은 밥그릇 하나 씻을 힘도 없을 때가 많다.

하지만 그날 밤 나는 정말로 감동을 받았다. 마비스 레노는 참석자들을 바라보며 말했다. "세상을 바꾸고 싶다면 남에게 잔인한 짓을 하는 사람을 봤을 때 자기 일로 받아들이세요. 자기 일로 받아들여야 정말로 자기 일이 되기 때문입니다!" 세상을 바꿔야 한다고 설득하는 말 중에 이렇게 가슴에 와 닿는 말은 처음이었다.

우리는 누구나 '자기 일로 받아들이는 것'을 할 줄 안다. 사실, 잔인한 일을 목격하면 자기 일처럼 느끼는 게 인간의 본성이다. 그런 일에 끼어들지 않겠다거나 못 본 척하겠다고 선택하는 것은 인간이 가진 '유대감'이라는 본성에 어긋나는 행동이다.

그냥 넘어가지 않아야
변화가 시작된다

우리가 살고 있는 수치심의 문화를 유대감의 문화로 바꾸고 싶다면 우리가 보고, 듣고, 목격한 모든 것을 자기 일로 받아들여야 한다. 남에게 수치심을 느끼게 만드는 것은 잔인한 짓이다. 우리 아이들이 남을 무시하고 수치스럽게 만드는 TV 리얼리티 쇼를 보면 얼른 TV를 끄고 왜 보면 안 되는지 설명해줘야 한다. 전형화를 통해 남을 무시하고 상처 주는 사람에게는 왜 그런 생각이 남들을 불편하게 만드는지 이야기해야 한다. 수치스러운 경험에 관해 이야기하는 사람에게는 연민을 가지고 이야기를 들어주고 공감해주어야 한다.

자기 일로 받아들인다는 것은 자신이 경험한 것처럼 여기고 남들과 함께 책임을 지고 문화를 바꿔나간다는 뜻이다. 그런데 우리는 수치심을 느낄 때 너무도 자주 침묵한다. 수치스러운 일을 경험할 때 용기를 내서 그 일에 관해 이야기하면 '너무 예민하다'라거나 '남의 일에 쓸데없이 끼어든다'라는 핀잔을 듣기 일쑤다. 나는 그런 말을 도저히 이해할 수 없다. 왜 우리가 둔감하고 남의 일을 외면해야 하는가? 수치심 문화는 바로 그런 둔감함과 남의 일에 눈감는 행동에서 비롯된다.

인터뷰했던 여성 중 캐롤라인의 경험담은 자기 일로 받아들이는 행동의 힘을 보여주는 좋은 예다.

어느 날 동네에서 차를 운전하다가 신호에 걸려서 젊은 남자들이 잔뜩 탄 차 옆에 멈추게 됐어요. 옆 차에 탄 남자들이 나를 보더니 미소를 짓더라고요. 그래서 나도 미소를 지어 인사했는데 얼굴이 조금 붉어진 거예요. 그때 뒷좌석에 단짝친구하고 같이 앉아 있던 열다섯 살짜리 딸이 느닷없이 이러는 거예요. "엄마, 남자들 좀 그만 쳐다봐. 설마 저 남자들이 엄마한테 작업 건다고 생각하는 거야? 착각 좀 심하신 듯!" 그 순간 눈물이 터져 나올 뻔했어요. 내가 너무 바보 같은 거 있죠?

우리가 처음 만났을 때 캐롤라인은 50대 초반이었다. 다음은 2년 후 나와 두 번째로 인터뷰할 때 그녀가 들려준 이야기다. 캐롤라인은 수치스러움에 대응한 이 순간이 인생의 전환점이 되었다고 말했다. 평범한 용기와 수치심 회복탄력성에 대한 캐롤라인의 이야기를 들어보자.

이 일을 겪고 나서 나에 대한 생각과 내 딸을 대하는 태도가 완전히 달라졌어요. 나는 아이한테 소리를 지르거나 토라지는 대신 수치심 회복탄력성을 이용하기로 마음먹었어요. 일단 아이들을 데려다준 다음 집으로 돌아와서 이웃 친구에게 전화했어요. 오랜 친구인 그녀에게 그날 있었던 일과 내가 얼마나 수치스러웠는지를 이야기했어요. 젊은 남자들한테 미소 지은 것도 수치스럽고, 내 딸이 자기 친구들 앞에서 나를 망신 준 것도 수치스러웠다고 말했어요. 친구는 물었어요. "남자들한테 미소 지은 게 왜 수치스러웠어?" 나는 "아주 잠깐이지만 그 남자들이 나한테 미소를 지었다고 생각했어"라고 대답했어요. 내 나이를 잊어버리고, 그런 일이 일어날 수 있다고 생각했다는 게 수치스러웠던 거죠. 친구는 내 기분을 이해해줬지만, 위로의 말을 하지는 않았어요. 가만히 내 이야기를 듣기만 했어요. 그러다 한참만에 이렇게 말했어요. "나를 봐주지 않으면 마음이 아픈 게 당연해. 옆 차에 있던 그 남자들도, 우리 아이들도 더 이상 나를 여자로 봐주지 않잖아."

그날은 남편이 친구 집에 간 큰 딸과 소프트볼 연습을 하러 간 둘째 딸을 모두 데려왔어요. 나는 곧장 방 밖으로 나가 큰딸에게 이야기 좀 할 수 있겠냐고 물었어요. 그러자 "엄마, 또 폐경기 타령하려고 그래?"라고 대꾸했어요. 나머지 식구들은 웃음을 터뜨렸어요. 나는 이번에는 식구들이랑 같이 웃지도 않고 신경 쓰지 않는 척하지도 않았어요. 그러곤 이렇게 말했죠. "아니야. 오늘 네가 내 마음을 많이 아프게 했기 때문에 그 이야기를 하려는 거야." 내가 그 말을 하는 순간 남편과 둘째 딸은 얼른 자리를 비켜줬어요.

큰딸과 자리에 앉아서 낮에 차에서 있었던 일이 왜 수치스러웠는지 설명했어요. 엄마로서가 아니라 여자로서 너무 힘들었다는 말도 했어요. 친구들 앞에서 근사해 보이고 싶은 마음은 이해하지만 그런 이유로 남의 마음을 아프게 하는 것은 용납할 수 없는 일이라고도 했어요.

내가 이야기를 하는 내내 딸은 얼굴을 찡그리고 눈을 부라렸어요. 한참 만에 내가 손을 내밀어 딸의 두 손을 잡고 말했어요. "네가 한 말 때문에 난 정말 수치스럽고 마음이 아팠어. 지금 이 이야기를 하는 건 네가 나를 사랑한다는 걸 내가 잘 알고 우리 관계가 중요하기 때문이야. 그리고 다른 사람들이 멋져 보이거나 인기를 얻고 싶어서 너를 수치스럽게 만들거나 무시할 때 그냥 내버려두어서는 안 된다는 걸 알려주고 싶어서야. 나는 네가 나를 수치스럽게 만들거나 무시하게 내버려두지 않을 거야. 너도 남들이 너한테 그런 짓 하게 내버려두지 않길 바라."

캐롤라인의 이야기를 듣는 내내 나는 그녀의 딸이 진심으로 사과하고 모녀가 포옹하길 가슴 졸이며 기다렸다. 물론 그런 일은 일어나지 않았다. "내가 못 살아, 나 이제 그만 가봐도 돼?"라고 말하는 큰딸에게 캐롤라인은 사과해야 한다고 말했다. 마지못해 사과한 딸은 곧장 자기 방으로 가서 문을 잠그고 라디오를 켰다고 한다. 그날의 대화가 캐롤라인의 큰딸에게 어떤 영향을 미쳤는지 우리로서는 알 길이 없다. 하지만 전문가로서의 경험과 사적인 경험을 바탕으로 생각해볼 때 그날의 대화는 캐롤라인의 딸에게 인생의 전환점이 됐을 가능성이 크다.

만약 모든 부모가 캐롤라인처럼 생각하고 자녀들과 대화를 나눈다면 우리 문화도 바뀔 수 있다. 이런 대화를 나눈 우리 아이들이 자신과 친구들의 태도를 바꿔나가면 우리 사회는 바뀐다. 문화는 입이 딱 벌어질 만한 어마어마한 사건이 벌어져야만 변하는 게 아니다. 변화를 원하는 많은 사람이 존재하기만 하면 된다. 많은 사람이 살아가면서 조금씩 변화를 만들어가면 언젠가는 엄청난 변화로 이어질 수 있다.

수치심 회복탄력성 연구를 여성들부터 시작한 것은 지극히 합리적인 선택이라고 생각한다. 왜냐하면 대부분의 경우 자녀양육에 있어 여성의 역할이 크고, 가정에서 심리적 변화와 문화적 변화를 주도하는 역할도 여성이 맡을 가능성이 더 높기 때문이다.

비록 수치심 회복탄력성 연구를 여성들부터 시작했지만 여기서 끝나서는 안 된다. 남성들이 수치심으로 어떻게 그리고 왜 고통받는지 알아야 하고 그들이 수치심 회복탄력성을 기를 방법도 알아야 한다. 우리의 남편, 연인, 아들, 아버지, 오빠, 남동생, 남자 사람 친구, 동료들까지, 남성들을 돕고 그들과 유대감을 이룰 방법을 알아야 한다. 뿐만 아니라 아이들의 수치심에 대해서도 알아야 한다. 대부분의 경우 현재 우리가 겪는 수치심 문제는 어린 시절 부모님 그리고 선생님과 관련된 경험에 바탕을 두고 있기 때문이다. 인터뷰한 사람들의 80% 정도가 초등학교 또는 중학교 시절 겪은 수치스러운 경험이 학생으로서의 자신에 대한 생각을 크게 바꿔놓았다고 기억했다.

지금부터는 남성과 수치심, 부모 역할과 수치심, 교실에서의 수치심에 대한 내 연구를 간략히 소개하려고 한다.

'남자다움'이라는
이름의 감옥

내가 처음에 여성만을 대상으로 수치심 연구를 시작한 이유는 수치심에 대한 전문서적들 때문이었다. 많은 학자가 수치심을 경험하는 데에 있어 남녀 차이가 뚜렷하다고 생각한다. 나는 수치심 회복탄력성에 대해 깊이 있는 연구를 하고 싶었기 때문에 여성만을 대상으로 삼았다. 하지만 연구 초반에는 소수의 젊은 남성들과 인터뷰하기도 했다. 그 인터뷰 내용이 많은 도움이 되었기 때문에 여러분에게도 소개하려고 한다.

처음 수치심의 열두 가지 항목(외모와 신체이미지, 모성, 가족, 육아, 돈과 일, 정신과 육체 건강, 성생활, 나이, 종교, 전형화와 꼬리표, 자기 생각 말하기, 트라우마)을 정리했을 때, 나는 이 항목들이 10대 후반 청소년들에게 어떻게 적용되는지를 알아보기 위해 그룹 인터뷰를 실시했다. 원래 의도는 젊은 여성들과 인터뷰하는 거였는데 준비해주는 사람의 실수로 젊은 남성들과 함께하게 되었다. 10대 후반의 남자들과는 인터뷰를 해본 적 없었기 때문에 나는 조금 불안했다. 칠판에 수치심 항목을 적고 자리에 앉은 다음 그들을 둘러보는데 이런 생각이 들었다. '얘네, 아무 말도 안 할 거 같아.'

나는 외모에 대한 질문으로 인터뷰를 시작했다 "여러분, 외모에 대해 어떻게 생각하세요? 어떻게 생겨야 한다거나 어떻게 보여야 한다는 주위의 기대나 압력 같은 게 있나요?" 다들 서로를 바라보다가 그중 한 명이 말했다. "그럼요. '너 같은 놈은 당장 박살 낼 수 있어'라는 분위기가 풍겨야죠." 나머지 소년들이 웃음을 터뜨리며 맞다고 동의했다.

나는 질문을 이어갔다. "좋아요, 그럼 건강에 대해서도 그런 압력이나 기대가 있나요?" 그러자 소년들이 다시 웃음을 터뜨렸고 이번에는 다른 소년이 대답했다. "물론 있죠. 똑같아요. 다른 놈을 박살 낼 수 없는 놈처럼 약해 보여서는 안 돼요."

모여 있던 소년 중 많은 수가 이미 아이 아빠였기 때문에 나는 아버지로서의 삶 같은 좀 더 복잡한 문제로 넘어갔다. "알았어요. 그러면 이번에는 아빠라는 역할에 관해 이야기해줘요." 이번에도 다들 웃음을 터뜨렸지만, 처음보다는 덜 웃었다. 한 소년이 말했다. "내 아이나 내 아이 엄마에 대해 허튼소리하면 박살 내야죠."

인터뷰를 진행할수록 이 젊은이들이 진지하게 임한다는 것을 깨달았다. 그들은 자신을 건드리면 언제든 당장 박살 낼 수 있다는 것만 보여줄 수 있으면 무엇을 하든 어떻게 생겼든 상관없었다.

나는 '박살 낼 거야'라는 제목의 인터뷰 보고서를 작성하고는 그날 일을 잊어버렸다. 그런데 지난해에 남성들을 인터뷰하기 시작하면서 그때 만났던 소년들이 얼마나 솔직했고, 정곡을 찌르는 말을 했는지를 깨달았다. 그들은 자신들만의 언어로 내가 알아야 하는 모든 것을 말해주었던 것이다.

그 후, 세 가지 개별 사건을 통해 나는 남성과 수치심에 대한 연구에 더 몰두하게 되었다. 바로 '낯선 남자, 아들, 페미니스트' 사건이다.

먼저 낯선 남자에 대한 이야기부터 하겠다. 그 사람은 큰 키에 비쩍 마르고 60대 초반 정도로 보이는 남자였다. 아내와 함께 내 강의에 참석한 그는 강의가 끝나자 아내를 따라 교실 앞으로 왔다. 아내가 나와 잠깐 이야기를 나눈 후 가려고 하자 그는 금방 따라갈 테니까 조금만 기다려달라고 말했다. 그녀는 걱정스러운 표정을 지었다. 남편이 남아서 나에게 말 거는 걸 바라지 않는 듯 보였다. 그래도 그녀는 교실 뒤편에 있는 문밖으로 나갔고 남자는 나에게 말했다.

"수치심에 대해 하시는 이야기 참 재미있게 들었습니다." 나는 그에게 감사하다고 인사한 후 그의 다음 말을 기다렸다. 그가 말했다. "궁금한 게 있습니다. 남자들의 수치심은 어떤가요? 우리 남자들의 수치심에 대해서도 연구하십니까?" 나는 잠시 안도감을 느꼈다. 남자들의 수치심에 대해 아는 것이 별로 없어서 대화를 금방 끝낼 수 있을 거 같아서. "남성들과는 인터뷰를 많이 하지 않았어요. 주로 여성들과 인터뷰했습니다." 내 대답에 그는 고개를 끄덕이더니 "그거 참, 편하겠네요"라고 말했다.

나는 그의 말이 무슨 뜻인지 궁금했다. 그래서 미소를 지으며 그에게 물었다. "편하겠다니, 그게 무슨 뜻인가요?" 그는 대답 대신 정말로 알고 싶냐고 물었다. 나는 정말로 알고 싶다고 말했다.

순간 그의 눈에 눈물이 차올랐고 이렇게 말했다. "우리도 수치심을 느낍니다. 마음 깊이 수치심을 느낀다고요. 하지만 우리가 손을 내밀고 수치심에 관해 이야기하려고 하면 남자답지 못하다고 욕을 먹는단 말입니다." 나는 그의 눈을 똑바로 바라보기가 힘들었다. 나도 눈물이 날 것 같았다. 그는 계속 말했다. "남자들만 욕을 하는 게 아닙니다. 물론 남자들이 욕을 많이 하는데, 여자들도 마찬가지예요. 여자들은 남자들한테 약한 모습을 숨기지 말고 솔직하라고 말하지만 정말로 남자들이 솔직하게 감정을 드러내면 부담스러워하잖아요. 여자들은 남자가 감정을 드러내는 걸 싫어합니다."

여기까지 듣자 내 눈에서 눈물이 흘러내렸다. 그의 이야기에 나는 그만 너무도 본능적인 반응을 보이고 말았다. 그는 깊은 한숨을 내쉬더니 처음에 다짜고짜 이야기를 꺼냈던 것처럼 빠르게 다시 말을 이었다. "내가 하고 싶던 이야기는 이게 다입니다. 들어줘서 고맙습니다." 그러고서 그는 교실을 나갔다.

며칠이 지나도 그와의 대화가 잊히지 않았다. 임신 초음파 검사대에 누운 채로 그와의 대화를 곱씹고 있는데 불룩 나온 배를 초음파 기기로 이리저리 문지르며 검사하던 의사가 옆에 함께 있던 딸아이에게 물었다. "남동생이 좋아, 여동생이 좋아?" 그러자 딸이 소리쳤다. "남동생이요. 남동생이 좋아요." 여의사는 미소를 지으며 말했다 "너 운 좋다. 엄마 뱃속에 남동생이 있네." 나는 딸에게 미소를 지은 후 배에 손을 올렸다. "정말이에요?" 내가 물었다. 의사는 미소를 지었다. "고추가 보여요!" 신나서 팔짝팔짝 뛰는 딸을 보며 나는 억지로 미소를 지었다. 하지만 머릿속에서는 비명을 질렀다. '아들이래! 어떡해! 남자가 감정을 드러내면 남자답지 못하다고 욕먹는다잖아. 이 아이를 어떻게 도와주지? 난 남자에 대해서는 아무것도 모른단 말이야.'

몇 주 후 귀여운 아들 찰리가 태어났다. 그리고 내가 제일 좋아하는 페미니스트 친구들과 점심을 먹는 자리에 찰리를 데리고 갔다. 다들 찰리가 귀엽다며 난리였는데 가정폭력 문제 활동가인 친구 데비가 말했다. "있잖아, 우리가 소년들과 남성들을 도와야만 소녀들과 여성들을 제대로 도울수 있어. 우리가 좀 더 노력해야 해." 그녀의 이 말은 성역할에 관한 대화로 이어졌다. 이 대화를 통해 나는 페미니즘이 여성의 평등만 주장하는 것이 아니라 성역할의 틀에서 남성과 여성 모두를 자유롭게 해방시키기 위한 투쟁도 한다는 강한 믿음을 다시 한 번 확인할 수 있었다. 남성과 여성모두 남들이 요구하는 모습이 아니라 내가 되고자 하는 모습으로 살 수 있어야 자유와 평등을 이룰 수 있다.

'낯선 남자, 아들, 페미니스트' 이 세 가지 사건으로 내 생각과 삶이 변했다. 그날 이후 나는 관련 서적들을 읽고 인터뷰 일정을 세우기 시작했다. 너무 힘든 일이었다. 고통이라는 새롭고 낯선 세계로 걸어 들어가고 있다는 직관적인 느낌이 나를 망설이게 하기도 했다.

감정을 솔직하게
드러낼 권리

인터뷰 시작 전, 나는 수천 명의 전문가 앞에서 내 이론에 대해 프레젠테이션을 했다. 수년에 걸쳐 많은 남성과 연구 관련하여 이메일을 주고받고 직접 대화도 했다. 그중에는 전혀 모르는 사람도 있었고 친구와 동료도 있었다. 그들 대부분이 이렇게 말했다. "당신의 연구가 남성들한테도 맞기는 하지만 우리 경험과 다른 것도 있습니다. 남자들 세계는 달라요. 사회가 남성들한테 거는 기대도 다르고요."

학자로서 내가 갖는 가장 큰 의문은 '수치심 회복탄력성 이론을 남성들에게도 적용할 수 있을까?'였다. 만약 수치심 경험과 수치심을 극복하기 위한 다양한 전략에 대해 남성들을 인터뷰한다면 그들도 수치심을 느낄 때 여성들처럼 두려움, 비난, 단절감을 경험한다고 말할까? 남성들도 수치심에서 벗어나고자 할 때 여성들과 똑같은 수치심 회복탄력성 요소를 이용할까? 남성과 여성에게 수치심을 부추기는 기대가 각각의 성에 국한되어 있기 때문에 남성을 위한 이론을 새로 만들어야 하는 것은 아닐까?

이런 고민을 하면서 연구를 통해 내가 도출한 결론은 다음과 같다. 수치심을 경험할 때 우리는 온몸으로 반응한다. 수치심은 우리가 느끼고, 생각하고, 행동하는 데에 영향을 미친다. 많은 경우에 우리는 수치심을 느낄 때 강한 육체적 반응을 보인다. 다른 말로 하자면, 수치심은 핵심적인 감정이라서 우리의 중심부를 강타하고 온몸으로 퍼져나간다. 수치심에 관해서 남성과 여성이 하는 경험에는 분명한 차이가 존재하지만, 핵심은 똑같다.

인정받고, 어딘가에 속하고, 소중한 존재로 받아들여지고 싶은 것은 인간의 본능이다. 남성이든 여성이든 똑같다. 여성들과의 인터뷰를 통해 내가 만든 개념은 남성들에게도 똑같이 적용될 수 있다. 남성들이 느끼는 수치심도 '자신에게 문제가 있기 때문에 사람들에게 거부당하고 어디에도 속하지 못하는 게 당연하다는 생각으로 인한 몹시 고통스러운 느낌 또는 경험'이다. 남성도 수치심을 느끼면 여성과 똑같이 두려움, 비난, 단절감과 같은 감정에 짓눌린다. 2장에서 소개했던 수치심 회복탄력성 연속체 모델이 모두 다 들어맞는다. 남성들과 인터뷰를 마치고서 나는 남성들의 수치심 경험과 수치심 회복탄력성을 얻기 위한 전략도 그 핵심은 결국 여성들의 그것과 똑같다는 확신을 얻었다.

하지만 수치심을 불러일으키는 사회공동체의 기대와 그 기대를 강화하는 암시에 있어서는 남성과 여성 사이에 큰 차이가 있다. 남성에게 쏟아지는 사회공동체의 기대와 암시는 '남자다워야 한다'는 남성성을 중심으로 하고 있다. 즉, '수치심을 어떻게 느끼는가'는 똑같지만, '수치심을 왜 느끼는가'는 다르다.

우리는 1장에서 수치심 거미줄이 무엇인지 살펴보았다. 서로 모순되고 경쟁하며 겹겹이 쌓인 사회공동체의 기대로 이루어진 수치심 거미줄을 통해 여성들은 어떤 사람이 되어야 하고 어떻게 행동해야 하고 무엇을 해야 하는지를 강요받는다. 그런데 남성들과 인터뷰를 할 때는 서로 갈등하고 경쟁하는 겹겹이 쌓인 사회공동체의 기대에 대한 이야기가 나오지 않았다. 대신 남성들에게 쏟아지는 사회공동체의 기대는 좀 더 단순하고 분명했다. '절대 약해 보여서는 안 된다.'

• 남자는 어떤 사람이어야 하나? 약해 보이지만 않으면 된다.

- 남자는 무엇을 해야 하나? 약해 보이는 짓만 안 하면 된다.
- 남자는 어떻게 해야 하나? 약해 보이게 하지만 않으면 된다.

남성들과의 인터뷰에서 나온 수치심에 대한 개념을 살펴보면서 약하다는 것이 어떤 의미인지 알아보자.

- 수치심은 실패하는 거죠. 직장에서든, 축구 시합에서든, 결혼에서든, 밤 생활에서든, 돈 문제든, 아이들 문제든 뭐든지 다요.
- 수치심은 틀리는 거죠. 실수하는 건 괜찮은데 내가 틀렸다는 건 수치스럽습니다.
- 수치심은 결함이 있다는 느낌입니다.
- 나를 여린 사람으로 볼 때 수치심을 느낍니다. 강한 남자로 보이지 않는다는 건 모욕적이고 수치스러운 일입니다.
- 약한 모습을 들키는 게 수치스럽습니다. 기본적으로 약하다는 건 수치스러운 일이니까요.
- 두려워하는 모습을 보여주는 게 수치스럽습니다. 어떤 경우든 두려워해서도, 겁을 내서도 안 됩니다.
- 수치심은 '남들한테 맞고 다니는 녀석'처럼 보이는 거죠.
- 남자들이 제일 두려워하는 건 비판받거나 놀림당하는 겁니다. 둘 다 끔찍하게 수치스러운 일이거든요.

지나칠 정도로 단순화하기는 했지만 앞에 소개한 10대 소년들과의 인터뷰와 수치심을 피하고자 '박살 내 버린다'고 하던 그들의 말을 다시 떠올려보면 그들은 제대로 고른 조사대상이었던 것 같다.

남성들은 터프하고 강하고 인내력 있고 능력 있고 두려움을 모르고 모든 것을 통제하고 못하는 게 없는 사람으로 보여야 한다는 엄청난 부담감에 시달린다. 이런 사회공동체의 기대가 이상적인 남성의 이미지를 만들어낸다. 여성들이 도달 불가능하고 서로 모순적인 수많은 기대 사이를 오가며 줄타기를 할 때, 남성들 역시 도달 불가능한 '강하고 겁 없고 능력 있어야 한다'는 기대에 짓눌려 산다.

나는 여성들에게는 수치심 거미줄이라는 은유적 표현을 사용했다. 그런데 남성들에게는 조금 다른 표현을 써보려고 한다. 남성들이 수치심에 관해 설명하는 것을 들으면서 나는 아주 작은 상자가 떠올랐다. 이 상자에는 언제나 강하고 능력 있고 두려움을 모르고 모든 것을 통제하고 못하는 게 없어야 한다는 기대가 가득 차 있다.

아들을 둔 엄마로서 나는 남성들이 아주 어린 시절부터 이 작은 상자 안에 갇힌다는 것을 알게 되었다. 우리는 보상, 강화, 벌을 통해 남성들을 이 상자 안에 꽁꽁 가둔다. '터프한 남자'라는 말로 칭찬하며 이 상자 안에서 나오지 못하게 하고, 약한 모습을 보이거나 감정(특히 두려움이나 슬픔)을 드러내면 계집애 같다거나, 약한 놈이라는 꼬리표를 달아 창피를 주기도 한다. 남성들이 어렸을 때는 제멋대로 해도 될 만큼 상자 속에 여유 공간이 있다. 이때까지는 약한 모습을 보이고 감정을 드러내도 부모, 친구들 그리고 우리 사회가 너그럽게 봐준다.

남성들이 나이가 들고 자라면 상자가 점점 좁아진다. 하지만 우리는 상자 밖으로 나오려는 남자들의 노력을 약하다, 여리다, 두려움이 많다, 부족하다, 능력 없다는 말로 수치심을 주며 짓밟아버린다. 인터뷰 참가자들의 이야기를 토대로 생각해보면, 남성성의 표준에서 벗어나는 남성들에게 가혹하게 구는 건 특히 '아버지'와 '동성 친구들'이다. 어머니, 여자 형제, 연인이나 배우자, 여자친구, 딸과 같은 주변 여성들도 남성성과 관련해서 남성들의 수치심을 부추기기는 한다. 그렇지만 여성들은 역할을 '강화'하려는 경향이 있고, 아버지, 형제, 동성 친구들, 운동부 코치 같은 주변 남성들은 '벌'을 주려는 경향이 있다.

수치심과 수치심에 대한 두려움이 남성들에게 보상, 강화, 벌로 이용되는 예로 폴의 이야기를 소개하려고 한다. 폴과 그의 남동생은 야구선수로 서로 경쟁하며 자랐다. 형제는 대학에서도 야구선수로 활동했다. 폴은 초등학교 1학년 때부터 아버지한테서 '계집애처럼 굴지 마라', '남자는 강해야 한다' 같은 말을 들었다고 했다. 그는 자신의 어린 시절을 '스트레스 가득하면서' 동시에 '엄청 멋진' 날들이었다고 묘사했다. 스트레스가 많은 것은 이겨야 한다, 성공해야 한다는 끊임없는 부담감 때문이었다. 하지만 폴은 "나는 굉장히 인기가 많았고 멋진 여자친구들도 많았습니다"라고 말했다. 운동 성적과 인기 덕분에 선생님들과 학교 관계자들한테서 혜택도 많이 받았다고 했다.

대학교 졸업 후에 폴은 친구가 설립한 벤처기업에 취직해서 메그와 결혼했다. 그런데 결혼 1년 만에 회사가 망했다. 벤처기업에서 남들보다 높은 연봉을 받던 폴은 당장 예전과 같은 수준의 연봉을 주는 회사를 찾기가 어려웠다. 결국 두 달 후 폴은 아내에게 영업직을 하기로 했으며 월급이 예전의 절반으로 줄어들 것이라고 말했다. 더 작은 차로 바꾸고 생활비도 줄이자고 했다. "아내는 절망했습니다. 나 때문에 예전과 다른 생활을 해야 한다는 게 불공평하다고 하더군요. 그렇게 화를 내더니 '가족도 제대로 부양 못 하는 게 창피하지 않아?'라고 따져 묻더군요."

폴은 완전히 절망했다고 말했다. 많이 벌지 못하는 것이 말할 수 없이 수치스러웠고 아내의 무심한 말에 마음이 많이 아팠다. 폴은 어떻게 해야 할지 몰라서 조언을 구하기 위해 아버지에게 전화했다. 그런데 이야기 도중에 울음이 터졌다. 아버지 앞에서 운 건 그때가 처음이었다고 폴은 내게 말했다.

아들의 이야기를 듣고 난 후 폴의 아버지는 폴에게 "메그에게 네가 더 높은 연봉을 받을 만한 사람이라는 것을 보여줘라"고 말했다. 그게 무슨 뜻이냐는 폴의 물음에 아버지는 말했다. "약해빠진 소리 말라는 뜻이다. 그런 대접을 받고 참는 건 말이 안 돼. 메그는 자기 입에서 그런 말이 나오게 만드는 남자를 원하지 않을 게다. 남자라면 아내가 그런 말을 하게 만들어서는 안 되는 거야. 회사에 연봉을 올려달라고 요구해라. 그 정도로 배짱 있는 사내라는 걸 보여줬어야지. 넌 도대체 왜 그 모양이냐?"

폴은 절망했다. 그는 아내와 아버지와의 대화가 있었던 그 이틀이 '종말의 시작'이었다고 설명했다. 그 뒤로 '암흑기'라고 부르는 날들이 시작되었기 때문이다. 그는 거의 매일 밤 친구들과 어울려 술을 마셨다. 메그와 폴은 결국 이혼했고 폴의 부모도 현재는 25년의 결혼생활을 끝내고 헤어졌다. 다행히도, 나와 인터뷰를 하던 당시에 폴의 어머니와 형이 전보다 더 자주 폴과 만나기 시작했고, 세 사람은 전보다 더 가까워졌다고 했다. 뿐만 아니라 폴은 술을 줄이고 있다고 했다.

폴의 이야기를 보면 남성성(운동선수 생활, 우승, 터프함)이 어떻게 보상을 받는지 알 수 있다. 그는 인기가 많았고, 멋진 여자들과 데이트도 했고,

학교에서도 특권을 누렸고, 같은 팀에 있던 동료 선수 덕분에 최고 연봉의 직장에 취직도 했다. 그리고 아내인 메그가 남편이 예전만큼 돈을 벌지도 못하고 사회적 지위도 낮아졌다고 비웃으며 가장이라는 역할에 대해 사회공동체가 남성에게 거는 기대를 강화하는 과정도 볼 수 있다. 폴의 아버지는 사회공동체의 기대를 충족시키지 못하는 남성에게는 수치심을 부추기는 벌이 주어진다는 것을 잘 보여주었다.

나는 되도록 남성 학자의 도움을 받아 계속해서 남성들과 인터뷰를 할 계획이다. 남성과 여성이 수치심과 취약성에 대해 대화를 나눌 필요도 있다고 생각한다. 남성들은 사회화 과정에서 약한 모습과 두려움을 보여서는 안 된다는 압박을 받는데, 그렇게 압박을 가하는 데에 여성들이 중요한 역할을 하는 것으로 보인다. 한 남성은 이렇게 말했다. "여자들은 남자가 백마에서 떨어지는 것보다는 백마를 탄 채로 죽기를 바라는 것 같아요." 나는 이 말이 남성들과 여성들과의 인터뷰에서 들은 많은 이야기를 함축하고 있다고 생각한다. 그렇지만 남성도 여성도 실제로 그런 일을 바라지는 않을 것이다.

남성과 여성이 서로를 수치스럽게 만들고 도달 불가능한 기대를 강화하면, 친밀함을 죽이게 된다. 진정한 내 모습을 잃으면 의미 있고 진실한 관계를 맺을 수 없다. 연민과 유대감으로 이루어진 인간관계가 무너지고 두려움과 서로에 대한 비난, 단절감뿐인 관계만 남게 된다. 그 누구도 그런 관계를 원하지 않는다. 우리 아이들이 그런 관계에 얽매이기를 바라지도 않을 것이다.

아이들을 위해
어른이 앞장서야 한다

수치심은 가정에서 시작된다. 그렇지만 다행히도 수치심 회복탄력성 역시 가정에서 시작된다. 부모들은 자녀를 용기 있고 연민을 느낄 줄 알고 진실한 관계를 맺을 줄 아는 사람으로 키울 수 있다. 그러기 위해서는 수치심을 이용하지 않는 육아법을 배워야 한다. 우리 아이들에게 공감의 기술도 가르쳐야 한다. 하지만 짐작하다시피, 그런 기술을 가르치거나 실천하는 모범을 보이기 전에 우리가 먼저 수치심이 우리 삶에서 어떤 역할을 하는지 이해하고 인간관계 안에서 수치심 회복탄력성을 실천해야 한다.

육아는 수치심의 지뢰밭이라고 할 수 있다. 남들 눈에 어떤 부모로 보이느냐에 우리의 자존감이 달려 있을 뿐만 아니라, 우리 아이들이 남들 눈에 어떻게 보이느냐 역시 우리에게 굉장히 중요하다. 우리 자신의 원치 않는 정체성들과도 싸워야 하지만 우리 아이들의 원치 않는 정체성들과도 싸워야 한다. 나쁜 부모로 보이는 것도 싫지만 우리 아이들이 나쁜 아이로 보이는 것도 싫다. 그래서 육아와 관련한 수치심 회복탄력성 기르기는 두 배 더 힘들지만 그만큼 더 큰 보상을 받을 수 있다.

부모로서 용기, 연민 그리고 유대감을 실천하면 우리 아이들이 복잡하게 얽힌 세상에서 바른길을 찾아가도록 도와줄 수 있다. 아이들이 학교나 친구들 사이에서 겪는 일은 부모 마음대로 할 수 없다. 하지만 아이들에게 수치심 회복탄력성을 가르치면 아이들이 수치심을 인식하고, 긍정적인 방법으로 수치심에서 벗어나 그 경험을 통해 배우고 성장하도록 도와줄 수 있다.

반면에 부모가 두려움, 비난, 단절감을 가르칠 수 있다는 것도 알아야한다. 부모가 아이들을 기를 때 수치심을 이용하면 아이들은 두려움과 비난, 단절감을 배우게 된다. 잘못된 '행동'을 야단치고 바로잡는 대신 '아이 자체'가 잘못되었다고 야단치거나, 아이를 무시하고 더 이상 사랑하지 않겠다고 협박하거나, 남들 앞에서 야단치고 무시하는 것 모두 수치심을 이용하는 행동이다. 때로는 부모가 자녀를 수치스럽게 만들지 않아도 수치심 회복탄력성 기술을 가르치지 않는 바람에 아이가 두려움, 비난, 단절감을 경험할 수도 있다. 부모가 아이를 수치스럽게 만들지 않아도 선생님이나 또래 친구들이 아이에게 수치심을 불러일으킬 수 있다.

선생님들에게 문제가 있다고 지적하려는 것은 아니다. 대부분의 선생님은 자신이 아는 지식을 이용해 최선의 지도를 하려고 애쓴다. 나 역시 학생들을 가르치고 있고, 내 두 자매 모두 초등학교 선생님이다. 선생님과 코치들 역시 각자의 영역에서 수치심의 문화와 부딪히고 있다. 동시에 선생님들은 학생들의 학력을 끌어올리라는 극심한 압박에 시달리고 있다. 스포츠와 예술 분야의 코치들은 아이들의 실력을 끌어올리려고 밀어붙이면 무섭게 가르친다고 욕을 먹고 '1등'이 아닌 재미와 건강을 목표로 가르치면 아이를 '1등'으로 만들지 않는다고 욕을 먹는다. 나는 육아법에 변화를 불러오고 우리 아이들을 위한 유대감의 문화를 이루는 방법을 배울 수 있으리라는 희망을 품고서 부모, 선생님, 강사와 코치 그리고 아동 발달 전문가들과 인터뷰를 계속하고 있다.

이 책을 시작할 때 했던 유대감 이야기로 이 책을 끝맺고자 한다. 우리는 본능적으로 유대감을 추구한다. 우리의 DNA에는 유대감에 대한 욕구가 새겨져 있다. 갓난아기들은 유대감에 생존이 달려 있다. 자라서는 유대감이 정서적, 육체적, 영적, 지적 성장과 행복을 가능하게 한다. 우리는 누구나 있는 그대로의 모습으로 남들에게 인정받고, 소속감을 느끼고, 존중받고 싶은 기본적인 욕구를 가지고 있기 때문에 유대감은 우리에게 중요할 수밖에 없다. 지금과 다른 선택을 하는 것만으로 유대감의 문화를 만들 수 있다는 것이 지나치게 낙관적인 생각일 수도 있지만 나는 가능하다고 생각한다. 변화는 대단한 영웅이 만드는 것이 아니다. 우리 한 사람 한 사람이 '평범한 용기'를 실천할 때 변화는 시작된다.

프롤로그. 자존감 탓은 이제 그만, 문제는 수치심에 있다

1. Balcom, D., Lee, R., and Tager, J. (1995). The systematic treatment of shame in couples. *Journal of Marital and Family Therapy*, 21, pp. 55 – 65.

Dearing, R., Stuewig, J., and Tangney, J. (2005). On the importance of distinguishing shame from guilt: Relations to problematic alcohol and drug use. *Addictive Behaviors*, 30, pp. 1392 – 1404.

Ferguson, T. J., Eyre, H. L., and Ashbaker, M. (2000). Unwanted identities: A key variable in shame-anger links and gender differences in shame. *Sex Roles*, 42, pp. 133 – 157.

Hartling, L., Rosen, W., Walker, M., and Jordan, J. (2000). *Shame and humiliation: From isolation to relational transformation* (Work in Progress No. 88). Wellesley, MA: The Stone Center, Wellesley College.

Jordan, J. (1989). *Relational development: Therapeutic implications of empathy and shame* (Work in Progress No. 39). Wellesley, MA: The Stone Center, Wellesley College.

Lester, D. (1997). The role of shame in suicide. *Suicide and Life-Threatening Behavior*, 27, pp. 352 – 361.

Lewis, H. B. (1971). *Shame and guilt in neurosis*. New York: International Universities Press.

Mason, M. (1991). Women and shame: Kin and culture. In C. Bepko (ed.), *Feminism and addiction* (pp. 175 – 194). Binghamton, NY: Haworth.

Nathanson, D. (1997). Affect theory and the compass of shame. In M. Lansky and A. Morrison (Eds.), *The widening scope of shame*. Hillsdale, NJ: Analytic.

Sabatino, C. (1999). Men facing their vulnerabilities: Group processes for men who have sexually offended. *Journal of Men's Studies*, 8, pp. 83 – 90.

Scheff, T. (2000). Shame and the social bond: A sociological theory. *Sociological Theory*, 18, pp. 84 – 99.

Scheff, T. (2003). Shame in self and society. *Symbolic Interaction*, 26, pp. 239 – 262.

Talbot, N. (1995). Unearthing shame is the supervisory experience. *American Journal of Psychotherapy*, 49, pp. 338 – 349.

Tangney, J. P. (1992). Situational determinants of shame and guilt in young adulthood. *Personality and Social Psychology Bulletin*, 18, pp. 199 – 206.

Tangney, J. P., and Dearing, R. (2002). *Shame and guilt*. New York: Guilford.

2. Rogers, A. G. (1993). Voice, play, and a practice of ordinary courage in girls' and women's lives. *Harvard Educational Review*, 63, pp. 265 - 294.

1장. 소리 없이 나를 공격하는 감정, 수치심

1. 이에 관해 가장 광범위한 연구를 한 지적은 준 프라이스 댕니와 론다 디어링의 『수치심과 죄책감』이다.

2. Klein, D. C. (1991). The humiliation dynamic. An overview. *The Journal of Primary Prevention*, 12(2), pp. 93 - 122.

3. 체형에 관한 차별과 관련된 자료는 http://loveyourbody.nowfoundation.org를 참고할 것. Schwartz, John (1993). Obesity Affects Economic, Social Status: Women Far Worse, 7-Year Study Shows. *Washington Post*, Sep. 30, 1993, p. A1.

4. Kilbourne, J. (1999). *Can't buy my love: How advertising changes the way we think and feel*. New York: Touchstone.

5. Frye, M. (2001). Oppression. In M. Anderson and P. Collins (Eds.), *Race, class and gender: An anthology*. New York: Wadsworth.

6. Miller, J. B., and Stiver, I. P. (1997). *The healing connection: How women form relationships in both therapy and in life*. Boston: Beacon Press.

2장. 수치심 회복탄력성을 키우기 위해 알아야 할 것들

1. Ivey, A., Pederson, P., and Ivey, M. (2001). *Intentional group counseling: A microskills approach*. Belmont, CA: Brooks/Cole.

2. 이에 대해 상세하게 다룬 책으로 대니얼 골먼Daniel Goleman의 2005년 작, 『EQ 감성지능』이 가장 독보적이다.

3. Wiseman, T. (1996). A concept analysis of empathy. *Journal of Advanced Nursing*, 23, pp. 1162 - 1167.

4. Shrauger, S., and Patterson, M. (1974). Self evaluation and the selection of dimensions for evaluating others. *Journal of Personality*, 42, pp. 569 - 585.

5. Gutiérrez, L., and Lewis, E. (1999). *Empowering women of color*. New York: Columbia University Press.

6. Lansky, M., and Morrison, A. (Eds.) (1997). *The Widening Scope of Shame*. Hillsdale, NJ: The Analytic Press.

7. Poe, T. (1997, September 17). Shame is missing ingredient in criminal justice today [Op/

Ed]. *The Houston Chronicle*, p. A27.

Lerner, H. (2001) *The dance of connection: How to talk to someone when you're mad, hurt, scared, frustrated, insulted, betrayed or desperate*. New York: Harper Collins.

3장. 내 안의 수치심을 자극하는 것은 무엇인가?

1. Ferguson, T. J., Eyre, H. L., and Ashbaker, M. (2000). Unwanted identities: A key variable in shame-anger links and gender differences in shame. *Sex Roles*, 42, pp. 133–157.

2. Aiken, L., Gerend, M., and Jackson, K. (2001). Subjective risk and health protective behavior: Cancer screening and cancer prevention. In A. Baum, T. Revenson and J. Singer (Eds.), *Handbook of health psychology* (pp. 727–746). Mahwah, NJ: Erlbaum.

   Apanovitch, A., Salovey, P., and Merson, M. (1998). The Yale-MTV study of attitudes of American youth. *Manuscript in preparation*.

   Sagarin, B., Cialdini, R., Rice, W., and Serna, S. (2002). Dispelling the illusion of invulnerability: The motivations and mechanisms of resistance to persuasion. *Journal of Personality and Social Psychology*, 83, 3, pp. 536–541.

3. The Meadows Web site, www.themeadows.org.

   Uram, S. (2006). Traveling through trauma to the journey home. *Addiction Today*, 17, pp. 99.

4. Hartling, L., Rosen, W., Walker, M., and Jordan, J. (2000). *Shame and humiliation: From isolation to relational transformation*(Work in Progress No. 88). Wellesley, MA: The Stone Center, Wellesley College.

4장. 휘둘리지 않으려면 한발 물러서서 보라

1. 다이어트와 섭식장애에 관한 자료는 미 정부 통계 참조.

   Jean Kilborne's 1999 book *Can't buy my love: How advertising changes the way we think and feel*; and the Love Your Body Web site, http://loveyourbody. nowfoundation.org

2. 위키피디아 산업 연감 참조.

3. Bogolub, E. (1994). Child support: Help to women and children or government revenue? *Social Work*, 39, 5, pp. 487–490.

   McKeever, M., and Wolfinger, N. (2001). Reexamining the economic costs of marital disruption for women. *Social Science Quarterly*, 82, 1, pp. 202–218.

5장. 수치심의 늪에서 허우적대고 싶지 않다면

1. 이 시는 처음 「The American Scholar」지(Autumn 1988, Vol. 57 Issue 4, p. 574)에 소개됐으며 러살라의 책 『The Moment's Equation』(2004, Ashland Poetry Press)에 실렸다. 이 책은 2005년 National Book Award 최종후보로 선정되었다. 다시 한 번 시의 게재를 허락해준 러살라 교수에게 감사를 표한다.

7장. 완벽을 강요하는 문화가 수치심을 부른다

1. Lerner, H. (2001). *The dance of connection: How to talk to someone when you're mad, hurt, scared, frustrated, insulted, betrayed or desperate*. New York: Harper Collins.

8장. 비난의 문화에서 상처받지 않는 법

1. Robbins, S. P., Chatterjee, P., and Canda, E. R. (2006). *Contemporary human behavior theory: A critical perspective for social work*. (2nd ed.). Boston: Allyn and Bacon.

2. Miller, P., Miller, D., McKibbin, E., and Pettys, G. (1999). Stereotypes of the elderly in magazine advertisements 1956-1996. *International Journal of Aging and Human Development*, 49, 4, pp. 319–337.

3. Senge, P., Kleiner, A., Roberts, C., Ross, R., and Smith, B. (1994). *The fifth discipline fieldbook: Strategies and tools for building a learning organization*. New York: Doubleday.

4. Hummert, M. L. (1990). Multiple stereotypes of elderly and young adults: A comparison of structure and evaluation. *Psychology and Aging*, 5, pp. 182–193.

   Hummert, M. L. (1993). Age and typicality judgements of stereotypes of the elderly: Perceptions of elderly vs. young adults. *International Journal of Aging and Human Development*, 37, pp. 217–227.

   Hummert, M. L., Garstka, T. A., Shaner, J. L., and Strahm, S. (1994). Stereotypes of the elderly held by young, middleaged, and elderly adults. *Journal of Gerontology*, 49, pp. 240–249.

   Hummert, M. L., Garstka, T. A., Shaner, J. L., and Strahm, S. (1995). Judgements about stereotypes of the elderly. *Research on Aging*, 17, pp. 168–189.

   Ingersoll-Dayton, B., & Talbott, M. M. (1992). Assessments of social support exchanges: cognitions of the old-old. *International Journal of Aging and Human Development*, 35, pp. 125–143.

   Schmidt, D. F., & Boland, S. M. (1986). Structure of perceptions of older adults: Evidence for multiple stereotypes. *Psychology and Aging*, 1, pp. 255–260.

5. Bricker-Jenkins, M. (1991). The propositions and assumptions of feminist social work

practice. In M. Bricker-Jenkins, N. Hooyman and N. Gottlieb (Eds.), *Feminist social work practice in clinical settings* (pp. 271 – 303). Newbury Park, CA: Sage Publications.

9장. 남들의 시선과 평가로부터 자유로워지는 법

1. Hepworth, D. H., Rooney, R. H., and Lawson, J. A. (1997). *Direct social work practice: Theory and skills*. Pacific Grove: Brooks/Cole Publishing Co.

2. Newsweek/MSNBC 공동조사, 'Gender Equality'

   National Center on Addiction and Substance Abuse at Columbia University.

3. Dearing, R., Stuewig, J., and Tangney, J. (2005). On the importance of distinguishing shame from guilt: Relations to problematic alcohol and drug use. *Addictive Behaviors*, 30, pp. 1392 – 1404.

4. Saleebey, D. (1996). The strengths perspective in social work practice: Extensions and cautions. *Social Work*, 41, 3, pp. 296 – 306.

옮긴이 | 서현정

이화여자대학교를 졸업했으며 명지대학교 사회교육원 번역작가 양성과정을 수료했다. 현재 번역 에이전시 엔터스코리아에서 출판기획 및 전문 번역가로 활동 중이다. 옮긴 책으로는 『토니 부잔 마인드맵 마스터』, 『반드시 전달되는 메시지의 법칙』, 『굿바이 작심삼일』, 『존 그레이 성공의 기술』, 『지금 바로 실행하라 나우』, 『해피엔딩』, 『보디랭귀지』, 『똑똑하게 사랑하라』 등 다수가 있다.

수치심 권하는 사회

초판 1쇄 발행 2019년 8월 9일
초판 9쇄 발행 2023년 7월 14일

지은이 브레네 브라운 | 옮긴이 서현정

펴낸이 김남전
편집장 유다형 | 편집 이경은 | 디자인 양란희
마케팅 정상원 한웅 김건우 | 경영관리 임종열 김다운

펴낸곳 ㈜가나문화콘텐츠 | 출판 등록 2002년 2월 15일 제10-2308호
주소 경기도 고양시 덕양구 호원길 3-2
전화 02-717-5494(편집부) 02-332-7755(관리부) | 팩스 02-324-9944
홈페이지 ganapub.com | 포스트 post.naver.com/ganapub1
페이스북 facebook.com/ganapub1 | 인스타그램 instagram.com/ganapub1

ISBN 978-89-5736-000-2 03180

※ 책값은 뒤표지에 표시되어 있습니다.
※ 이 책의 내용을 재사용하려면 반드시 저작권자와 ㈜가나문화콘텐츠의 동의를 얻어야 합니다.
※ 잘못된 책은 구입하신 서점에서 바꾸어 드립니다.
※ '가나출판사'는 ㈜가나문화콘텐츠의 출판 브랜드입니다.

가나출판사는 당신의 소중한 투고 원고를 기다립니다. 책 출간에 대한 기획이나 원고가 있으신 분은 이메일 ganapub@naver.com으로 보내 주세요.